梦阔水云窄

黄意明 著

上海書店出版社
SHANGHAI BOOKSTORE PUBLISHING HOUSE

目 录

辑三

辑一

梦阔水云窄

先秦儒学"欲情知"关系及定位

摘要：先秦儒家关于"情"、"欲"问题的看法，近来颇受学术界关注。考诸先秦儒家原典，"欲"、"情"、"知"三者常交织在一起，成为人性的内容。本文辨析了其间的关系：三者之中，"欲"是最基本的，相当于一种原初意志和生理本能，又可分为道德之欲与生理之欲。由"欲"而"情"，欲望的实现，引起情感的满足，两种欲望对应两种感情。"知"则对"情欲"进行调节。一些学者（以荀子为代表）不承认有道德情欲，故特别强调"知"的作用，以理性调节情欲；而另一些哲人（如孔孟）则重视道德情感而也兼及"知"（智）。

关键词： 欲　情　知　道德情感　心知

近几年来，有关儒家哲学对"情"、"欲"的看法问题逐渐受到重视，这方面的讨论也日渐增多。一般而言，先秦儒学对"情"与"欲"的看法与宋明理学主流看法是有所不同的，既无"性体情用"的观点，也无"天理"与"人欲"相对立的说法。分析先秦儒学对于"情"与"欲"的基本态度，对理解儒家关于"情"与"欲"之关系及态度无疑是十分重要的。但在先秦儒学中，一个显著特点就是"情欲知"三者常纠缠在一起，所以只有理清这一关系，才能准确把握先秦儒学的"情欲观"。

一、生理之欲与道德之欲

在西方哲学认识论范畴中，有"知、情、意"的分类方法，即将认识分为知性、情感、意志。在三者之中，又认为意志居于最主要的地位。所谓意志，是和欲望直接相关的。如康德就认为：人生活于两个世界中。一方面，人是感性的存在物，人必须服从于自然世界的生成规律；另一方面，人又是理性的存在物，人可以超越现象世界的确定性和必然性，可以凭借自由意志而成为自己命运的主人。在康德的哲学话语中，实践理性，自由意志，道德原则，责任义务，这些概念都是可以互换的。[1] 而所谓的"自由意志就是一种高级欲望能力"。[2]（相对于生理欲望而言）"一切质料的实践规则都在低级欲求能力中建立意志的规定根据，并且，假如没有足以规定意志的单纯形式的意志法则，那甚至就会没有任何高级的欲求能力能够得到承认了。"[3]如此，康德之自由意志可看作道德之欲，而此道德之欲是人之为人的重要属性。另一哲学家叔本华更将意志看作世界的本质，他说："一切客体都是现象，唯有意志是自在。"[4]不过叔本华的意志是一种盲目冲动的生命欲望，没有道德的含义。从心理学的角度说：欲望和情感相比，处于更为内在基层的位置。现代心理学认为："情感是情绪的内在形式，而情绪是指与有机体生理相联系的态度及体验，通常指有机体天然生物需要是否获得满足而产生的心理变化，像愤怒、恐惧、欢喜、悲哀等。"[5]现代心理学对欲望的定义则是"社会的人基于一定的需要而产生对一定的物质或精神事物的渴求"。[6] 一些研究表明，婴儿最初的情感表达与饥饿等本能有关，情感的快乐或痛苦的产生与这种本能的满足与否有关。[7] 一般唯物主义心理学家也认为情感是人们在认识客观能否满足自己需要而产生的一定态度的体验，前苏联心理学家雅科布

---

[1] 张志伟、冯俊等著：《西方哲学问题研究》（研究生教学用书），第224—225页，中国人民大学出版社，1999。

[2] 杨祖陶、邓晓芒编译：《康德三大批判精粹》，第21页，人民出版社，2001。

[3] 杨祖陶、邓晓芒编译：《康德三大批判精粹》，第292页，人民出版社，2001。

[4] 叔本华：《作为意志和表象的世界》，第165页，商务印书馆，1982。

[5] 《哲学大词典》，第1138页、第1140页，"情感""情绪"条，上海辞书出版社，2001。

[6] 《哲学大词典》，第1874页，"欲望"条，上海辞书出版社，2001。

[7] K. T. 斯托曼：《情绪心理学》，第283页，辽宁人民出版社，1986。

松认为：在人的生存过程中经常出现物质与精神的需要，促使人产生了带有感情色彩的、要求满足需要的愿望，并且激起旨在得到这种满足的活动。人们根据自己活动的进展如何，取得成效的大小，在得到满足的途径上出现何种障碍，便会产生不同性质的情感。[1] 笔者以为，喜怒哀乐等情感的发生，虽不一定全由欲望引起，和欲望相关，但欲望的满足与否，却确实能造成各种情感的发生。因此，西方哲人重视意志(本始欲望)的作用，是有其道理的，尤其是康德将自由意志作为高级的道德之欲，引发道德情感，这一思想有重大贡献。而所谓东海西海，心同理同，在中国哲学尤其是先秦哲学原典中，不仅情与欲交织在一起，并且也暗含着两种层面的"欲"。蒙培元先生指出，孔孟哲学中存在两个层面的欲，"第一个层面是从目的性意义上理解和使用'欲'字的，'欲'是人的道德目的的具体表现。在这个意义上，'欲'不仅是正面的，而且十分重要，并与道德情感有内在联系。"[2] 他也认为此欲是类似于自由意志一类的东西。"第二个层面是从生理、心理层面上说的，'欲'就是人的生理欲望以及现实生活中的各种物质欲望。……这种欲望与情感的联系也与第一层面不同，主要是与生物性的自然情感相联系，而不是与道德情感如'四端之情'相联系。"[3] 这一层面的"欲"，有时候指人的自然欲望，有时候又指一些过分的欲求。这一说法在文献上的确能找到根据。第一层面的"欲"如《论语》中的"我欲仁，斯仁至矣"(《述而》)、"己欲立而立人，己欲达而达人"(《雍也》)以及《孟子》中的"可欲之为善"(《尽心下》)等。[4] 清儒焦循曾说："欲即好恶也，己欲立而立人，己欲达而达人，正以所欲所不欲为

[1] H. M. 雅科布松：《情感心理学》，第23页，黑龙江人民出版社，1988。

[2] 蒙培元：《情感与理性》，第203页，中国社会科学出版社，2002。

[3] 蒙培元：《情感与理性》，第205页，中国社会科学出版社，2002。

[4] 严格说来，孔孟并未直接论述道德之欲的问题，这里的"欲"皆为动词用法。所谓道德之欲，是从其所欲的道德对象推出来的，既有此追求目标，则当有欲求。

仁恕之本。"[1]也是深有见于此。

另外,先秦儒家文献中的"志"、"意"等字,有时候也有意志之意,接近于道德之欲。如《论语》之"苟志于仁,无恶也"(《里仁》);"志于道,据于德,依于仁,游于艺"(《述而》)。朱子《论语集注》释此"志"曰:"志者心之所之也。"[2]心之所之,即心之所欲。又"三军可夺帅也,匹夫不可夺志也"(《子罕》),也具意志义。周与沉先生认为:《论语》中的"志","既有意向性内涵,又含着意志力因素。"[3]甚然。又《孟子》文中,"志"也可开发出此义,如"夫志,气之帅也;气,体之充也"(《公孙丑上》)。杨伯峻先生释此句为:"因为思想意志是意气感情的主帅,意气感情是充满体内的力量。"[4]可知杨先生把此"志"理解为意志。而既然气有清明夜气与浩然正气,则作为气之帅的"志"当然也有道德意志之义。另外,孟子还有"尚志"之说,影响也很大。孟子对"尚志"的解释是:"仁义而已矣。杀一无罪非仁也,非其有而取之非义也。居恶在?仁是也;路恶在?义是也。居仁由义,大人之事备矣。"(《尽心上》)由于孟子认为士的立身行事,皆以仁义为依归,故蒙培元先生认为此处的"志就是意志,'尚志'就是崇尚意志"。[5]《荀子·宥坐》篇记孔子论水之九德,其一为"其万折也必东,似志。是故君子见大水必观焉"。君子的意志正像万折必东之江水,有定向而不可移易。

在先秦,"意"字一般并无道德意志之义,如《论语·子罕》言:"子绝四:毋意,毋必,毋固,毋我。"《庄子·天运》篇:"意者其运转而不能自止邪?"此"意"皆作臆测讲。但《大学》"正心诚意"之"意",则比较复杂,其间可容有

---

[1]　焦循:《孟子正义》,第 435 页,河北人民出版社 1988。

[2]　朱熹:《四书章句集注》,第 70 页、第 94 页,中华书局,1983。

[3]　周与沉:《身体:思想与修行》,第 191 页,中国社会科学出版社,2005。

[4]　杨伯峻:《孟子译注》,第 65 页,中华书局,1960。

[5]　蒙培元:《情感与理性》,第 246 页,中国社会科学出版社,2002。

"意志"义。朱子释曰:"意者,心之所发也。"(《大学章句》)[1]将此意理解为意念。又区分志与意,以为"以意、志两字言,则志公而意私,志刚而意柔,志阳而意阴。"[2]阳明说:"心之所发便是意","有善有恶意之动",则"意"也为意念。唯明代大儒刘宗周的看法不同。他认为这个意代表人心深处一种好善恶恶的本始意向,就像指南针总是指向南方,"意"规定了人向善的方向。他说:

> 然则好恶者,正指心之所存言也,此心之存主,原有善而无恶。
>
> 心所向曰意,正是盘针之必向南也,只向南,非起身之南也。凡言向者,皆指定向而言,离定字便无向字可下。可知意为心之主宰矣。心所之曰志,如云志道、志学,皆言必为圣贤的心,仍以主宰言也。
>
> 意者心之所以为心也,止言心,则心只是径寸虚体耳,著个意字,方见下了定盘针。[3]

刘宗周把意看做心的本体,故又称之为"意根"。承认此意根的指南作用,则可肯定人有道德欲求。刘宗周的看法有其道理,因为按照王阳明的讲法,良知是指一念为善则知好之,一念为恶则知恶之,这样意念就成为先在于良知的,良知就不是根本的了。[4] 另外,如果"致知"与"正心"本身已包括"诚意"的内容("心之所发便是意,意之本体便是知。"(《传习录》上)),这样再提"诚意"就显得多余了。"前之既欲提宗于致知,后之又欲收功于正心,视诚意之关直是过路断桥,使人放步不得,主意在何处?"[5]关于刘宗周对王

---

[1] 朱熹:《四书章句集注》,第3页,中华书局,1983。

[2] 《朱子性理语类》卷五,引横渠语,第78页,上海古籍出版社,1992。

[3] 黄宗羲:《蕺山学案》,《明儒学案》卷六十二,第1552页,中华书局,1985。

[4] 陈来:《宋明理学》,第295页,华东师范大学出版社,2004。

[5] 黄宗羲:《蕺山学案》,《明儒学案》卷六十二,第1531页,中华书局,1985。

阳明的辩难,牟宗三先生认为:阳明的"良知教"没有问题,因为"阳明的知与意本属两事。意为意念,属感性层者;知为良知,属超越层者"。[1] 良知本身包含了好恶,"良知只是个是非之心,是非只是个好恶,只好恶就尽了是非,只是非就尽了万事万变"(《传习录上》)。不过阳明之良知教也依附《大学》说之而已。而又认为"意本可上下其讲,蕺山把'意'上提于这个好恶处讲,把'知'藏于这个好恶处,皆无不可"。[2] 牟先生的意见,也是调和会通之论,甚精辟。讨论两位大儒的争论不是本文的目的,但笔者以为,阳明与蕺山都非常强调《大学》的"好恶",而"好善恶恶"即是基本的道德欲求,这一点是值得重视的。不过刘宗周解释《大学》,更注重文本的关联性,经过他的解读,《大学》之"格、致、诚、正"关系,确实较为顺畅,因而他对"诚意"的解释,值得关注。

至于第二层面的"欲",在先秦儒家文献中是作为欲的基本义来使用的,这样的例子就更多了。如《论语》中的"富与贵,是人之所欲也;不以其道得之,不处也"(《八佾》)、"枨也欲,焉得刚"(《公冶长》)、"克、伐、怨、欲不行焉,可以为仁矣"(《宪问》)等;《郭简》的"欲生于性,虑生于欲,倍生于虑,争生于倍,党生于争"(《语丛二》)。另外,《孟子》中也多次提到"欲",如"将以求吾所大欲也"(《梁惠王上》)、"从耳目之欲"(《离娄下》)、"天下之士悦之,人之所欲也,而不足以解忧。"(《万章上》)此类例子所在甚多,兹不多举。蒙培元先生提出的两种欲的观点,非常深刻地揭示了儒家哲学中的欲望特别是道德欲望问题,是极有见地的。但在"欲与情"的关系上,他把道德之欲看作"心之存在即道德情感的自我实现功能",[3] 或者一般地将"欲"看做情感的运用,则可能受到荀子和朱子的影响,是值得商榷的。这就将引出我们后

---

[1] 牟宗三:《从陆象山到刘蕺山》,第325—327页,上海古籍出版社,2001。

[2] 牟宗三:《从陆象山到刘蕺山》,第325页,上海古籍出版社,2001。

[3] 蒙培元:《情感与理性》,第205页,中国社会科学出版社,2002。

面的问题。

二、由欲而情

前面提到,根据现代心理学,欲望和情感之间存在着密切的关系,且从身心上说,欲望处于更加基层的地位,欲望的满足与否,往往会引发相应的情感变化。蒙培元先生指出儒家哲学存在两个层面的"欲",这与西哲康德将人的欲望分为道德意志和感性情欲颇有会通之处。然蒙先生在"欲与情"关系上,有时把欲看作"心之存在即道德情感的自我实现功能";[1] 有时又将"欲"看做情的运用,或情是"意志"的骨子。[2] 这就有点颠倒了两者关系,至少不符合先秦儒家情感论的实际。下面,我们也通过考察原典的方法,对先秦儒家情欲关系作一说明。

在《论语》中并未直接论述情欲关系,但我们仍可通过孔子的一些话语,推测出一些端倪。孔子非常推崇仁,而仁首先表现为一种爱人的情感,既要爱己成己,又要爱人成人,推己及人。所谓"仁者爱人""己欲立立人"。钱穆先生说:"人群相处当以真心真情相处,是仁也。人群相处,当求各得其心之所安,亦仁也。……以今日心理三分法言之,则知当知识,仁当情感,勇当意志。"[3] 冯友兰以"真情实感"说仁,[4] 蒙培元先生则认为仁属于"心理情感",[5] 都很好地说明仁的情感特征。在《论语》中,涉及了欲与仁的关系。孔子曾说:"仁远乎哉?吾欲仁,斯仁至矣。"(《述而》)"己欲立而立人,己欲达而达人。"(《雍也》)"欲而不贪。""欲仁而得仁,又焉贪?"(《尧曰》)这里提到的所欲立欲达的目标,都是《论语》中反复提倡的"仁"和"忠恕"。能自

[1] 蒙培元:《情感与理性》,第205页,中国社会科学出版社,2002。
[2] 蒙培元:《情感与理性》,"情感与意志"章,中国社会科学出版社,2002。
[3] 钱穆:《论语要略》,第86页,《万有文库》商务印书馆,1930。
[4] 冯友兰:《中国哲学史新编》上,第149页,人民出版社,2004。
[5] 蒙培元:《蒙培元说孔子》,第58页,北京大学出版社,2005。

觉将这些美德作为欲求的对象和目标,且此目标并不遥远,则说明君子心中确实存有道德之欲。"仁"这种道德情感的实现,应有内在的道德之欲作为动力,故君子"求仁而得仁,又何怨"。道德欲望得以实现,当然情感愉悦,心安理得,也正所谓"仁者不忧"也。

郭店楚简中,虽间接却较多地涉及了性与欲关系的内容。《语从二》云:

> 欲生于性,虑生于欲,倍生于虑,争生于倍,党生于争。
> 贪生于欲,负生于贪,□生于负。喧生于欲,哗生于喧,慌生于哗。
> 浸生于欲,恶生于浸,逃生于恶。急生于欲,□生于急。[1]

由"欲"直接生出的虑(计虑)、贪、喧、浸、急等,都属含有贬义色彩的词,代表某些不良性格或情欲,这和带有中性色彩甚至皆为褒义的情有明显的区别。《语从二》又涉及情性关系:

> 情生于性,礼生于情,严生于礼,敬生于严,望生于敬,耻生于望,想生于耻,廉生于想。
> 爱生于性,亲生于爱,忠生于亲。
> 喜生于性,乐生于喜,悲生于乐。
> 恶生于性,怒生于恶,胜生于怒,恭生于胜,贼生于恭。[2]

从"情"(情感义)与欲皆生于性,二者处于平行关系,轻重相等。"欲"较偏于人性的弱点,而"情"似乎偏于合理方面说,故《语从二》之情欲是一种交缠关系。另《性自命出》篇,也间接讨论了"欲情"的问题:

---

[1] □:为难以识别的字,见李零:《郭店楚简校读记》,第169页,北京大学出版社,2002。

[2] 李零:《郭店楚简校读记》,第169页,北京大学出版社,2002。

凡忧患之事欲任，乐事欲后。身欲静而毋美。虑欲渊而毋伪。行欲
勇而必至。貌欲庄而毋伐，[心]欲柔齐而泊。喜欲智而无末。乐欲怿
而有志。忧欲俭而毋昏。怒欲盈而毋希。进欲逊而毋巧。退欲肃而毋
轻。欲皆度而毋伪。[1]

这里出现的众多"欲"字，大部分为动词。意为"应该"、"要"。从所欲的对象
皆为美好的品性来看，人似乎也有追求道德的欲望。而"欲皆度而毋伪"之
"欲"，为名词，欲望义。"度"，或释读为"文"、"敏"，皆为节度文饰义。可知
《性自命出》篇的作者并不认为欲是不合理的，但是需要有所节制。同时，
《性自命出》篇极重情。认为"人情为可悦"，但人情也需通过礼乐来节制，这
样才能保证情感的美正，所谓"理其情而出入之"。《性自命出》全篇强调安
情理情，而最后一节则突然着重讨论制欲，盖可能制欲正是理情的前提。

《大学》讲"诚意"。"所谓诚其意，毋自欺也。如恶恶臭，如好好色，此之
谓自谦。"上一部分我们已通过分析前贤的讨论，得知此"意"容有善良意志、
道德欲求之义。诚意是不自欺，是坚持"好善恶恶"的道德欲求；"好恶"在儒
学中同时又是一种核心情感，因此"好善恶恶"可说是一种本始的道德情欲。
"诚意"的目的是为了正心。"所谓修身在正其心者。身有所忿懥，则不得其
正；有所恐惧，则不得其正；有所好乐，则不得其正；有所忧患，则不得其正"。
"忿懥"、"恐惧"、"好乐"、"忧患"，皆和情感相关，属于情感状态。这样，正
心即是顺正中和情感。《大学》后文谈到修身，要求"好而知其恶，恶而知其
美"，仍然是情感中和顺正的问题。在《大学》的作者看来，诚意是情感端正
中和的前提，这也可理解为道德之欲是保证情感中正的前提。

对情欲关系作出较准确论述的是孟子。孟子认为人皆有追求道德完善

---

[1]　李零：《郭店楚简校读记》，第108页，个别处参考郭沂：《郭店楚墓竹简六种考释》的释读，见《郭店
　　　竹简与先秦学术思想》，第263页，上海教育出版社，2001。

的欲求,此亦人性善的体现。所谓:"可欲之为善,有诸己之谓信,充实之谓美,充实而有光辉之谓大,大而化之之谓圣,圣而不可知之之谓神。"(《尽心下》)而在实现道德之欲的过程中,始终伴随着道德情感的快乐感:

> 孟子曰:仁之实,事亲是也;义之实,从兄是也;智之实,知斯二者弗去是也;礼之实,节文斯二者是也;乐之实,乐斯二者,乐则生矣,生则恶可已也,恶可已,则不知足之蹈之手之舞之。(《离娄上》)
>
> 君子有三乐,而王天下不存焉。父母俱存,兄弟无故,一乐也;仰不愧于天,俯不怍于人,二乐也;得天下英才而教育之,三乐也。君子有三乐,而王天下不与存焉。(《尽心下》)

这种道德之乐,既是道德欲求(意志)的体现,同时又是道德欲求得以实现的保证。不过,情显而欲隐,道德之情较为明显,而道德之欲则相对内在。孔孟等先哲多从道德情感立论,并不注重讨论道德之欲,这也许是因为情欲本身就是纠缠在一起而不必细分,而早期哲学又带有圆融质朴特点的关系。这从孟子有时以"欲"来指代自然情感也可体会。因此,孟子文本中的情欲关系,仍是隐含着的。这一点,清儒却看得较清楚,焦循说:"己欲立而立人,己欲达而达人。正以所欲所不欲为仁恕之本,此欲也,即出于性,欲即好恶也"……"人欲即人情,与世通全是此情。"[1]焦循揭出了孔孟文本中既有欲有情,又情欲合一的特点。戴震在《孟子字义疏证》中则说得更清楚。他说:"人生而有欲,有情,有知,三者血气心知之自然也。"[2]而说到情欲关系,则云:"性之徵于欲,声色臭味而爱畏分。既有欲矣,于是乎有情;性之徵于情,喜怒哀乐而惨舒分;既有欲有情矣,于是乎有巧与智,性之徵于巧智,美恶是

---

[1] 焦循:《孟子正义》,第435页,河北人民出版社,1988。

[2] 《戴震集》,第308页,上海古籍出版社,1980。

非而好恶分。"(《原善》卷上）[1]戴震认为人性表现于欲情知，有欲，而后有情；有欲有情，而后有知。不过，戴震可谓自然人性论者，因此他的情欲皆无道德意义，而重视知的调节。

先秦哲人中，直接讨论情欲关系，并作出比较明确定义的是荀子，他说：

> 性者，天之就也；情者，性之质也；欲者，情之应也。以所欲为可得而求之，情之所必不免也。(《正名》)

在荀子看来，情是性的质体，是人性的基本属性。当人情与外物相接时，被引发而出者就是"欲"了。[2] 如此，情是内在的，欲是情的外显。不过，荀子虽对"性情欲"三者做了说明，但在文本中，常常又是情性合称，情欲连说。故徐复观先生说：荀子的"性情欲是一个东西的三个名称"。[3] （严格说来，荀子之"性"包含"情欲知"三方面）这说明一方面，荀子的分析性较强，故对情与欲都作出了定义；而另一方面，他又认为实际上三者（至少在情欲上）无需作严格的区别。但荀子的这一说法，却可能对后世儒者的看法产生了重大影响。相当一部分儒者将"欲"看作"情"的变化，甚至是过度的变化。朱子说："欲是情发出来底。心如水，性犹水之静，情则水之流，欲者水之波澜，但波澜有好底，有不好底。欲之好底，如'我欲仁'之类；不好底则一向奔驰出去，若波涛翻浪；大段不好底欲则灭却天理，如水之壅决，无所不害。"[4]将欲看做了情感的一种过分发展或变相。这与荀子思想虽有相合处却发挥更甚。基于这样的认识，朱子便有了"存天理，灭人欲"的说法。因为人欲是一种过

---

[1] 《戴震集》，第 333 页，上海古籍出版社，1980。

[2] 李晓春先生释此为："当情应物时，欲必然产生，欲之过度，必导致恶。"见《荀子对告子人性论的继承和扬弃》，《孔子研究》2002 年第 4 期。

[3] 徐复观：《中国人性论史》，第 205 页，上海三联书店，2001。

[4] 《朱子性理语类》卷五，"性情心意等名义"，上海古籍出版社，1992。

分的情感。所谓"饮食者,天理也,要求美味,人欲也"。[1] 钱穆先生也说:"中国儒家极看重情欲之分异。人生应以情为主,但不能以欲为主。儒家论人生,主张节欲寡欲以至于无欲。但绝不许人寡情。"[2]这一区分也显然与荀子以来的思路有关。

但荀子关于"情欲"的定义在先秦却只能算是独特的,相比较而言,《礼记·礼运》的说法也许更有代表性。《礼运》云:何谓七情?喜、怒、哀、惧、爱、恶、欲? 七者弗学而能。又云:"欲恶者,心之大端也。"[3]可知《礼运》的作者一方面将"欲和恶"(一体之两面)看做七情之二,同时又认为"欲恶"乃最核心的情感,"欲恶"即"好恶"也。不过《礼运》没有专门论述道德之欲的问题,而儒家经常说的"好善恶恶",其实就是指"道德之欲"。(牟宗三先生曾说:意志的对象是善,这也就是儒家的好善恶恶。(《圆教与圆善》))。

在先秦哲学中,将情欲关系阐述得最清楚的要算《吕氏春秋》[4]。《吕氏春秋》是一部兼有儒道思想的著作,其《情欲》篇云:

> 天生人而使有贪有欲。欲有情,情有节。圣人修节以止欲,故不过行其情也。故耳之欲五声,目之欲五色,口之欲五味,情也。此三者,贵贱愚智贤不肖欲之若一,虽神农、黄帝,其与桀纣同。圣人所以异者,得其情也。[5]

《吕氏春秋》认为:人生而有欲,欲望产生感情,感情需要节制。生理欲望是

---

[1] 《朱子语类》卷七,国学网。

[2] 钱穆:《孔子与论语》,第198页,台北联经出版公司,1979。

[3] 杨天宇:《礼记译注》,第136页,上海古籍出版社,1997。

[4] 《吕氏春秋》的成书年代,据洪家义先生研究,在前283年之前。见洪著:《吕不韦评传》,南京大学,1995。

[5] 廖明春、陈兴安:《吕氏春秋全译》,第380页,巴蜀书社,2004。

人所共有的,圣人与普通人的区别,就在于能否调节由欲而来的情感。一般来说,欲望接近于生理本能,而情感则有心理的内涵,所以情可节而欲不可除。根据韩强先生的归纳:《吕氏春秋》有时候把欲望分为"耳欲声,目欲色,鼻欲芬芳,口欲滋味"四类,有时候又分为生、死、耳、目、鼻、口六类(《贵生》)。感情则有时分为"大喜、大怒、大忧、大恐、大哀"五种(《尽数》),有时又将恶、欲、喜、怒、哀、乐六情合说(《有度》)。[1] 其中"欲恶"属于一类("恶"为"欲"的反面),而与"喜怒哀乐"合言,这和前述《礼运》的思路是一致的,欲和恶可看做一种核心情感。故欲恶和情是可合可分的。不过和荀子等一样,《吕氏春秋》也无道德之欲及道德情感的思想,其"情欲"是从自然层面说的,因而是需要调节的。这里还值得提及的是,《吕氏春秋》同时认为欲望是不可无的,"使民无欲,上虽贤犹不能用"(《为欲》),关键在于使人之欲归于正,特别是培养人民对信义的欲求。这也可以说是对先秦"情欲"关系的一个总结。

三、情感与心知

先秦儒家哲学也涉及情欲与"知"的关系问题,由于"欲"相对处于内在隐藏的位置,所以知情欲关系主要体现为知情关系。在先秦哲学中,"知"有知识、认识、智慧、知性等义。在《论语》中,"仁与知"常合说,由于仁与情感密切相关,故仁与知,就是情感与知性的关系:"子曰:里仁为美,择不处仁,焉得知。"(《里仁》)"仁者安仁,知者利仁。"(《里仁》)"知者不惑,仁者不忧,勇者不惧。"(《子罕》)"知及之,仁不能守之,虽得之,必失之。"(《卫灵公》)在这些教导中,孔子其实间接地论述了仁知关系。仁是发自内心的真诚情感,"乃人心所同有同欲"(钱穆语),因此相比较而言,从情感上安于仁比认知上利于仁更重要。"知之者不如好之者,好之者不如乐之者。"(《雍

---

[1]　韩强:《儒家心性论》,第57页,经济科学出版社,1998。

也》)然而知对于仁仍然有识别肯认作用,故曰"知者不惑",此所谓"知以明之,仁以守之,勇以行之,皆达德"[1]。"子夏曰:'博学而笃志,切问而近思,仁在其中矣'。"(《子张》)"思"也是知性的一个方面,这说明了"知"的重要性。另外,《论语》中有时候也单称"知",如"然则管仲知礼乎?"(《八佾》)"回也闻一以知十,赐也闻一以知二。"(《公冶长》)此处之"知",乃了解认知义;又"其知可及也,其愚不可及也"(《公冶长》)、"何如其知也"等"知",则同于智,与情无涉。孔子又说过:"多闻,择其善者而从之,多见而识之,知之次也。"(《述而》)由此推测,孔子似乎认为"知"有不同的层次,宋儒张载认为知有"德性之知"与"闻见之知"两种,在《论语》中似可找到线索。《论语》中与"知"义相联系的还有"思"、"识"、"学"等字,指的是认知的方法。如"思而不学则殆"(《为政》)、"见贤思齐"(《里仁》)、"三思而后行"(《公冶长》)、"多识于鸟兽草木之名"(《阳货》)、"贤者识其大者"(《子张》)、"虽曰未学,吾必谓之学也"(《学而》)、"子张学干禄"(《为政》)等。这些论述也说明了学、思、识等的价值。学思识一方面是掌握知识,学习技能;另一方面也是体会仁道,培养德性。所以可以说,在《论语》中,知一方面有独立的认识作用;另一方面,知与仁又是合一的,"知者知其仁,仁者践其仁也。"[2]钱穆先生论"多识于鸟兽草木之名"章云:"孔子教人多识于鸟兽草木之名者,乃所以广大其心,导达其仁。诗教本于性情,不徒务于多识。"[3]也间接说明了《论语》中暗含两种认知。

情知关系在郭店竹简中有较详细的论述,主要反映在《性自命出》和《五行》两篇中。《性自命出》云:"道出于情,情生于性。始者近情,终者近义。

---

[1] 钱穆:《论语新解》,第 245 页,三联书店,2005。

[2] 蒙培元:《情感与理性》,第 289 页,中国社会科学出版社,2002。

[3] 钱穆:《论语新解》,第 452 页,三联书店,2005。

知情者能出之,知义者能入之。"[1]强调了"知"对于体会"道"的重要性,而"知"的对象则是情和义。论"思"云:"凡忧思而后悲。凡乐思而后忻。凡思之用,心为甚。叹,思之方也。""凡用心之躁者,思为甚。"则解说"思"对于情感的推扩作用。

如果说,《性自命出》对知情关系的论述尚不够具体的话,《五行》篇则深入得多:

> 善弗为无近,德弗志不成,智弗思不得。思不精不察,思不长不得,思不轻不形。不形不安,不安不乐,不乐无德。
>
> 不仁,思不能精。不智,思不能长。……不圣,思不能轻。
>
> 仁之思也精。[2] 精则察,察则安,安则温,温则悦,悦则戚,戚则亲,亲则哀,爱则玉色,玉色则形,形则仁。
>
> 闻君子道,聪也。闻而知之,圣也。圣人知天道也。知而行之,义也。行之而时,德也。见贤人,明也。见而知之,智也。知而安之,仁也。安而敬之,礼也。[3]

文中提到了"智",郭沂先生认为:《五行》篇之"智",有广狭两义。仁、义、礼、智、圣之"智"乃其狭义,而"智弗思不得"的智,兼指仁、智、圣三者,是"智"的广义。这样,仁智圣不仅是三种道德,而且是三种智慧。[4] 根据《五行》篇之前后文来看,郭说是有道理的。这样,仁本身也成为智慧的一种。《五行》中的这些文字,通过讨论仁、圣、知、思等内容,涉及了"仁智圣"与知

---

[1] 李零:《郭店楚简校读记》,第105页,北京大学出版社,2002。

[2] 一作"仁之思也清",郭沂:《郭店竹简与先秦学术思想》,第157页,上海教育出版社,2001。

[3] 李零:《郭店楚简校读记》,第78页,北京大学出版社,2002。

[4] 郭沂:《郭店竹简与先秦学术思想》,第154页,上海教育出版社,2001。

（思）的关系。两者是相辅相成，互为制约的。一方面，"智弗思不得"，"思"必须精、长、轻，才能安、乐，安乐是情感上对德的悦服。另一方面，"不仁，思不能精。不智，思不能长。不圣，思不能轻"，"仁之思也精"，只有达到仁、智、圣的道德境界，才能做到"思"的"精"、"长"、"轻"。从全文来看，《五行》主要讨论了"仁、义、礼、智、圣"五种德行，其中"仁"作为一种道德情感，居于连接"圣""智"与"义""礼"的中间环节，所以地位是比较重要的。[1] 不过，《五行》更强调"知"的作用，"见贤人，明也"，"见而知之，智也。知而安之，仁也。安而行之，义也。行而敬之，礼也。"此"知"乃是对圣人的知晓理解，知晓并在情感上认同圣人，就是仁。因为圣人是了解天道的人，喜爱圣人就是认同天道。此一重"知"的传统，对后来儒家性情论的发展，产生了重要影响。《荀子·非十二子》批评子思、孟子"案往旧造说，谓之五行"，而荀子重"知"的思想，恐也未必不受此种思想影响。

《大学》也包含情与知的内容，《大学》八目之顺序为格物、致知、诚意、正心、修身、齐家、治国、平天下。致知乃是诚意正心的前提，所谓"致知而后意诚，意诚而后心正"。关于致知，朱子解释说："致，推及也。知，犹识也。推及吾之知识，欲其所知无不尽也。"[2] 而《大学》论"正心"云："所谓修身在正其心者，身有所忿懥，则不得其正；有所恐惧，则不得其正；有所好乐，则不得其正；有所忧患，则不得其正。"论"修身"云："人之其所亲爱而辟焉，之其所贱恶而辟焉，之其所畏敬而辟焉，之其所哀矜而辟焉，之其所敖惰而辟焉。故好而知其恶，恶而知其美者，天下鲜矣。"皆涉及"知"对自然情欲的控制问题，并要求回到本来真诚的道德情感，即"好善恶恶"上来。

在《孟子》文本中，仁与知（智）、情感与理性问题的阐述，和《郭简》《大

---

[1] 郭沂认为五行的顺序应是"圣、智、仁、义、礼"，简本顺序因受孟子学说影响而被改窜，可备一说。见《郭店竹简与先秦学术思想》，第149页。

[2] 此处依朱子，阳明"致知"为致良知之义，见《大学章句》，《四书章句集注》，第4页，中华书局，1983。

学》不同。孟文中的"知",意为知道,和仁与情感并无必然之关系,如"王如知此,则无望于民之多于邻国也"(《梁惠王上》)、"权,然后知轻重"(《梁惠王上》)、"子诚齐人也,知管仲、晏子而已矣!"(《公孙丑上》)等。《孟子》文本中与仁相关的是"智"。此"智"也有专有义和一般义,专有义的"智"是一种和仁的感情密切相关的智慧或曰理性。孟文中"仁智"常并提。如:"学不厌,智也,教不倦,仁也。仁且智,夫子既圣矣。"(《公孙丑上》)"恻隐之心,仁之端也;羞恶之心,义之端也;辞让之心,礼之端也;是非之心,智之端也。"(《公孙丑上》)"不仁不智,无礼无义,人役也。"(《公孙丑下》)"仁之实,事亲是也。义之实,从兄是也。智之实,知斯二者弗去是也。礼之实,节文斯二者是也。"(《离娄上》)可见,智既是一种理性,和知识、判断、智慧有关。又是由仁这一道德情感出发并反过来更深刻地体认仁的一种理性和认识。朱子论"仁义礼智"云:"仁者天地生物之心,得之最先,而兼统四者,所谓元者善之长也,故曰尊爵。"[1]这是仁能兼智的意思。孟子也在一般意义上用智,此"智"大约为聪明、智力义,如"孰为子产智"(《万章上》)、"为是其智弗若与"(《万章下》)等,与德性和情感皆无关。由于孟子突出道德情感的优先地位,所以在孟子哲学中强调的是与仁相关的智的专有义。

孟子文本中与知性相关的另一概念为"思"。孟子曰:

> 耳目之官不思,而蔽于物,物交物,则引之而已矣。心之官则思,思则得之,不思则不得也。此天之所与我者。(《告子上》)
>
> 人人有贵于己者,弗思耳矣。(《告子上》)

孟子这里所说的"思则得之"的对象,和"求则得之,舍则失之"句中的"之"是

---

[1] 朱熹:《四书章句集注》,第239页,中华书局,1983。

同一个东西,即"我固有之"的"仁义礼智"之才。[1] 也即四端之情。因此心所思的对象乃是人心所本具的道德情感。这种向内推求的方法,与纯客观地思考一个外在对象是不同的。正是在这一意义上,"思"的意思接近于"反",如"反身而诚"、"反求诸己"之"反"。但从心理过程来说,"反"较接近于直觉,而思则兼有理性思考。如:"拱把之桐梓,人苟欲生之,皆知所以养之者。至于身,而不知所以养之者,岂爱身不若桐梓哉?弗思甚也。"(《告子上》)此处之"思"便兼有思考义。

总体上说,孟子思想中的情与知的关系,较强调知出于情,其知属于"情感中的理性"(蒙培元语)。这与郭简知仁并重,突出"思"的作用之修养论有所不同。可以说,直接彰显发展了孔子仁学重情的特点。

在先秦学者中,荀子特别重视"知"的作用。和"知"相对者为"情欲",在知情关系中,知的地位是主导性的。这表现在两方面:一是圣人君子在体道过程中,须排斥情感的干扰而进入虚壹而静的大清明境界,从而体会大道,达到"圣人之知",并以此制礼作乐,建立文化制度。二是须以知来节情养欲。因为荀子以人性为恶,情欲是人性的质料,是人生而具有的禀赋,无法禁绝,必须予以相应的满足。同时又不能顺情任欲,以造成社会秩序的混乱。因此,无论是作为圣人之知产物的社会文化制度,还是个人的理性之知,都必须对情欲进行控制引导,以恰当地满足情欲要求。这样,理知的作用就显得非常重要了。另外,荀子既以人性为恶,则要化性起伪,化性则要确立人文道德的优先地位,而道德外在,需要通过学习来获得,因此"知"就不可或缺了。

总之,先秦儒家哲学对情知关系,有重情和重知两路。两条理路又交织而互动,重情者也承认知对情的判断认识作用,重知者也承认情的合理地位。

事实上,先秦儒家"情欲知"三者的纠缠结合在一起,共同构成了人性的内容。孟子以"四端之心"说"性善","四端"即包含了情与知的内容。恻隐、

---

[1]　杨伯峻:《孟子译注》,第 271 页,中华书局,1960。

羞恶、恭敬之心,皆与情感直接相关;是非之心则与心知相关。荀子则以"情欲"为性而兼及"知"。他说:"性者,本始材朴也,伪者、文礼隆盛也。"(《礼论》)又说:"凡人有所一同,饥而欲食,寒而欲暖,劳而欲息,好利而恶害,是人之所生而有也,是无待而然者也,是禹桀之所同也。目辨白黑美恶,耳辨声音清浊,口辨酸咸甘苦,鼻辨芬芳腥臊,骨体肤理辨寒暑疾养,是又人之所常生而有也,是无待而然者也,是禹桀之所同也。"(《荣辱》)据此,则凡人的本始情欲和感官知能都为人性的内容。这样,理解先秦儒家人性学说,也必须首先厘清"情欲知"问题。限于篇幅,这里不对人性与"情欲知"关系作进一步的申论了。

《荀子·乐论》与
《礼记·乐记》思想比较

摘要：本文分析了荀子《乐论》与《乐记》的尚情特色与情感教育观，比较了《乐记》思想对于《乐论》思想的发展。本文作者认为《乐记》思想的发展主要体现在三个方面：第一，《乐记》更强调"乐"直接来源于人情，是内在情感的发动。明确提出了"凡音者，生于人心者也"，"情动于中，故形于声。声成文，谓之音"，这一点意义重大。第二，相比较于《乐论》，《乐记》更明确地确立了"乐"的形上根据。第三，《乐记》和《乐论》对人性的看法不尽相同，《乐论》主要是自然人性论，而《乐记》则兼有自然人性论和性善论两种人性观。

关键词：《乐论》《乐记》　情感　自然人性论　性善论

一、《乐论》的情感教育思想

和孔子推崇"乐"一样，荀子也很注重"乐"。[1]并写有专著《乐论》，以申明他的音乐主张。《乐论》讨论的问题，表面上是关于音乐的，实质上却是关于情感的。相对于"礼"来说，两者虽都建立于人情之上，但"乐合同，礼别异"，一注重人群和谐，一强调上下区别；同时，礼乐虽都根植于人情，但礼注重规范顺正人情，而乐则立足于宣泄引导人情，因此乐与情感的关系更为直接。

---

[1]　荀子是战国少见的重"乐"的思想家，相对来说，孟子对"乐"的讨论较少，且认为"今之乐犹古之乐"。孟子更注重直契本源心性。

根据一些学者的考证,先秦时代主要有三种音乐。[1] 一是以《诗经·国风》为代表的地方民间歌谣,此类音乐反映的社会生活范围相当广泛,情感真挚,风格质朴,有所谓"饥者歌其食,劳其歌其事"的特点,但不称为"乐"。二是与王道教化较为密切的庙堂音乐和士大夫阶级的音乐,此可以《诗经》中之《大雅》《颂》为代表。还有一种可能是后起的称作新声的俗乐,有追求耳目声色之娱的特色。这三类音乐中,第二类是周代的正统音乐,也即是儒家推崇的音乐,称作"乐",应该和周公"制礼作乐"之"乐"较为接近。根据《礼记·乐记》及郑玄的说法:单出的音素称为"声",不同的声连缀而成旋律,称为"音",音与舞相配合,称之为"乐"。[2]

荀子《乐论》开篇即云:

> 夫乐者,乐也,人情之所不免也,故人不能无乐。乐则必发于声音,形于动静,而人之道,声音、动静、性术之变尽是矣。
>
> 夫民有好恶之情,而无喜怒之应则乱,先王恶其乱也,故修其行,正其乐,而天下顺焉。

这两段文字阐明了乐与情感的关系,揭示出三方面的重要意义:首先,乐以情感为核心,是内心情感的外发,人皆有喜怒哀乐的情感,而情感不能压抑,必须表达宣泄,表达宣泄则必须借助于一定的媒介,乐既能满足人快乐情感的表达,又能转化人愤怒忧伤的情绪,故乐就是这样一种不可或缺的媒介。第二,乐符合人的趋乐原则,是"人情所不免"。根据心理学家弗洛伊德的说法,人的行为是追求快乐原则的,而"乐者乐也",正符合这一原则。一般而

---

[1] 三种音乐的提法参考金尚理:《礼宜乐和的文化理想》,第 126 页,巴蜀书社,2002。

[2] 郑注:"宫、商、角、徵、羽,杂比曰音,单出曰声。""比音而乐音,及干戚羽毛谓之乐。"见孙希旦:《礼记集解》,第 976 页,中华书局,1989。

言,道德的实现,也需要情感的支持,有内心喜悦的体验。徐复观先生说:"道德之心,亦须由情欲的支持而始发生力量,所以道德本来就带有一种情绪的性格在里面。"[1]也是有见于此。第三,情感虽可通过音乐表达,但如果表达随心所欲,没有一定的规范,则不仅毫无审美可言,更会使情感沉湎过度,或流连泛滥,不仅无法陶冶美好的人性,而且容易造成社会的动荡不安。故必须以"雅颂"等高雅音乐,引导人民的感情,既达到审美的目的,满足快乐的原则,又安顿范正人的情感,从而感动人类的善良心地,节制犯分过度的情欲冲动。

由于乐具有这样的特点,所以荀子以之作为情感教育的手段。荀子强调情感教育,是和他的人性论分不开的。荀子以人性为恶,所以要化性,要"矫饰人之情性而正之","扰化人之情性而导之","使皆出于治,合于道者也"。他认为,要改变人的习性,主要应从"君上之势、礼乐之化、法正之治、刑罚之禁"等方面入手。而礼乐之化,又是最为重要的,所以他特重礼乐。荀子也继承了孔子以情化性的传统。孔子推重"诗"教、"礼"教和"乐"教,有"兴于诗,成于礼,立于乐"之说。以现代人的眼光看,"诗"与"乐"都属文艺范畴,而文艺是强调以情动人的。孔子认为《诗》之功用在于"兴、观、群、怨",而首要之"兴",是感发意志,即引发情感、动之以情之义。通过情感教育,培养和巩固人天性中的善良情感。这种教育手段,也符合现代教育的理念。前苏联著名教育家苏霍姆林斯基说:"善良情感是良好行为的肥沃土壤。""情感如同肥沃的土壤,知识的种子就播种在这个土壤上。"[2]在孔门开创的"诗"、"礼"、"乐"教的传统中,荀子比较注重礼和乐的作用。而在重乐的背后,贯穿着他情感教育的思路(虽然当时不用这个名词)。

《乐论》情感教育的一个特点,就是以情化性。前面分析过,荀子以"情

---

[1] 徐复观:《中国艺术精神》,第17页,上海三联书店,2001。

[2] 蔡汀:《苏霍姆林斯基选集》,第五卷,第250页,教育科学出版社,2001。

欲知"为性,而在说"性恶"时,又主要从情欲上说。这样,化性有两条途径,一是以礼文与圣知来规范约束情感,另一是以情化性,就是以善良美好、中正平和的情感,引导、约束人的固有情欲(和"养欲"之满足情感正好是一个问题的两个方面,并不矛盾),使之归于中正平和的性格,合乎礼的规范。具体来说,荀子情感教育的内容,包括以下几个方面:

第一,荀子以为,乐可以用来和谐情感,并最终和谐社会。

荀子认为乐本身具有中和的品格和功能,他说:"大乐与天地同和。"又说:"故乐者,天下之大齐也,中和之纪,人情所不免也。"(《乐论》)乐之所以具有"中和"的品格功能,是和古人对于乐的认识有关的。其一,从音乐的形式和材料上说,乐被认为是"五声八音之和"。所谓"五声之和",是指宫、商、角、徵、羽五音搭配形成的旋律必须是和谐的。所谓"八音之和",是指金、石、丝、竹、匏、土、革、木八种材料组成的乐器之间,既要各有分工,起到不同的作用,又要追求整体的和谐,达到全面的协调,因此,乐有和谐的象征意义。其二,从音乐的旋律上来说,乐的旋律又是中正平和,严肃庄重的,这样才能对人的情感起到规范顺正的作用。所谓"乐中平则民和而不流,乐肃庄则民齐而不乱。民和齐则兵劲城固,敌国不敢婴也。如是,则百姓莫不安其处,乐其乡,以足其上矣"(《乐论》)。和平的旋律,中正的乐声,能起到和谐情感,安定人心的作用。用《乐记》话来说,则是"四畅交于中,而发作于外,皆安其位而不相夺也,使亲疏、贵贱、长幼、男女之理皆形见于乐。故曰:'乐观其深矣'"。其三,从社会效果上说,乐是对礼的补充。先王制礼作乐,是为了让礼乐互补。礼注重的是"分"与"别",区别上下亲疏贵贱,较偏于人为的规范,而"乐"则注重"和"与"合",从内在情感上平衡这种分别造成的心理失衡。据此,荀子指出了乐的和谐功用:

> 吾观於乡,而知王道之易易也。主人亲速宾及介,而众宾皆从之,至

于门外,主人拜宾及介而众宾皆入,贵贱之义别矣。三揖至於阶,三让以宾升。拜至,献酬,辞让之节繁。及介省矣。至于众宾,升受,坐祭,立饮,不酢而降。隆杀之义辨矣。工入,升歌三终,主人献之;笙入三终,主人献之;间歌在终,合乐三终,工告乐备,遂出。二人扬觯,乃立司正。焉知其能和乐而不流也。宾酬主人,主人酬介,介酬众宾,少长以齿,终於沃洗者焉,知其能弟长而无遗也。降,说屦,升坐,修爵无数。饮酒之节,朝不废朝,莫不废夕。宾出,主人拜送,节文终遂。焉知其能安燕而不乱也。贵贱明,隆杀辨,和乐而不流,弟长而无遗,安燕而不乱:此五行者,足以正身安国矣。彼国安而天下安。故曰:吾观於乡,而知王道之易易也。(《乐论》)

一方面,揖让进退,有礼有节,贵贱明,隆杀辨;另一方面,升歌三终,笙入三终,间歌在终,合乐三终。和乐而不流,弟长而无遗,安燕而不乱,使人民在情感上认同礼的区分。这样,礼乐结合,有别有同,有节有和,"乐合同,礼别异"也。

第二,乐能培养人形成美好的情感,高尚的品德。

"乐者乐也",人的生活不能缺少乐,但乐有多种,可以是孔子"乐节礼乐,乐道人之善,乐多贤友"之仁者乐,也可以是孟子的"乐之实、乐斯二者"(仁与义)的道德之乐,当然也可以是一般意义上的情欲满足,甚至是声色犬马之乐。荀子特别强调乐与道的结合,即将道德追求与审美情感结合起来,使快乐原则契合礼义原则,寓教于乐,寓礼于乐,以美好的情感来涵养人的情性,使之趋向于道德之境(对道德归依之情):

故人不能不乐,乐则不能无形,形而不为道,则不能无乱。先王恶其乱也,故制雅倾之声以道之,使其声足以乐而不流,使其文足以辨而不

諰,使其曲直繁省廉肉节奏,足以感动人之善心,使夫邪污之气无由得接焉。(《乐论》)

《雅》《颂》等高雅乐曲的旋律,或婉转平和,或高亢激越,或繁杂,或简约,既能满足人们追求快乐的欲望,又具有审美功能和道德教育功能,足以引导人们形成善良的情感。这里,荀子针对人有追求快乐的趋向,利用音乐的审美娱乐功能,来培养人民形成善良中正的情感以及对道德的爱好。再进而言之,培养人们对道德礼义的兴趣,使情感与道义结合,而归于美善合一。所谓"君子乐得其道,小人乐得其欲,以道制欲,则乐而不乱"也。

荀子认为,经过雅颂等高雅音乐的培养熏陶,人们善良美好的情感就形成了。这样,进退动止、待人接物就易于符合礼的规范,贵贱有等、长幼有差之礼教秩序也易于形成,此所谓"寓礼于乐":

> 故听其雅颂之声,而志意得广焉。执其干戚,习其俯仰屈伸,而容貌得庄焉。行其缀兆,要其节奏,而行列得正焉,进退得齐焉。故乐者,出所以征诛也,入所以揖让也。征诛、揖让,其义一也。出所以征诛,则莫不听从;入所以揖让,则莫不从服。故乐者,天下之大齐也,中和之纪也,人情之所必不免也。(《乐论》)

第三,荀子认为,不同的音乐,对人心有不同的作用,这可能对《乐记》有所启发。[1]

> 夫民有好恶之情,而无喜怒之应则乱,先王恶其乱也,故修其行,正其乐,而天下顺焉。故齐衰之服,哭泣之声,使人之心悲;带甲婴胄,歌于

---

[1] 关于《乐记》与《乐论》何者为先,学术界有争议,笔者认同《乐记》在后的观点,后文将有所讨论。

行伍,使人之心伤;姚冶之容,郑卫之音,使人之心淫;绅、端、章甫,舞韶歌武,使人之心庄。(《乐论》)

荀子在这里显然注意到了不同风格的音乐对人心的不同作用。这一点,《礼记·乐记》有进一步的发挥:

夫民有血气心知之性,而无喜怒哀乐之常,应感起物而动,然后心术形焉。是故志微、噍杀之音作,而民思忧;啴谐、慢易、繁文、简节之音作,而民康乐;粗厉、猛起、奋末、广贲之音作,而民刚毅;廉直、劲正、庄诚之音作而民肃敬;宽裕、肉好、顺成、和动之音作而民慈爱;流辟、邪散、狄成、涤滥之音作而民淫乱。

《乐记》更强调不同风格、不同旋律的乐对人心的不同作用,因而就须以健康正直之音来化民情性,尤其应反对邪音、溺音、靡靡之音,因为此类音乐将引发怪僻,邪恶,放纵的情感,将使社会处于人欲横流、国危民乱的境地。此一思路,与《乐论》完全一致。正因为音乐对人性的形成有巨大的作用,故君子"修宪命、审诗商、禁淫声,以时顺行,使夷俗邪音不敢乱雅,太师之事也"。

顺着以上思路,《乐记》的作者进一步认为不同风格的音乐可以对治不同的性格缺点:

子赣见师乙而问焉,曰:"赐闻声歌各有宜也,如赐者,宜何歌也?"师乙曰:"乙贱工也,何足以问所宜!请诵其所闻,而吾子自执焉。爱者宜歌《商》。温良而能断者宜歌《齐》。夫歌者,直己而陈德也。动己而天地应焉,四时和焉,星辰理焉,万物育焉。故《商》者,五帝之遗声也。宽而静,柔而正者,宜歌《颂》。广大而静,疏远而信者,宜歌《大雅》;恭俭而好礼者,宜歌《小雅》;正直而静,廉而谦者宜歌《风》。肆直而慈爱,商之遗声也，商人识之，故谓之《商》。《齐》者，三代之遗声也，齐人识之，故谓之齐，明乎《商》之音者，临事而屡断；明乎《齐》之音者，见利而让。临事而屡断，勇也。见利而让，义也。有勇有义，非歌，孰能保此？故歌者，上如抗，下如队，曲如折，止如槁木，倨中矩，句中钩，累累乎端如贯珠。故歌之为言也，长言之也。说之，故言之；言之不足，故长言之；长言之不足，故嗟叹之；嗟叹之不足，故不知手之舞之，足之蹈之也。"（《子贡问乐》）

针对不同的性格，选择不同的音乐，从而陶冶情操、完善人格，这也可以看做是《乐记》对《乐论》的进一步发展。总之，荀子《乐论》体现的情感教育的特点是以情正情，从而化性起伪，这一理路对后世产生了较为深远的影响。

二、《乐记》与《乐论》思想比较

在中国哲学史和音乐史上，《礼记·乐记》一篇是对于孔子以来儒家音乐思想的系统总结，因而具有很高的地位，有人甚至将《乐记》作为中国古典美学的"奠基石"。关于《乐记》，《汉书·艺文志》说："武帝时河间献王好博士，与诸生等共采《周官》及诸子言乐事以作《乐记》……其内史丞王定传之，以授常山王禹。禹，成帝时为谒者，数言其义，献二十四卷《乐记》。刘向校书，得《乐记》二十三篇，与禹不同。"[1] 考诸现有《乐记》，有部分内容与荀子《乐论》相同。[2] 这就产生了《乐记》和《乐论》何者更早的问题。这个问题早就存在，司马迁认为《乐记》是孔子弟子（一说再传弟子）公孙尼子的作品。现代学者郭沫若的《公孙尼子及其音乐理论》一文也认为《乐记》的作者是公

---

[1] 《汉书·艺文志》，引自国学网。

[2] 《乐记》中的"乐言篇、乐情篇、乐化篇、乐象篇"的内容和荀子《乐论》中的内容有很多是相同的。

孙尼子。[1] 这样,《乐记》的时代就早于《乐论》了。所以郭沫若认为《乐论》采自《乐记》及《礼记·乡饮酒义》。然而更多的学者却认为,《乐论》的时代要早于《乐记》,《乐记》的一些重要思想来自《乐论》。任继愈先生、张岱年先生及叶朗先生等皆主此论。[2] 其中的主要理由是"拿《乐论》和《乐记》比较,可以看出《乐记》是《乐论》的进一步发展,更成熟,更系统化,而且有很多概括性的结论。如果《乐论》篇抄《乐记》,为什么系统性反而差了,反而倒退到比较素朴的状态,《乐记》中的那些概括性很强的结论为什么没有抄上呢?"[3] 这种观点是较有代表性的。当然,应该还存在着第三种可能,即《乐论》与《乐记》都有更早的共同来源,都采自更早的儒家经典。特别是从荀子的《乐论》来看,批驳墨子"非乐"观时常常引用申论先王圣人立乐之旨,考虑到儒家《六经》中之《乐经》已经失传,今人无法看到,[4] 因此先秦儒家有一贯的音乐思想和一完整的传承体系,也是有可能的。由于考证《乐论》与《乐记》孰早孰晚以及它们之间的影响关系并非我们的任务,所以这里只略作说明。相对而言,笔者比较倾向于这样一种说法:《乐记》可能成书于汉代,但它的主要内容和基本思想,应该是在秦统一以前的战国时代就已形成了。[5]

比较《乐论》和《乐记》,两者在"乐的形成根据和来源"、"礼乐关系"、"乐与治道"(化性起伪)等方面是相当一致的。但是,在另外一些方面,《乐

---

[1] 郭沫若:《青铜时代·公孙尼子及其音乐理论》,第183页,科学出版社,1957。

[2] 叶朗:《中国美学史大纲》,第149页,上海人民出版社,1985。另可参见任继愈:《中国哲学史料学》;李泽厚、刘纲纪:《中国美学史》。

[3] 叶朗:《中国美学史大纲》,第149页。

[4] 儒家向有六经之说,指《诗》《书》《礼》《易》《乐》《春秋》,始见于《庄子·天运》。后世学者,或认为《乐经》因秦焚书而亡失,或认为儒家本没有《乐经》,"乐"即包括在《诗》《礼》之中,但在《荀子》中,《乐》与《诗》《书》《礼》常并称,似应有《乐》的传统。

[5] 《乐记》的主要内容,如"乐的根据"、"乐的来源"、"礼乐关系"、"礼乐与王道政治关系"等,在荀子的《乐论》中即已存在,无疑是先秦已有的思想,有所疑者,是《乐记》中所表现的有关乐的形上来源与哲学本体思想的时间问题。

记》则发展了《乐论》的思想，从而在一定程度上超越了《乐论》的理论框架，形成了更宏大完整的理论体系。以下略作分疏：

第一，虽然《乐论》与《乐记》都认为"乐"根源于人情，依托于快乐原则，是"人情之所不免也"，但《乐记》更强调"乐"直接来源于人情，是内在情感的发动。明确提出了"凡音者，生于人心者也"，"情动于中，故形于声。声成文，谓之音"，这一点意义重大。李泽厚先生说："虽然，远古在论到和'乐'密切相关的诗时，早已有所谓'诗言志'的说法，但那时的'言志'，尽管也包含了情感的表现，主要还是以'载道'和'记事'为根本目的。孔子论诗，提出诗可以'兴'、'观'、'群'、'怨'，显然已看到诗表达情感的作用，但还没有明确地指明'情'的表现和艺术的关系。孔子的乐论，也没有明确地指出这一点。孟子说：'乐则生矣，生则恶可已也？恶可已，则不知足之蹈之，手之舞之'，已清楚地看到了'乐'同情感表现的关系，但仍然没有明白说出。直到荀子才提出'乐是人情所必不免'，但也还没有像《乐记》这么明白地说'乐'即是'情'的表现。这看来似乎没有什么了不起，不过是把前人的说法更加明确化罢了，但实际上它的意义不可忽视。因为这里包含着关于艺术本质的一个一般性命题：艺术是感情的表现。《乐记》首次最为明确地指出了艺术是情感的表现，这无疑是有重要意义的。"[1]李泽厚先生的这段文字，很好地说明了《乐记》在情感论方面的贡献。

第二，相比较于《乐论》，《乐记》更明确地确立了"乐"的形上根据。

《乐记》的作者认为，天地的本质是"和"与"序"，正是因为"和"与"序"，万事万物之间才能既和谐共生，又互相区别：

> 乐者，天地之和也；礼者，天地之序也。和故百物皆化，序故群物皆别。乐由天作，礼以地制。过制则乱，过作则暴。明于天地，然后

---

[1] 李泽厚、刘纲纪：《中国美学史》（先秦两汉编），第330—331页，安徽文艺出版社，1999。

能兴礼乐也。

"乐由天作,礼以地制",很清楚地说明礼乐的产生及准则来源于天地的启示,是对天道的模仿,如无"礼乐",则社会人群将陷于混乱之中。因此,礼乐有直接与天地参的意义。故曰:

> 天高地下,万物散殊。而礼制行矣。流而不息,合同而化,而乐兴焉。春作夏长,仁也;秋敛冬藏,义也。仁近于乐,义近于礼。乐者敦和,率神而从天,礼者别宜,居鬼而从地。故圣人作乐以应天,制礼以配地。礼乐明备,天地官矣。
>
> 天尊地卑,君臣定矣。卑高已陈,贵贱位矣。动静有常,小大殊矣。方以类聚,物以群分,则性命不同矣。在天成象,在地成形,如此,则礼者天地之别也。地气上齐,天气下降,阴阳相摩,天地相荡,鼓之以雷霆,奋之以风雨,动之以四时,暖之以日月,而百化兴焉。如此,则乐者天地之和也。化不时则不生,男女无辨则乱升,天地之情也。及夫礼乐之极乎天而蟠乎地,行乎阴阳而通乎鬼神,穷高极远而测深厚。乐著大始,而礼居成物。著不息者天也,著不动者地也。一动一静者天地之间也。故圣人曰礼乐云。

将"礼乐"和天地、阴阳、动静、鬼神、高远深厚合一而论,不仅使"礼乐"具有了一种形而上之本体论高度,同时也使礼乐具有了一种赞天地化育的意义。将"礼乐"上升到这样一种高度,礼乐便成为天地之道的直接显现,这一意义在《乐论》中是没有的。如前所论,荀子由于其经验的性格,其天人关系论是建立在天人相分基础上的以人法天思想,所以他虽也强调礼乐仪式与结构是对天地之道的效仿,但并不认为礼乐本身就是天道的直接显现(而比较强调乐的人情因素)。因此说《乐记》思想进一步确立"乐"的形上依据,一方面提高了乐的社会伦理价值，另一方面又使乐的来源更具神秘性，[1]这是对《乐论》思想的一个发展。

顺便说一下，《吕氏春秋》也和《乐记》有相似的思想，《吕氏春秋·大乐》说："音乐之所由来者远矣，生于度量，本于太一。太一出两仪，两仪出阴阳。阴阳变化，一上一下，合而成章。……万物所出，造于太一，化于阴阳。萌芽始震，凝寒以形，形体有处，莫不有声，声出于和，和出于适。和适先王定乐，由此而生"……"凡乐，天地之和也，阴阳之调也。"[2]将音乐看做是天地和谐的产物，也极具形上色彩。

也许，这些思想都受到过《乐论》的影响，而又有所发展吧。

第三，《乐记》和《乐论》对人性的看法不尽相同。

笔者以为这也是最重要的一点，而历来鲜有论述。荀子说"性"，主要沿袭了从"生"上说性的传统，从人的自然情欲来说性。因而从顺人性发展的结果来说，得出了"性恶"的结论。这种以自然情欲论性的理路，和孟子以四端之情论性的理路有所不同。《乐记》的人性论，可以说是兼二者而有之。下面分别予以说明：

在《乐论》中，荀子还是间接地承认人性有善良的地方。他说："先王恶其乱也，故制雅颂之声以道之，使其声足以乐而不流，使其文足以辨而不諰，使其曲直、繁省、廉肉、节奏，足以感动人之善心。"以美善合一的音乐来感动人的善良心，说明人心灵本身具有美好的一面，不然，"善心"从何而来，音乐又如何能感动人之善心，况且音乐中的美好情怀，又从何而来。不过基本上，荀子仍然是从化性起伪的角度来讨论性的。

而就《乐记》而言，其实存在着两种人性论的纠缠，这或许能说明《乐记》

---

[1]　由于《乐记》中论述乐与天地阴阳关系的文字，一部分和《易传》的相关内容非常接近，所以一些学者认为此段内容抄自易传，或直接受到易传影响。参见李泽厚、刘纲纪：《中国美学史》，张义宾：《乐记中的两种音乐美学观》《阴山学刊04.1》。

[2]　廖名春、陈兴安：《吕氏春秋全译》，第400页，巴蜀书社，2004。

有着不止一个的来源。《乐记》云：

> 人生而静，天之性也。感于物而动，性之欲也。物至知知，然后好恶形焉、好恶无节于内，知诱于外，不能反躬，天理灭矣。夫物之感人无穷，而人之好恶无节，则是物至而人化物也。人化物也者，灭天理而穷人欲者也。

这是承认人先天有宁静纯澈的天性，后来由于心物交感的作用，而产生情欲。并进而形成好恶等情感态度。此种情感得不到适当的节制，人心又不断地受到外物的诱惑，不能返回到原始的质朴天性，于是人的善良质朴的天性就改变了。（理即性也，郑玄注：理，犹性也）[1]《乐记》又谓：

> 乐者，音之所由生也，其本在人心之感于物也。是故，其哀心感者，其声噍以杀；其乐心感者，其声啴以缓；其喜心感者，其声发以散；其怒心感者，其声粗以厉；其敬心感者，其声直以廉；其爱心感者，其声和以柔。六者非性也，感于物而后动。

"喜怒哀乐爱敬"六者都属于情感，《乐记》却认为非人之本性，而是受到外物感发而引起的情感。陈澔注曰："六者之动，乃情也，非性也。性则喜怒哀乐未发者是也。"[2]据此，《乐记》以为，人的天性最初是"静"。这种静的天性

---

[1] 郭沫若对这段话曾有一段评论，他说："有的学者特别看重这几句，以为是近世理学的渊源（黄东先、陈澧等），然而宋儒的理学是把理与欲分而为二，而公孙尼子的原意却不是这样。他是以为好恶得其节就是理，不得其节就是灭理。所以他说'夫物之感人无穷，而人之好恶无节，则是物至而人化物也。人化物也者灭天理而穷人欲者也'。顺说是真，反说便不真。宋儒却是反说：'去人欲，存天理'这是误解了公孙尼子。"（《青铜时代·公孙尼子及其音乐理论》）宋儒或许确实误解了《乐记》的作者，但说好恶得节就是理，却有些武断，应该说，"好恶得其节"符合理较妥。因为《乐记》的作者肯定有人生而静的天性，而此天性就是理。

[2] 孙希旦：《礼记集解》，第977页。

和一般意义上的情感是不同的。较接近于《中庸》的喜怒未哀之未发的"性"。而此性又是善的。

表达相同意思的文句,在《乐记》一文中并不鲜见:

> 是故君子反情以和其志,比类以成其行,奸声乱色不留聪明,淫乐慝礼不接心术,惰慢邪辟之气不设于身体,使耳目鼻口心知百体,皆由顺正,以行其义。

> 以道制乐,则乐而不乱;以欲忘道,则惑而不乐。是故君子反情以和其志,广乐以成其教。乐行而民乡方,可以观德矣。

此处"反情以和其志"之"情",显然不是"感于物而动"、"感人无穷"的一般意义上的情感,而是接近于"人生而静"之"性"或"发而皆中节"的本始情感,因此可称之"本情"。[1]《乐记》的作者认为,君子通过回复本性之善良,来祥和自己的心志,制作普及雅乐来实现教化。所以美好的音乐既是人类美好善性的体现,又能反过来涵养人的美好品质:

> 德者,性之端也。乐者,德之华也。金石丝竹,乐之器也。诗言其志也;歌咏其声也;舞动其容也;三者本于心,而后乐器从之。是故情深而文明,气盛而化神。和顺积中,而英华发外,唯乐不可以为伪。(《乐记》)

美好的雅乐,是德性的外显;而德行,又是人的正性的外发。金石丝竹等乐器,不过是表达乐之理的器具。由于真正的"乐"来自人的内心,来自人的善良天性,因此才能感情深厚而形象鲜明,志气旺盛而变化神妙。所以"乐"是

---

[1] 对此"情"字有不同解释,或释为情感,或释为"性"(郑玄),而因此对"反情"的解释也有不同。笔者反复吟味,觉得应解作"本情"较好,此情通于"性",即"情深而文明"之情。

来不得虚假的。来不得虚假，就是"诚"，正说明人性之善。

由此，我们以为《乐记》中存着"生而静"的天赋善性的观念，这一观念和《论语》《中庸》《孟子》之间有着一脉相承的关系。

不过在《乐记》中，"生之为性"的传统也依然存在，这就是所谓的"血气心知之性"，《乐记》云：

> 夫民有血气心知之性，而无哀乐喜怒之常，应感起物而动，然后心术形焉。是故志微、噍杀之音作，而民思忧；啴谐、慢易、繁文、简节之音作，而民康乐；粗厉、猛起、奋末、广贲之音作而民刚毅；廉直、劲正、庄诚之音作为民肃敬；宽裕、肉好、顺成、和动之音作，而民慈爱；流辟、邪散、狄成、涤滥之音作，而民淫乱。

"血气"、"心知"等概念，先秦传统中往往是从自然生命状态说性，此性表现为喜怒哀乐的情感变化。这些概念荀子也经常运用，只是有时将这些概念分开来使用。这些名词，在荀子文本中又常作为中性名词来运用。如：

> 凡用血气、志意、知虑、由礼则治通，不由礼则勃乱提僈。（《修身》）
> 治气养心之术：血气刚强，则柔之以调和；知虑渐深，则一之以易良。（《修身》）
> 人何以知，日心。心何以知，日：虚壹而静。（《解蔽》）

由此可见，"血气"、"心"、"知"皆荀子常用概念。而荀子论性，也正是从这几方面来论述的。不过血气难以把握，而血气外现之情欲则较为明显。所以荀子常以"情欲"论性的背后，亦隐含有血气的内涵。

这样，在《乐记》中，其实隐含着两种人性观，一种类同于《中庸》所说的"喜怒哀乐之未发"的"人生而静"之"性"或曰中和之"性"。在文本中，偶也称做"情"（"反情以和其志"之情），其实是一种本始情感，可称之为"本情"，"德"是它的本体，具有"不可为伪"的"善"的特征。另一种是"血气心知之性"，它更多地是从人的生理属性及自然情欲方面说的。此种"性"的用法和荀子基本相同，此性显然是中性的（虽然荀子以之为恶），而此"性"又是可以引导规范的。前者接近于宋儒所说的"天命之性"，后者接近于宋儒所说的"气质之性"。如果这样的说法有道理的话，则我们可以说，《乐记》有不止一处的来源，有不同的学术渊源，而两种人性观的交涉，与前篇所分析的先秦以自然之气、自然情欲说性以及以道德情欲兼气说性，正好有重叠处，这应该反映出《乐记》试图统一两种人性观的努力。这样，《乐记》的时代当然应在《乐论》之后了，而《乐记》对宋儒之理气观建立，也确实具有启发意义。

这里再附带提一下：郭店楚简之《性自命出》与《五行》篇以"情气"说性，孟子以"四端"为性而兼气说。荀子则以"情欲知"为性而不甚重"气"，《乐记》将"血气心知"合一说"性"而又另立一"人生而静"之性。但《乐记》全文主旨是讨论"乐"与情感关系，故重点也在情感上。从这一发展过程来看，从郭简到《乐记》的儒家人性论的发展，其实始终贯穿着以情为明线，以气为暗线的发展路向。随着时代的推移，"情"所占的比重越来越大。这不妨看做是对"生之谓性"传统的突破和超越。

此外，《乐记》和《乐论》对于"乐"的功用，也有不完全相同的论述。《乐记》对古乐和新乐的区别，音乐的起源，音乐的内涵与表现力方面，都有更加详细的阐述，这些内容，前人时贤论之甚详，笔者在这里就不赘述了。

"情气为性"与
"郭店儒家简"之情感论

摘要：本论文通过对郭店竹简之儒家简的分析,对以《性自命出》为主的儒家简之人性论提出了自己的看法。本文作者认为：郭店儒家简的人性论既非孟子以道德心立论的性善论,也非春秋典籍中"生之谓性"意义上的自然人性论,而是以情感和血气为内涵的情气人性论。郭店儒家简通过肯定人类"情气"之相同性而肯定人类具有共同人性,通过分析人人所具之真诚情感而肯定人类具有善良之情感"美情",而因有此"美情"之存在,遂使道德教育与人性之完善发展成为可能。因此郭店儒简人性论实为春秋自然人性论到孟子性善论之间的一个过渡环节,也是理解孔子到孟子情感思想发展的一个关键,具有重大价值。

关键词：性　情　气　美情　郭店儒简

一、"情气为性"对儒家早期性情论的发展

（一）关于"郭店儒家简"的一些说明

1993 年 10 月,湖北荆门市郭店村一座古墓里,出土了一批竹简,后经整理,定名为《郭店楚墓竹简》,由文物出版社出版发行。

据专家考证,这批竹简的年代在战国中晚期(不晚于公元前 300 年),其年代约在孔孟之间,正好补充了这一时期的历史材料之不足,历史上的一些疑惑或误解也得到一定程度的澄清。郭店出土的竹简,主要可分为道家著作和儒家著作两类。儒家简大约有十来篇文字,李零先生根据竹简上文字样式

的不同,将其分为四组十三篇。[1] 另有一些学者则从简文内容或竹简形制,对儒简做了区分,[2]但此间的区别并不大,主要是在对《语丛》四篇的归属问题在看法上有所不同。据《史记》记载:"自孔子之后,七十子之徒散游诸侯,大者师傅卿相,小者友教士大夫,或隐而不见。"[3]而真正能"遵夫子之业而润饰之,以学显于当世"者,只有"威宣之际"的"孟子、荀卿之列"[4]而已。过去的哲学史、思想史谈儒家,也是继孔子之后,直接讨论孟子与荀子,而对孔孟乃至孔荀之间的一段历史,因资料不足,或语焉不详,或多推测。

关于这些儒简的作者,有学者认为是子思的作品。但比较折中的意见认为这些著作是包括子思在内的七十子的作品,或至少是"七十子"时期的东西,其中也容有孔子作品的可能。[5] 在这些篇章中,引起笔者注意的是,虽然大部分为儒家修齐治平及仁义理智的传统内容,但其中却不乏孔子所罕言而孟子却着重加以讨论的人性论内容,更令人称奇的是,在关于人性的讨论中,又极重视情感之价值与作用,直与《中庸》之论"情性"相表里,可互为说明。这也为我们理解孟子以"四端"道德情感说性的理路,提供了很好的背景。这些内容在《性自命出》《五行》《语丛》等篇中均有所反映。因此我们在下文的情感论探讨中,主要围绕这几篇展开。

(二) 郭店儒简 "性" 之概念及以情释性

《性自命出》等儒家简说性,一方面认为情生于性,另一方面又以"情气为性",具有以情释性的特点。试看以下例子:

---

[1] 见李零:《郭店楚简校读记》"前言",北京大学出版社,2002。

[2] 李学勤、廖名春文:《郭店楚简研究》(中国哲学第二十辑),第13—21页、第58—61页,辽宁教育出版社 1999。

[3] 司马迁:《史记·儒林列传》,第3115页,中华书局1959。

[4] 同上。

[5] 廖明春认为《穷达以时》等三篇为孔子之作。见《荆门郭店楚简与先秦儒学》,《郭店楚简研究》(中国哲学第二十辑),第45页,辽宁教育出版社1999。

性自命出,命自天降。(《性自命出》)

喜怒哀悲之气,性也。及其见于外,则物取之也。(《性自命出》)

好恶,性也。(《性自命出》)

道始于情,情生于性(《性自命出》)

信,情之方也,情出于性。(《性自命出》)

情生于性,礼生于情。爱生于性,亲生于爱,忠生于亲。欲生于性,虑生于欲。智生于性,卯生于智。子生于性,易生于子。恶生于性,怒生于恶。喜生于性,乐生于喜。愠生于性,忧生于愠。惧生于性,监(慊)生于惧。强生于性,立生于强,弱生于性,疑生于弱。(《语丛二》)[1]

以上论"性"之语,一方面说"性"自命出,命自天降,阐明了"性"间接来自天的认识。此处的"命",裴锡圭先生按:"《中庸》'天命之为性',义与此句相似。"(郭沂 232)细考文意,似乎不尽然。"天命"之"命",有命令、赋予之意。朱子《中庸章句》曰:"命犹令也。"是一个动词。而"性自命出"之"命",应为名词。先秦文献中,"命"字基本有动词和名词两种用法,作动词时其义为"命令"、"赋予"等,如"王命南仲"(《小雅·出车》)、"天命玄鸟"(《商颂·玄鸟》)、"天命之谓性"(《中庸》)等。作名词时约有"命令"、"命运"、"取名"、"生命"等义。其中做生命讲如:"灵命难老"(金文《归父盘》),"予迓续乃命于天"(《尚书·盘庚中》)[2],"顺乎肌肤血气之情,养性命之正,安命而弗夭,养生而弗伤"(郭简《唐虞之道》),"有颜回者好学,不幸短命死矣"(《论语·先进》)等。"命"有时又是天与人之间的一个中间环节,《庄子·天地》言:"未形者有分,且然无间,谓之命;留动而生物,物成生理,谓之

---

[1]　本章郭简引文主要根据郭沂:《郭店竹简与先秦学术思想》之《郭店楚墓竹简六种考释》(上海教育出版社 2001)和李零:《郭店楚简校读记》(北京大学 2002)。

[2]　《尚书》孔传:"言我徙欲迎续汝命于天。"江灏等:《今古文尚书全译》,第 166 页,贵州人民出版社 1990。

形;形体保神,各有仪则,谓之性。"以为性即出自形,形即来自命。笔者以为,"性自命出"之命,应较接近于生命义。李天虹先生认为,《性自命出》篇的"命",可能有双重含义:"就天而言,它是天的意旨,天的命令;就人而言,它是纯粹的生命。"[1]虽为调和之论,或许较接近于文本义。生命由元气构成,既然性自命出,是生命的特性,则以喜怒哀悲之气释性,便是很自然的了。"喜怒哀悲"之气,可称之为"情气",是形成性的质料。另一方面在《性自命出》中两次提到情生(出)于性,认为情由性而来,是性的外化。这样,其思想是和《中庸》的"已发"、"未发"说比较接近的。"性"主要是指"情"的内隐状态,这种"内隐的情"又是气的自然属性,可称作"情气"。当"情气"由于心物的中间环节被引发出来以后,其表现便是"情"。这反映了郭简对性情气关系的一个基本认识,是春秋时代《左传》等典籍情气观的一个发展。[2] 从作者以"喜怒哀悲之气"来释性的理路来看,生于性的"情",应该是比较偏重于"情感"意义的,而不同于先秦时代使用较多的"情实"义。"好恶,性也"中的"好恶",则是一种内在的情感倾向或意志。至于《语丛二》所言出于性之种种,除了礼、智以外,皆为人类之种种基本情欲,由此基本情欲派生出次一级的感情,并形成人类的心理、性格等方面的属性。所以《性自命出》为代表的郭店儒简"性情论",在最基本意义上,可以说是以情(气)释性,并指性为情的,因而仍然是在孔子乃至更早时代的自然人性论的基础上说性。和孔子的情感论罕言"性"、"气"相比,竹简大量讨论"性"、"气",固然大大发展了儒家性情论,但在对"性"之定义上,仍然是以情(情感)与气来说明性,具有较为原始质朴的传统特点,这与后来孟子偏重于从道德之情(四端)上说性不同。而且,性并不具有纯粹抽象与超越的特点,故也不具备《中庸》所谓"天

[1] 李天虹:《郭店竹简〈性自命出〉研究》,第 136 页,湖北教育出版社 2005。
[2] 《左传·昭公二十五年》子大叔认为好恶喜怒哀乐六情生于六气,情气和谐,才能协于天地之性。

命之谓性"的强烈道德含义。[1]

不过郭简将情性相连,更加突出了情感之价值,也使人性之定义得以明确。至于情与气相连,"情气"为性,则因在古人的认识中,气是构成生命的元素,也代表生命的动能,在人则表征为喜怒哀悲的情感,故曰情气为性。下节我们再略作说明。

（三） 性情气交涉中的情感地位

郭店儒家简承认人的"血气"之性,并把此性称做为情气。在以情释性,因情定性的同时,也说明了构成性情的质料是"气",在《性自命出》等篇中,多次出现性情气之关系的文字:

(1) 喜怒哀悲之气,性也。(《性自命出》)。

(2) 目之好色,耳之乐声,郁陶之气,人不难为之死。(《性自命出》)

(3) 不变不悦……不直不肆……不远不敬。(《五行》)

(4) 察天道以化民气。凡有血气者,皆有喜有怒,有慎有庄。其体有容,有色有声,有嗅有味,有气有志。凡物有本有卯(末),有终有始。容色,目司也。声,耳司也。嗅,鼻司也。味,口司也。气,容司也。志,心司也。(《语从一》)

(5) 凡至乐必悲,哭亦悲,皆至其情也。哀乐,其性相近也,是故其心不远。(《性自命出》)

第(1)例如前所言,直接将性定义为"喜怒哀悲之气",即"情气"也。此间的性、情都是气。第(2)例将好、乐之情与郁陶之气对接,郭沂以为"郁陶之气"

---

[1] "天命之谓性"之性含道德意义,历来不存在问题。自郭简出,始有人怀疑。从《中庸》文义看,笔者以为此"性"确有道德意义。

当指"好""乐"之气,即"好""乐"之性。故释"郁陶之气"为"人的本性"。[1]而"好"、"乐"、"郁陶"皆为情感或情感状态,所以性情皆气。第(3)例《五行》篇之内容同时见于马王堆汉墓帛书,帛书中在"不变不悦"、"不直不肆,不远不敬"这些文字之后,附着于后的解释性文字《说》云:"变也者,勉也,仁气也。""直也者,直其中心也,义气也。""远心也者,礼气也。"[2]"悦"、"直"、"肆"、"敬"为情感体验或情感态度,可知《说》之作者也认为情、气相关。根据第(4)例,《语丛》作者认为,人由血气构成,具备情感和各种感官功能,体内之情气会映现于外表和行为之中,因此要以心知控制情气。第(5)例谓哀乐之性相近,当指其情气有相似处。[3]《乐记》云:"乐极则忧",意相近,因而这里以"至情"释性。从这些资料,不难发现,性情气间存在着一致性与相关性。

在先秦的传世文献中也能找到类似的旁证。《大戴礼记》中的《文王官人》载:

> 民有五性,喜怒欲惧忧也。喜气内畜,虽欲隐之,阳喜必见。怒气内畜,虽欲隐之,阳怒必见;欲气内畜,虽欲隐之,阳欲必见;惧气内畜,虽欲隐之,阳惧必见。忧悲之气内畜,虽欲隐之,阳忧必见。五气诚于中,发形于外,民情不隐也。[4]

这里的喜气、怒气、欲气、惧气、忧悲之气皆为内在情气,当情感发动时,这些

---

[1] 见郭沂:《郭店竹简与先秦学术思想》,上海教育出版社2001,第256页。李天虹也释之为天性,见《郭店竹简与〈性自命出〉研究》,第179页,湖北教育出版社2005。

[2] 转引自郭沂:《郭店竹简与先秦学术思想》,第175页,上海教育出版社2001。

[3] 郭沂以为:"此处其'性'当谓哀乐之气",见《郭店竹简与先秦学术思想》,第248页,上海教育出版社2001。

[4] 王聘珍:《大戴礼记解诂》,第191页,中华书局1983。

情气表现出来。在这些地方，都是性情对举，以情释性，情附着连接于气。情气内畜，情感外显，性是内隐的情气，情气是通过情感表现出来的，故欲想知性，则不能不知情。此段文字也见于《逸周书·官人解五十八》，而"民有五性"写作"民有五气"，则直接说明"五情"即源于"五气"。

这样，性来自命，命来自天，性是人之生的本质，然而本质不可见，具有抽象隐含的特征，其存在须通过心理活动，借"喜怒哀悲"、"好恶"、"善不善"这类情感、意志来体现。而情感意志的活动是有其物质基础与潜在势能的，构成情感的物质材料是气。当其未发时，称之为"情气"，即是性。当其已发时，则为情感。或者说：在情性关系中，情处于实位，而性则处于虚位。而在情感与气（情气）关系中，情感处于表层显位而气处于底层隐位。性兼情与气而言，且以情与气为内容。如此，我们可以得出结论说，郭简之性情气一体关系中，情感的地位与意义是最为重要的。这与孔子情感论之间具有一致性和发展性。

（四） 关于"善不善为性"

以《性自命出》为代表的儒家简既然为七十子或同时的作品，其人性论与性情关系必然与春秋战国之交的时代思潮有关联。细察起来，战国时期共有五种人性论。在《孟子》一书中，出现了三种：一是以孟子为代表的性善论。二是告子的"性犹湍水论"。告子代表的这一派认为性无善恶，性的善恶取决于后天的环境与人为培养。第三种是"有性善，有性不善"，认为有的人性善，有的人性不善。另有一种是后起的荀子"性恶论"，认为"人之性恶，其善者，伪也"。当时还有一种是周人世硕的人性"有善有不善"论，可称为"善恶混"论。他认为人性既有善的秉性又有不善的禀赋，关键在于培养。《性自命出》的表述似乎与《孟子》一书中的第三种相同，但其实内涵并不一致。

对《性自命出》等楚简中所言之"性"，到底属于哪一种，今日学者颇有不同的看法。一些认为属于性善论范畴。此种观点以为，虽然楚简以情气释

"性",但并没有排斥其中的"善端","这就为后世的性善论理下了伏笔,情气不仅仅指自然情欲,也指道德情感"。[1] 另外一批学者认为,《性自命出》在思路上仍属于以自然属性论性。"人都有好恶喜怒之性,所以可以说人的性是相同的,因此作者没有人性善或人性恶的意识"[2]。此外还有一些学者认为,楚简《性自命出》上篇与下篇的"性"涵义有所不同。上篇的性实际上是"性可以为善,可以为不善"论,即强调外部因素对人的影响,人性的善与不善实际上是由外部因素也即"势"造成的,而下篇"对人性的看法不同,开始倾向于道德情感,它具有善恶的判断能力,表达、反映的是主体的意义和欲求"[3]。笔者认为上述这些观点,都有一定的道理,而最后一种观点似更为近之。早期典籍中的思想往往处于一种圆融不分的状态,可以从各个向度予以发挥。这也为以后的学术思想流派的进一步分化形成,提供了多种可能性。但我们仍然希望确定,以《性自命出》为代表的竹简的人性论更倾向于哪一种。而要讨论这一问题,必须对孟子的性善说之内涵有一明确认识。

孟子道性善,主要从两方面立论,他说:

> 所以谓人皆有不忍人之心者,今人乍见孺子将入于井,皆有怵惕恻隐之心——非所以内交于孺子之父母也,非所以要誉于乡党朋友也,非恶其声而然也。由是观之、无恻隐之心,非人也;无羞恶之心,非人也;无辞让之心,非人也,无是非之心,非人也。恻隐之心,仁之端也;羞恶之心。义之端也;辞让之心,礼之端也;是非之心,智之端也。人之有是四端也,犹其有四体也。有是四端而自谓不能者,自贼者也;谓其君不能

---

[1] 郭齐勇:《郭店儒家简与孟子心性论》,《武汉大学学报》1999 年第 5 期。

[2] 陈来:《荆门竹简之〈性自命出篇〉初探》,《郭店楚简研究》(中国哲学第二十辑),辽宁教育出版社 1999,第 239—314 页。

[3] 梁涛:《竹简〈性自命出〉的人性论问题》,《管子学刊》2002 年第 1 期。

者,贼其君者也。(《孟子·公孙丑上》)

恻隐之心,实即恻隐之情。关于"怵惕恻隐",《说文》云:"怵,恐也。""惕,
《易乾释文》引郑玄云:惧也。"可见。"怵惕"为恐惧义。"恻",《说文》云:
"恻,痛也。""隐",赵岐《孟子注疏》云:"隐,痛也"。杨伯峻先生谓:"隐即
'王若隐其无罪而就死地'之隐。"可知"恻隐"为哀痛义。[1] 因此孟子所谓
的"怵惕恻隐",乃是当人面临突发危险时被激发出的发自内心的恐惧哀痛
之情感,是最接近本能的情感,它以自己与他人的身心交感为基础,类似于同
情心。这是从原始情感立论。孟子又云:

> 口之于味也,目之于色也,耳之于声也,鼻之于臭也,四肢之于安佚
> 也,性也,有命焉,君子不谓性也。仁之于父子也,义之于君臣也,礼之于
> 宾主也,知之于贤者也,圣人之于天道也,命也,有性焉,君子不谓命也。
> (《孟子·尽心上》)
> 体有贵贱,有小大。无以小害大,无以贱害贵。养其小者为小人,养
> 其大者为大人。(《孟子·告子上》)

观此章,则知孟子并否认人的自然之性、自然之情。不过既然此自然之
性,自然之情,或曰人之自然情欲的满足,有待于命,受到外在条件的制约,受
到自然生命的限制,而仁义礼智、则为之在我,又为天性之必然,因此相对于
自然之性,具有善的特征的四端之心是人更本质的属性。故又称其为"大
体"。"大体"相对于"小体"来说,具有优先性与超越性。这是从主体的能动
性立论。

《性自命出》的人性观,显然有所不同,被整理者命名为《性自命出》的这

---

[1] 杨伯峻:《孟子译注》,中华书局1960,第80页。

批竹简,共六十七支。因为第三十五简和第六十七简都有用来分篇的钩号,所以整理者把它分为上下两篇,两篇的讨论重点的确有所不同,但这种不同,笔者认为仅仅是侧重点的不同,或者是随着文章的深入,其中心的逐渐深入,尚不是对人性的看法有不同。下面略作分析来阐明此点:

> 善不[善,性也]。所善所不善,势也。
> 牛生而长,雁生而伸,其性[使然]。
> 四海之内,其性一也,其用心各异,教使然也。

从上篇这些文字来看,很难与"性善论"挂钩。"性"只是"喜怒哀悲"之情气,也就是内在生命的本然情感以及其自然生长倾向,仍然在"生之谓性"的系统之内。正因为此,所以"性"一方面来自天,因为它也是天地宇宙之产物;另一方面,则并无纯善之意义,其最后发展定形会受到外界事物及人为情况的影响。

> 凡性,或动之,或逆之,或交之,或厉之,或绌之,或养之,或长之。
> 凡动性者,物也;逆性者,悦也;交性者,故也;厉性者,义也;绌性者,势也;养性者,习也;长性者,道也。
> 习也者,有以习其性也。

"动性、逆性、交性"三句,是说明外部事物、外部环境以及教育人为对性的养成改造作用。《大戴礼》和《尚书》都有"习与性成"的说法,这里的性似乎比较接近这种意思。"性"还不具备后儒天赋善性的概念。(而与后世"性善"相对应的概念,笔者以为是郭简中经常出现"德"的概念。)《性自命出》强调教育,而教育的目的,是生"德"于中,即将美好品质在人性中固定下来。"教所以生德于中者"。"厉性者",强调磨砺性情以与外在伦理规范相适应的问

47

题。"养性者,习也"及"习也者,有以习其性也",是孔子"性相近,习相远"思想的发展。郭简《性自命出》以为,四海之内,人性是相同的,但后天的"势"与"物"会影响到性向不同的方向发展。而"习"即修习实践能使人在多种的发展可能性中选择一特定的成长方向。"长性者,道也",则着重强调让人性在道的规范下,向善的方面、合理的方向发展。此"道"既可以是一种普遍法则,但主要是人类社会的礼文规范。故又说:"道者,群物之道。凡道,心术为主。道四术,唯人道为可道也。"而性既然能向合于道的方面生长,则人性中也应隐含善质。

阅读《性自命出》不难发现"性"与"情"的一致,性即情的隐含态,但"性"还是较少德性意义。这与《中庸》直接与德性之天接通的更高一层的"性"是有区别的,与宋儒具有本体意义的"性"区别更大。"性"与"情"指的是自然情欲、自然人格或情感心理状态。但值得注意的是,《性自命出》承认人的性情中有美好的方面,在下篇中称之为"美情"或"性爱"。"性爱"、"美情"是人情之一种,但属于人情中可以趋向于道德层面的部分,接近向上之可能性。这样两相比较,上篇阐述了人性来自自然人情,下篇则更强调自然人情中具有向"善"意义的美情。这和孔子人相近之"性"中开掘出以血缘亲情为基础的"仁"的思路是一致的。其文云:

> 凡人情为可悦也,苟以其情,虽过不恶。不以其情,虽难不贵。苟有其情,虽未之为,斯人信之矣。
>
> 情出于性。爱类七,惟性爱为近仁。
>
> 独处而乐,有内怡者也。
>
> 未言而信,有美情者也。未教而民恒,性善者也。未赏而民劝,含富者也。[1]

----

[1] 此处"含富"原作"贪富",从郭沂改。

下篇中这几处的"情"与"性"都可以释为真情实感。楚简《性自命出》的作者认为真情接近人性中的善，接近于仁。所以这里首先着重说明真诚的情感之美好。换句话说，在人性中，唯笃诚的爱，发自内心的真诚情感，最接近于仁。正是在这一意义上，《性自命出》云："仁，性之方也，性或生之。"进一步说，好仁即好善，好仁者必定恶不仁。故曰"恶不仁为近义。"可见，仁这种"美情"，只是《性自命出》所言人"情"之一种，所言之人"性"内涵之一。因而《性自命出》篇其情其性与孟子所说之更高一层作为人之"大体"的超越自然之性的善"性"与"四端之心"，尚不具有相等的意义。不过从上下篇之间的思路和结构来看，《性自命出》的作者在下篇已将重点由自然性情转移到讨论怎样通过教育培养道德情感、形成道德情操方面。这与孔子的倡仁思想，以及后来儒家伦理的发展理路是相符的，或者说正反映出孔子思想与后来思孟思想的一个中间环节。因为单纯讨论自然情感与人性，于当时社会人文重建较少实际意义。

　　综上，我们认为竹简《性自命出》一方面承认人性中有"善"的一面，但并非后来意义上的儒家"性善论"。所谓"善[不善，性也。]所善所不善，势也"，承认"不善"也是人性。"善与不善"虽同是性，但作者在下篇更强调"性善"的意义，因为人人皆有真诚之情感，而此真情即出于天性，即是人之善性，善性乃道德之根源，所以下篇将重点转移到性善，既是文章之自然理路，也是作者用意所在。从这个意义上，我们也可说《性自命出》已然蕴涵着性善论。然而除圣人之外，从接近到合一，必须经过学习与践履的过程。从人情中掘出美情，从"情气"之性中凸显"善性"，在"身"中突出"心"（君子身以为主（于）心）[1]，体现着《性自命出》的思维逻辑，也符合文章自身的线索结构。从中并可看出先秦"由气说性"到"以心言性"（道德心）的过渡。

---

[1]　此处文句中"于"字依郭沂补。

二、"美情"：情感价值的新发现

（一）《性自命出》等篇"情"之内涵与"美情"之挺立

在《性自命出》这篇文献中，"情"字凡 20 见，其他各篇（《缁衣》《唐虞之道》《语丛》）总共 7 见。如此高的频率，在现存的先秦文献中，非常罕见，所以引起了学界的广泛关注。庞朴先生认为：此篇文章是高扬情的价值的。他说："情的价值得到如此高扬，情的领域达到如此宽广，都是别处很少见到的。特别是，有德与有道，在这里竟也都被拉来当做有情，当做有情的某种境界，这种唯情主义的味道，提醒我们注意真情流露是儒家精神的重要内容。真情流露就是率性。"[1] 从这些文字中，庞朴先生对"竹简"中情的理解显然是真情，即真实的情感。但也有人表示了不同意见，认为情仍然是"情实"之义。如果以《性自命出》为例，进行仔细分析，竹简中的"情"字的涵义，基本上都和"情感"有关，不过也不是单一的，其间还有差别，下面试举例说明之：

（1）道始于情，情生于性。始者近情，终者近义。知情者能出之，知义者能入之。

（2）凡声，其出于情也信，然后其入拔人之心也厚。

（3）凡古乐龙心，益乐龙指，皆教其人者也。《赉》《武》乐取，《韶》《夏》乐情。

（4）凡至乐必悲，哭亦悲，皆至其情也。哀乐，其性相近也，是故其心不远。

（5）用情之至者，哀乐为甚。

（6）人之悦然可与和安者，不有夫奋作之情则侮。

---

[1] 庞朴：《孔孟之间—郭店楚简中的儒家心性说》，《郭店楚简研究》（中国哲学第二十辑），第 22 页，辽宁教育出版社，1999。

第(1)例的"情",生于性,直接来源于"喜怒哀悲之气",可以说是一种外显的自然情感。第(2)例中的"信",为真实义。"其出于情也信"当理解为出于真诚的情感。第(3)例之"乐情",郭沂先生作"和谐情感"解,则此情也为情感义,此情感出自至诚。[1] 第(4)例以哀乐说情,其"情"也当为情感无异。其他二例也可作真诚之情感解。故这些"情"字皆作情感讲。下面一些情"字"的意义又有所不同:

> 礼乐,有为举之也。圣人……理其情而出入之。
> 礼作于情,或兴之也。

以上两例之"情",一般均可作"人情"来理解。还有一些地方,情则可作真实,或情实来理解。

> [其][2]过十举,其心必在焉,察其见者,情焉失哉。

此例之"情",其义较接近于内心之实情。《性自命出》中诸"情"字涵义的细微差别之间,其实又有内在的联系。因为情感乃人心人情之重要内容,而真诚的情感尤其可贵。李天虹博士认为,《性自命出》"上篇所言'情'皆由人之本性出发,以真诚为主要特征,以情感为主要内涵",而下篇"情"字用义不尽相同,有本质之实、真心等义,其中也应蕴有情感的意味[3]。依笔者看来,真诚的情感,乃上下篇"情"字的共同内涵,不过下篇更反复辨析申明情感须真诚不虚伪。而全出于至诚的情感,即是美情。下面对美情再略加阐述:

---

[1] 按孔子曰:韶"尽善尽美"代表着内容和形式的统一。所以将韶乐理解为和谐情感有其道理。有人认为"乐情"歌颂舜禹得天下是出于真心禅让。则情为真情义,亦通。

[2] "其"字据郭沂补。

[3] 李天虹:《〈性自命出〉与传世先秦文献"情"字解诂》,《中国哲学史》2001 年第 3 期。

> 凡声其出于情也信，然后其入拨人之心也厚。
>
> 咏思而动心，胃如也，其居次也久，其反善复始也慎。
>
> 凡至乐必悲，哭亦悲，皆至其情也。

第一例认为声音出于情感的程度越真诚，那么其激发感动人心的力量就越大。第二例之"慎"字，郭沂、廖名春、李天虹皆释为"诚"。[1] 故此段文字强调：长久地浸淫于真诚美好的音乐之中，那么就能真诚地返回到人性中的善。第三例文字阐述大喜大悲的情感，皆出自至情。以上三例出自上篇。再看下篇：

> （1）虽能其事，不能其心，不贵。求其心有伪也，弗得之矣。人之不能以伪也，可知也。
>
> （2）笃，仁之方也。仁，性之方也，性或生之。忠，信之方也。信，情之方也。情出于性。
>
> （3）凡人伪为可恶也，伪斯吝矣，吝斯虑矣，虑斯莫与之结矣。慎，仁之方也，然而其过不恶。……人不慎，斯有过，信矣。
>
> （4）凡人情为可悦也，苟以其情，虽过不恶。不以其情，虽难不贵。苟有其情，虽未之为，斯人信之矣。
>
> （5）未言而信，有美情者也。未教而民恒，性善者也。

第（1）例极力申说内心情感真实诚信的重要性，一个人即使处事得宜，但出于虚伪之情，则并不值得尊重。第（2）例文字进一步认为，敦厚是仁爱的表现，仁爱又是人性的表现。忠，是诚信的表现；诚信，又是真情的体现，而真情是出自天性的。这样，如果一个人内心虚伪，则令人厌恶。故第（3）例

[1] 李天虹：《郭店竹简〈性自命出〉研究》，第160页，湖北教育出版社，2005。

进而强调人虚伪的危害性,此间的"慎",也以释为"诚"为宜。即诚信也是仁的表现。仁与信,可谓互为表里。如此,正因为郭简《性自命出》的作者认为人心中天然具有诚信的情愫,故可坚信人类美好情感的存在。第(4)(5)例中,那些出于真实诚信之情的统治者,不管其治理结果如何,人民都始终信任他,那是他具有诚信的品德。

这样,将《性自命出》上下篇结合起来看,其作者认为,情性可有多种内涵,唯有出自本性与内心真诚的情感属于美情,接近于仁。换言之,之所以肯定美情的存在,或者说人性存在善的禀赋,乃在于天性中具有真诚不虚的初始情感与品质。在此基础上,《性自命出》又进一步认为:

> 情出于性。爱类七,惟性爱为近仁。
>
> 未教而民恒,性善者也。未赏而民劝,含富者也。未刑而民畏,有心畏者也。贱而民贵之,有德者也。贫而民聚焉,有道者也。独处而乐,有内怡者也。

由此真实不欺之"美情"的存在,又可进而说明人拥有恒常之善性。而且,一个真正笃实诚信的人,必定能守礼持志。

> 君子执志必有夫广广之心,出言必有夫東東之信,宾客之礼必有夫齐齐之容,祭祀之礼必有夫齐齐之敬,居丧必有夫恋恋之哀。君子身以为主(于)心。

这一思想上接孔子的仁学思想。孔子从人类相近之自然人"性"中开掘出以血缘亲情(孝)为本的"仁","仁"者必有真性情(诚),故"唯仁者能好人,能恶人",仁者能以直报怨,以德报德;仁者自然能孝悌忠信。《性自命出》在自然人性中,强调美情善性的存在,美情善性以"诚"为本。其思路可说直接

《论语》。

由此美好的情感出发,君子又能"美其情,贵[其义],善其节,好其容,乐其道,悦其教,是以敬焉",真正体会道德之乐。因为对道德的向往,也出自人的真情。

同样,我们在这里想附带说明一下的是,郭店儒简讨论情感,也并不一定出现"情"字。如:"爱父,其悠爱人,仁也。"(《五行》)"爱亲,则其方爱人。父孝子爱,非有为也。"(《语从三》)"孝之方,爱天下之民。"(《唐虞之道》)等处都未出现情"字",然讨论的却是由亲情向仁的过渡问题,都与情感论相关。

（二）立足美情之情感教育

郭店楚简《性自命出》等以"情气释性",其实是强调了"性情气"三而一的关系。因此,塑造美好的人性,变化天生的气质,都与陶冶情感有关了。后来荀子"化性起伪"而着重情感培养的思想,其实也与这一理路有关。

　　四海之内,其性一也,其用心各异,教使然也。(《性自命出》)
　　凡动性者,物也;逆性者,悦也;交性者,故也;厉性者,义也;绌性者,势也;养性者,习也;长性者,道也。(同上)
　　习也者,有以习其性也。(同上)
　　教,所以生德于中者也。(同上)

以上论述,包含两方面的意思:第一,人性是相同的,(接近于孔子的相近)但最后向不同的方向发展,或为君子,或为小人,其实是教育的结果。从其善性方面发展者,为君子;从其不善方面发展者,为小人。第二,性的成长受到多方面因素的影响,环境的熏染,外物的引发,德行的磨砺,习俗的浸染以及礼乐教化的陶冶等,都会对人性的最终完成起作用。《性自命出》的作者认为,习养与教育是让美德扎根于心中的最好手段。竹简另一篇《成之闻之》也表达了相同的思想：

> 圣人之性与中人之性，其生而未有别之。即于儒也，则犹是也。唯其于善道也亦别。有怿，类以移也。及其博长而厚大也，则圣人不可由与效之。此以民皆有性，而圣人不可慕也。[1]

认为圣人之性与中人之性，在其原初并无不同，圣人之不可慕，正在于圣人能够自觉地不断修习，接受教育。所以圣人和普通人的不同，主要是后天形成的。通过教育和学习，可以变化一个人的习性，发扬蹈厉其善性而成德于中。因为《性自命出》的作者以"情气为性"，这样情既是性的存在状态，又是性的外在表现。所以成德也好，教化也好，必须立足于情感，高扬情感价值，所谓"君子美其情"（《性自命出》），涵养生发人性中的真诚美好之情，故而以情化性，即是以情化情，变化气质：

《性自命出》等篇强调情感的价值，上接孔子的"诗教"和"乐教"传统，实在是对人性的深刻体认。人之为人的一个基本特征，在于有丰富的情感，情感为人的存在状态。只有充分肯定情感，依托情感，才能以情感人，涵养善性，并让人对人性中的美好心悦诚服。在尊重合理的情感之前提下建立起合理的人伦规范与制度，从而达到"父圣子仁，夫智妇信，君义臣忠"（《郭店楚简·六德》）的理想境地。在情感的内涵上，《性自命出》又特别强调情感的真实与真诚，这可以说是孔子以真性情为仁的思路的延续。这是因为真诚是美好的前提，只有真情实感，才可能以情动人。善性美情本来就是真诚的，"求其心有伪，弗得之矣。"（《性自命出》）

因此，情感教育在竹简中被提升到了前所未有的高度。

---

[1] 此段据郭沂：《郭店竹简与先秦学术思想》，第 218 页，上海教育出版社 2001。

礼,作于情,或兴之也。(《性自命出》)

凡古乐动心,益乐动指,皆教其人者也。

闻笑声,则鲜如也斯喜。闻歌谣,则陶如也斯奋。听琴瑟之声,则悸如也斯叹。观《赉》《武》,则齐如也斯作。观《韶》《夏》,则勉如也期敛。

永思而动心,胃如也。其居次也久,其反善复始也慎。

《诗》《礼》《乐》等,皆以情感为载体,凝聚着古代圣贤的理想和人类美好的情感,符合"乐声好色"的快乐原则,所以能感发人的意志,引起强烈的共鸣,起到反善复始的效用。以道德理想为指归,以美好情感为载体,两者结合,一方面理想得以广泛传播,(所谓仁言不如仁声之速),另一方面情感本身也得以中和安顿,善性得以成长。可见,郭店儒家简对情感的涵养功能是极为重视的。美好的情感不仅是美好人性的同义词,而且是王道理想、德礼政治、和谐社会的保证。

依仁游艺

——论孔子"诗""礼""乐"的情感内涵

摘要：本文通过对孔子"诗"、"礼"、"乐"教思想的分析,阐释了孔子有关艺术教育和情感教育的思想,并在此基础上探讨了孔子的人性思想。孔子重视"诗"、"乐"的原因,乃因为这二者蕴含真诚善良的情感,同时又具有以情感人、涵养人性的作用;而重视"礼",乃在于"礼"既来源于善良中和的情感,又规定范正着情感。进而言之,孔子学说推重情感,在于情感乃是人类的基本存在状态,论情即是论"性"。在孔子的人性思想中,人性既包括"仁者爱人"的德性情感,又含有喜、怒、忧、惧的自然情感。孔子推崇"诗"、"礼"、"乐"三教,目的在于充实涵养德行情感,规范中和自然情感,从而形成完美人性,建成理想社会。

关键词：情感 艺术 人性 诗 礼 乐

> 子曰：兴于诗,立于礼、成于乐。(《论语·泰伯》)

春秋时代,随着文化思想中人本意识的普遍觉醒,典籍中讨论人性的内容也开始逐渐增多,但在《论语》中,孔子直接提到"性"的地方,只有"性相近,习相远"一处。上世纪末出土的上博简《孔子诗论》中,则三处出现了"民性固然"的短语,从文义看,此"性"指的是人的自然天性。[1] 就这些内容来看,孔子对性的定义与先秦早期文献中所说的"食色之性"、"民之常性"的自

---

[1] 三处为："民性固然：见其美,必欲反起本。""民性固然：甚贵其人,必敬其位。……""民性固然：其隐志,必有以俞(抒)也。"见黄怀信：《战国楚竹书〈诗论〉解义》,社会科学文献出版社,2004。目前学界对于《诗论》的作者尚有争议,但所引孔子之语,一般皆认为是孔子所说。

然本性并无太大的差别,似乎没有后来孟子人性本善的含义。孔子的学生子贡曾说:"夫子之文章,可得而闻也。夫子之言性与天道,不可得而闻也。"(《公冶长》)孔子罕言人性,并非其学说与人性无关,事实上,正如一些学者所指出的,孔子奠定了中国人性论的基础。[1] 以笔者之见,人性是一个较为抽象的概念,而人与自然万物及其他生命相比,是一种拥有丰富情感的存在,因此孔子主要是以情论性的。孔子非常推崇"仁",《论语》记载:

> 樊迟问仁,子曰:"爱人"。(《颜渊》)
>
> 夫仁者,己欲立立人,己欲达达人。能近取譬,可谓仁之方也已。(《雍也》)
>
> 仲弓问仁,子曰:"出门如见大宾,使民如承大祭。己所不欲,勿施于人。"(《颜渊》)
>
> 弟子入则孝,出则弟,谨而信,泛爱众,而亲仁。(《学而》)
>
> 樊迟问仁,子曰:"居处恭,执事敬,与人忠。虽之夷狄,不可弃也。"(《子路》)
>
> 唯仁者能好人,能恶人。(《里仁》)

从这些内容看,仁的内涵皆与内在情感或情感意愿相关。"爱人"即属情感,"己欲立立人"和"己所不欲,勿施于人"便是情感意愿。故钱穆论仁云:"由其最先之心言,则是人与人之间的温情与善意。"[2]冯友兰说:"仁以同情心为本,故爱人为仁也。总而言之,仁者,即人之性情之真及合理的流露,即本

---

[1] 参见徐复观:《中国人性论史·先秦篇》,第 56 页,上海三联书店,2001。唐君毅:《中国哲学原论·原性篇》,第 9 页,中国社会科学出版社,2005。冯友兰:《中国哲学史》,第 64 页,华东师范大学出版社,2000。

[2] 钱穆:《论语新解》,第 7 页,生活·读书·新知三联书店,2002。

同情心以推己及人也。"[1]从孔子对于"仁"的论述来看,"仁"既是一种道德情感,又来源于自然情感。孔子在讨论中还常涉及喜、怒、哀、乐、好、恶、忧、惧、好德好色这些自然情感内容,并提到怎样规范这些情感以调节行为的问题。注重情感,其实就是注重人性。"性"字由身心两部分构成,包含着心理的情感和身体欲望,而情感是更外显的。因此言情即所以言性,性在情中体现出来。李泽厚说:"情感乃人的本质、实体、事实,所谓人性,即在于此。"[2]

虽然人类的自然情感中含有"善"的因素,但本身并不是纯善的,也不先天具备道德的属性。要完成自然人格向道德人格的过渡,首先就要完成自然情感向一种"纯亦不已"的道德情感的转化与提升。如此,则必须关注伦常日用中的情感因素,加以规范,以促成善良的心理情感的形成,后儒常说"反本"、"复性",以试图变化气质。其实在孔子那里,却只是强调培养仁善的道德情感,以成就向君子人格和仁者情怀的提升。马育良先生曾指出的:"论语是一部未言'情'("情感"义)字而又处处关情的著作。"[3]

孔子为了达到这样的目的,在平时除了随机指示,言传身教之外,更注重从"诗"、"礼"、"乐"中发掘情感的道德因素,以培养和陶冶学生合理的情感态度,并以先王"制礼作乐"的理想作为召唤,最终达到整饬规范人生行为的目的。

一、"诗"与感发善心

《诗经》是孔门的必修课。《诗经》又称"诗"或"诗三百",既包涵着周代政治、社会、人生各方面的经验,更具有正确的思想,真诚的情感。孔子曾经说:"诗三百,一言以蔽之,'思无邪'。"(《为政》)朱熹《论语集注》曰:"凡诗

---

[1] 冯友兰:《中国哲学史》,第60页,华东师范大学出版社,2000。

[2] 李泽厚:《论语今读》,第304页,安徽文艺出版社1998。

[3] 马育良:《论语:一种可能的情感解读》,《孔子研究》2004年第2期。

之言,善者可以感发人之善心,恶者可以惩创人之逸志,其用归于使人得其情性之正而已。"[1]得其情性之正,非常恰当地概括了《诗经》以情感人,使人归于真诚合宜之情性的特点。朱子又引程子曰:"思无邪者,诚也。"程树德《论语集释》引郑氏语:"夫子盖言诗三百篇,无论孝子、忠臣、怨男、愁女皆出于至情流溢,直写衷曲,毫无伪托虚徐之意。"[2]钱穆先生《论语新解》也云:"孔子举此一言以包盖三百篇之大义也。惟其诗人性情,千古如照,故学于诗而可以兴,观、群、怨。"[3]"诚"、"至情流溢,直写衷曲"、"千古如照"等都说明《诗经》"饥者歌其食,劳者歌其事"之情感真诚恻怛的特点。"诚"正是孔子仁学的核心内涵,这种情感正是道德情感的前提。而通过学诗可以"兴、观、群、怨",则又很好地说明了诗歌在塑造正确的情感,培养道德情操方面的作用,极具教化功能。

"兴观群怨"一语见于《论语·阳货》,孔子说:"诗可以兴,可以观,可以群,可以怨,迩之事父,远之事君,多识于草木鸟兽之名。""兴"的原意是引譬连类,引申为激发意志,感动心灵。何晏《论语集解》引孔安国曰:"兴,引譬连类。"朱熹《论语集注》曰:"感发意志。"通过学诗,既可以感发人的情意,激发人之志趣。又可以考见得失,观察事物,同时《诗》之教,温柔敦厚,乐而不淫,哀而不伤,深得中道之旨。君子学习并加以体会,则一方面能和而不流,团结周围之人(群);另一方面又能怨诽而不失其正,正确表达对不合理现象的不满(怨),而不是意气用事,其最高处乃在兴起人民的高尚情感。故孔子说:"兴于诗,"朱熹《论语集注》说:"兴,启也,诗本性情,有邪有正,其为言既易知,而吟咏间,抑扬反覆,其感人又易入。故学者之初,所以好善恶恶之心,

---

[1] 朱熹:《四书章句集注》,第53页,中华书局,1983。

[2] 程树德:《论语集释》,第67页,中华书局,1990。

[3] 钱穆:《论语新解》,第25页。

不能自已者,必于此而得之。"[1]这段文字中朱子注意到了诗歌在培养美好善良感情方面的巨大作用。李泽厚先生言:"诗启迪性情,启发心智,使人开始走上人性之道。可见'成己'、'成人'、'为己之学'等等都远非知性理解,而是情意培育即情感性、意向性的塑造成长,此非理性分析或概念认识可以达到,而必直接诉诸体会、体认、体验;溶理于情,情中有理,才能有此人性情感及人生境界。"[2]对诗歌的功能,《毛诗序》说得更彻底:"诗者,志之所志也,在心为志,发言为诗。情动于中而形于言,情发于声,声成文谓之音,……故正得失,动天地,感鬼神,莫近于诗。"[3]《毛诗序》的作者认为诗乃是情志的表现,"诗"将人的合理正当的感情表达出来,就能够感动人,改造人,甚至赞天地之化育。这就是诗歌在转变人性方面的巨大作用。而尤为关键的是:"诗教"正是一种情感教育,它通过美好和谐的情感来涵养人的情感,来塑造君子人格,最终成就善良人性。这就是孔子的艺术情感教育思想。

二、"礼":培养与范正情感

为了保证情感的真诚善良与中正平和,孔子非常强调"礼"的概念。盖孔子的道德体制立足于仁的道德感情之上,而道德感情又建立于血缘亲情的心理之上,来源于"爱"、"敬"之情。但血缘之情本身也是一种自然感情,人性中虽具备善良的内涵,但七情等自然情感则无所谓善恶,在实际生活中,容易受到环境与物欲的引诱,难免有过不及之患。所以,保持感情的真诚不欺与中和就显得非常重要了。故孔子说:"唯仁者能好人,能恶人。"(《里仁》)朱熹《论语集注》引游氏曰:"好善而恶恶,天下之同情,然人每失其正者,心

---

[1]　朱熹:《四书章句集注》,第104页。

[2]　李泽厚:《论语今读》,第203页。

[3]　郭绍虞:《中国历代文论选》,第63页,上海古籍出版社,1979。

有所系而不能自克也。惟仁者无私心,所以能好恶也。"[1]刘宝楠云:"凡人用情,多由己爱憎之私,于人之善不善,有所不计,故不能好人恶人也。若夫仁者,情得其正,于人之善者好之,于人之不善者恶之。好恶咸当于理,斯惟仁者能之也。"[2]这些论述都在说明,真正的仁者是能够始终保持情感的诚实中正的。然而孔子立论,并非针对生而具备仁德的圣人,而是针对学而知之的普通人,故成就仁是一个不断追求,不断实践的过程,因此孔子极端重视礼的规范作用。颜渊问仁。子曰:"克己复礼为仁。一日克己复礼,天下归仁焉。为仁由己,而由人乎哉!"颜渊又问其目。子曰:"非礼勿视,非礼勿听,非礼勿言,非礼勿动。"(《颜渊》)"克",或训为约,"复",反也,克己复礼即约己以返礼。从这段对话看仁礼关系,"礼"有点接近外在规定性的他律道德意义,而"仁"则具有自我扩张的自律道德意义。为了保证仁的原则能够始终贯彻,必须有一个外在的规范,所以礼可以说是一种外在规范。不过对照"礼云礼云,玉帛云乎哉?乐云乐云,钟鼓云乎哉?"(《阳货》)"人而不仁,如礼何?"(《八佾》)以及"礼,与其奢也,宁俭;丧,与其易也,宁戚。"(《八佾》)等语录来看,复礼守礼非常强调内心的自觉,必须发自内心的真诚情感,即所谓"著诚去伪,礼之经也"《礼记·乐记》[3]。因为"仁"本身是一种真诚的情感,故唯仁者能诚,能守礼。郭店楚简《五行》篇云:"仁,义礼之所由生也。"[4]现代学者钱穆也云:"盖礼有其内心也,礼之内心即仁也。"[5]都揭示出礼的实质是以真诚仁爱的情感为基础。这样,礼的规定必须符合人情之正,才能发乎情,止乎礼。所以礼既是必须遵守的规范,同时"为仁由己",守礼也是一种自觉,要做到自觉守礼、复礼以成仁。

---

[1] 朱熹:《四书章句集注》,第 69 页。

[2] 刘宝楠:《论语正义》,第 75 页,中华书局,1958。

[3] 杨天宇:《礼记译注》,第 653 页,上海古籍出版社,1997。

[4] 郭沂:《郭店楚墓竹简六种考释》,《郭店竹简与先秦学术思想》,第 244 页,上海教育出版社,2001。

[5] 钱穆:《论语新解》,第 166 页。

因此,所谓"立于礼",一方面是说礼能使学者卓然独立,不为外物所摇夺。因为礼以恭敬辞让为本,而有节文度数之详。有一个具体的规定,才能够保证行为的正确性,故"一日克己复礼,天下归仁焉。"(《颜渊》)"君子博学于文,约之以礼,亦可以弗畔矣夫。"(《雍也》)"上好礼,则民易使也。"(《宪问》)"上好礼,则民莫敢不敬。"(《子路》)"君子义以为质,礼以行之,孙以出之、信以成子,君子哉!"(《卫灵公》)所以"不学礼,无以立"(《季氏》)。但另一方面,礼的核心是仁。孝悌忠信、恭敬辞让,并非仅停留于玉帛俎豆,进退揖让的形式,而须有内在的道德感情。所以孔子"礼"教的目的,一则在于规范人们的行为,二则在于涵泳培养道德感情。孔子曰:"居上不宽,为礼不敬,临丧不哀,吾何以观之哉?"(《八佾》)"祭思敬,丧思哀,其可已矣。"(《子张》)就丧礼而言,如果仅仅做到节文习熟,而无哀痛测怛之实际,那就失去了"礼"的本义,而祭礼与日常生活之礼如果没有发自内心的恭敬之情,那也是舍本逐末,徒具形式。所以须在情感上认同礼的规定,体会礼制背后的原始情感,并表现于行动上。《礼记·仲尼燕居》引孔子言:"师,而以为必铺几筵,升、降、酌、献、酬、酢,然后谓之礼乎?……言而履之,礼也。"孔子之礼对前代之礼的发展,便在于更加注重礼所体现的原初情感,涵养这种美好情感,从而起到顺正人情的作用。也即"礼也者,反其所自生"(《礼记·礼器》)。楚简《性自命出》言:"教,所以生德于中者也。礼作于情,或兴之也。……君子美其情,贵其礼,善其节,好其容,悦其教,是以敬焉。"[1]"美其情,贵其礼",强调礼来源于情感,又对情感起培养范正作用,实是孔子思想的继续。儒家重丧祭之礼,是让人们在追念先祖的情感之旅中,培养报本反始的情感,此诚如后来《礼记》所云:"乐章德,礼报情反始也。"(《乐记》)"礼也者,反本修古,不忘其初者也。"(《礼器》)这些论述,都很好地说明了"礼"立足于情感又规范情感,在转化人性方面所起的重要作用。

---

[1] 郭沂:《郭店楚墓竹简六种考释》,《郭店竹简与先秦学术思想》,第184页。

三、"乐"与人格完善

除了"诗"、"礼"之外,孔子更重视"乐"。"乐"所体现的美好境界也代表着人性的完成。这从另一方面说明了孔子之价值伦理重视情感,道德情感与实践理性相结合的特点。因为与"礼"相比较,"乐"的情感特征更加明显。所谓"乐",与今天的音乐的概念不同,它创制于圣人明君,包括诗歌(声音)、舞蹈。乐器演奏三部分。在《论语》中,记载了一些孔子论"乐"的片断。分析这些片断,不难看出孔子对"乐"的推崇。

> 子在齐闻《韶》,三月不知肉味,曰:"不图为乐之至于斯也。"(《述而》)
>
> 子谓《韶》,"尽美矣,又尽善也。"谓《武》,"尽美矣,未尽善也。"(《八佾》)
>
> 子曰:"师挚之始,关雎之乱,洋洋乎盈耳哉。"(《泰伯》)
>
> 子曰:"《关雎》乐而不淫,哀而不伤。"(《八佾》)

孔子闻韶乐,竟至于三月不知肉味,达到了精神世界对世俗世界的超越。主要是体会到《韶》乐所达到的极高的人生境界。《韶》为古代舜时的乐名,代表着天下为公的仁道理想。《韶》乐体现儒家尽善尽美、道德与艺术合一的原则。钱穆先生认为"三月不知肉味"体现着"圣人一种艺术心情",乃是"艺术心情与道德心情的交流合一"。[1] 徐复观先生则认为孔子之乐教的基本精神是"美善合一"。[2] 朱熹《论语集注》释此章云:"不意舜之作乐至于如此之美,则有以极其情文之备,而不免其叹息之深也。盖非圣人不足以及

---

[1] 钱穆:《论语新解》,第177页。

[2] 徐复观:《中国艺术精神》,第8页,华东师范大学出版社,2001。

此。"又引范氏注云:"韶尽美,又尽善,乐之无以加此也。诚之至,感之深也。"[1]值得注意的是范氏认为"尽善尽美"的乐之所以感人至深,乃因其至"诚"。这是非常有见地的,《韶》为舜时乐,反映了尧舜之间的真心禅让。[2]

古代诗歌皆合乐,称《关雎》也应指文辞与音乐合言。孔子称赞《关雎》之乐盈耳,是因为其符合无过不及,哀乐不失其正的中和原则。朱熹《论语集注》曰:"盖其忧虽深而不害其和,其乐虽盛而不失其正,故夫子称之如此。欲学者玩其辞,审其音。而有以识其性情之正也。"[3]钱穆先生也说:"乐易愈量,转成苦恼。哀易抑郁,则成伤损。然此非哀乐之过。哀乐者,人心之正,乐天爱人与悲天悯人,皆人心之最高境界,亦是相通合一者。无哀乐,是无人心矣。无人心,何来有人道?故人当哀乐之有正,而淫伤之当戒耳。"[4]而此中所体现的中庸和谐原则,也构成儒家学问中的美学原则。

准此,孔子关于"乐"的论述,"诚"与"中和"是"乐"的内核,体现着仁道的精神。这和他的基本思想是一以贯之的。

徐复观先生曾说过:"孔子对于音乐的重视,远出于后世尊崇他的人们的想象之上,这一方面是来自他对古代乐教的传承,一方面是来自他对于乐的艺术精神的新发现。"[5]现代学者张祥龙甚至以为孔子有一闻韶(乐)大悟的阶段。[6] 综合以上孔子论"乐"数章,我们认为孔子对于"乐"的精神之开拓主要表现在这几个方面。第一,孔子认为"乐"体现着道德精神与艺术精神的合一,审美境界与道德境界的合一,"尽善尽美"就是最好的注解。

---

[1] 朱熹:《四书章句集注》,第 96 页。

[2] 郭简:《性自命出》云:"《韶》《夏》乐情。"廖明春先生以为"乐情"乃歌颂舜禹得天下出于真心禅让。

[3] 朱熹:《四书章句集注》,第 66 页。

[4] 钱穆:《论语新解》,第 74 页。

[5] 徐复观:《中国艺术精神》,第 12 页。

[6] 张祥龙:《孔子的现象学阐释九讲》,第 42 页,华东师范大学出版社,2009。

《礼记·乐记》谓:"乐者,通伦理者也,唯君子能知乐。"可说是对孔子"乐"教的深刻体认。第二,"乐"体现着无过无不及的中庸和谐原则,这既是天地原则也是孔子以来儒家对艺术作品的美学要求。所谓"乐而不淫,哀而不伤"正体现此义。《礼记·乐记》谓:"是故先王之制礼乐,人为之节,衰麻哭泣,所以节丧纪也;钟鼓干戚,所以和安乐也。礼节民心,乐和民声。"……"乐文同则上下和矣。大乐与天地同和,大礼与天地同节。和故百物不失,节故祀天祭地。"……"流而不息,合同而化,而乐兴焉。"因为"乐"体现着中和节制的原则,所以被认为有赞天地化育之功。第三,也是最重要的,乃在"乐"由心生,反映的是人内在的真实情感。故真正的乐(大乐)必"诚"。《韶》乐反映的内容是尧舜之间的真心禅让,故尽善尽美。《礼记·乐记》谓:"唯乐不可以为伪。"上博简《孔子诗论》云:"《诗》亡隐志,乐亡隐情,文亡隐言。"说的都是情感的真诚问题。又《论语·宪问》载:"子击磬于卫,有荷蒉而过孔氏之门者,曰:'有心哉,击磬乎!'既而曰:'鄙哉,硁硁乎?莫己知也,斯己而已矣。深则厉,浅则揭'"。这段语话中,荷蒉者正是从磬声中听出了孔子的心声。所以真正的乐作为一种心灵的外化,不容作伪。因此,儒家强调的美、善,都必须建立在"诚"的基础上,"诚"也可勉强相当于今天所说的"真",故孔子的思想也是真善美的统一,但这"真"又不同于认识论意义上的主客观相符,而是情感的真实无妄。[1]

《中庸》说:"喜怒哀乐之未发,谓之中;发而皆中节,谓之和。中也者,天下之大本也;和也者,天下之达道也。"儒者认为,"中和"乃宇宙人生生生不已的根本原则。《中庸》又曰:"惟天下至诚,为能经纶天下之大经,立天下之大本。"又曰:"诚者不勉而中,不思而得,从容中道,圣人也。"《中庸》传为子思所作,其时去孔子未远,可以说反映了孔子的基本思想。而《中庸》认为圣

---

[1] 真善美的提法来自西方,儒家向来强调美善合一,而美善能合一的前提则应是"诚"。这样也可说相当于真善美。此"诚"有本体性质,李泽厚先生推出"美善真",突出"美"的地位,恐未为至论。参见李著:《实用理性与乐感文化》。

人能够从容中道的原因,就在于能立"诚"。诚与中可谓体用不二之关系。

因此,孔子由"诗"教与"礼"教更进一步,极为推崇"乐"教,可谓顺理成章。乐教即对"乐"的情感教育功能进一步开发,此即孔子所说的"成于乐"。至于为何"成于乐",孔子解说不多,后来的儒者对此有很好的阐释,基本可从几个方面说:

第一,"乐"建立于内心深处真诚的情感之上,所以君子用"乐"来教育人,就是以真情来引发真情,从而起到变化气质、气盛民化的效果。郭简《性自命出》云:"凡声,其出乎情也信,然后其入拨人之心也厚。"[1]《礼记·乐记》说:"诗言其志也,歌咏其声也,舞动其容也。三者本于心,然后乐器从之。是故情深而文明,气盛而化神,和顺积中而英华发外。"大"乐"包含"诗"、"歌"、"舞"与器乐,"诗"、"歌"、"舞"等属高雅艺术,皆具有敦厚易良、情感真诚的特点。故"乐"的实现代表着人性的完善。刘宝楠云:"是乐以治性,故能成性。成性亦修身也。"[2]

用现代的语言来说,"乐"是一种诉诸情感的艺术。通过"乐"的呈现,就将古代文化传承者(圣贤)的内在生命力表现了出来,这样,传播者和欣赏者之间就会形成强烈的情感共鸣,情感互渗。于是"乐"所承载的文化理念,诚善美合一的精神追求,中庸和平的道德观,就对欣赏者产生了重大的影响。孔子的"乐"教精神,后代儒家深有体会,《礼记·乐记》云:"使亲疏、贵贱、长幼、男女之理,皆形见于乐,故曰'乐观其深矣'。""是故先王之制礼乐也,非以极口腹耳目之欲也,将以教民平好恶,而反人道之正也。""乐者,天地之和也;礼者,天地之序也。和故百物皆化,序故群物皆别。"这些话,说出了乐具有塑造美好人性,化民成俗的巨大作用。

第二,"乐"具有化性起伪的作用,还和"乐"具有内在的审美娱乐功能是

---

[1]　郭沂:《郭店楚墓竹简六种考释》,《郭店竹简与先秦学术思想》,第244页。

[2]　刘宝楠:《论语正义》,第160页。

分不开的。人皆有满足情欲、表达情感的愿望,孔子曰:"乐其可知也:始作,翕如也;从之,纯如也,皦如也,绎如也,以成。"(《八佾》)虽说的是乐曲的演奏过程,但其实也是情感的展开过程:开始演奏时,放纵尽其音,表征着情感的宣泄,而情感既得宣泄,则须反归于纯如和谐。"乐"所包含的诗、歌、舞三种艺术的共性是具有节奏感,此节奏和生命本身的节奏相应和,即能感发身心,起到培养美好人性与和谐社会的作用。正如荀子《乐论》所阐述:"故听其雅颂之声,而志意得广焉。执其干戚,习其俯仰屈伸,而容貌得庄焉。行其缀兆,要其节奏,而行列得正焉,进退得齐焉。……故乐行而伦清。耳目聪明,血气和平,移风易俗,天下皆宁。"[1]朱子《论语集注》也曰:"乐有五声十二律,更唱迭和,以为歌舞八音之节,可以养人之性情,而荡涤其邪秽,消融其渣滓。故学者之经,所以至于义精仁熟,而自和顺于道德者,必于此而得之,是学之成也。"[2]"乐"的节奏被认为来源于天地,又"本于心",是"心之动",故而适合情感的表达,又能引起审美快感。《礼记·乐记》云:"论伦无患,乐之情也;欣喜欢爱,乐之官也"("论伦"者,流连也),《礼记·仲尼燕居》云:"行而乐之,乐也。"荀子《乐论》云:"乐者,乐也。"都揭示出了乐诉诸于情,托之于乐(快乐)的艺术特点。这就将德性追求和审美愉悦结合起来。徐复观先生说:"道德之心,亦须由情欲的支持而始发生力量,所以道德本来就带有一种情绪的性格在里面。乐本由心发,就一般而言,本多偏于情欲一方面。但情欲一面因顺着乐的中和而外发,这在消极方面,便消解了情欲与道德良心的冲突性。同时,由心所发的乐,在其所自发的根源之地,已把道德与情欲,融合在一起,情欲因而得到了安顿,道德也因此而得到了支持;此时的情欲与道德,圆融不分,于是道德便以情绪的形态而流出。"[3]说乐偏于情欲一

---

[1]　王先谦撰:《荀子集解》,第381页,中华书局,1988。

[2]　朱熹:《四书章句集注》,第105页。

[3]　徐复观:《中国艺术精神》,第17页。

方面,即是"乐者乐也"的意思,因为乐有满足情感、抚慰心灵的功能。如无快乐的感受,则道德本身难以发生。而所谓道德与情欲合一,即是道与乐(快乐情感)的合一。徐复观先生说乐有将道德和情欲融合的功能,的确很有见地,不过还可以更深入一步,"乐"中所含的情感,其实包括两种:一为真诚善良的道德情感,另一为喜怒哀乐的自然情感。而"乐"中之快乐也可分为两个方面,一为"乐节礼乐,乐道人之善"(《季氏》)的道德之乐,另一为情感流转宣泄之乐,即孟子"独乐乐,与人乐乐"之乐。故"乐"的作用既在于扩充人类内心中本有的善良情感和道德欲望,又在于中和消融各种过分、邪僻的欲望。

由此,"乐之入人也深,其化人也速","而可以善民心,其感人深,其移风易俗。故先王著其教焉。"(《乐记》)"乐"教的推而广之,一方面起到涵养人性、调节情感的作用;另一方面起到和谐社会,化民成俗的作用,事实上行使了政治的功能。"故乐者,所以道乐也,金石丝竹,所以道德也;乐行而民乡方也"(荀子《乐论》),"治乐以治心,则易直子谅之心油然生矣。"(《乐记》)《乐论》与《乐记》的思想,均深刻地阐述了孔子"乐"教的思想。

以现代的标准来看"乐"似可列入综合音乐艺术范畴,是一种和谐美好的艺术形式。由于艺术具有娱乐功能,能满足人的快乐需求,影响人极大,所以孔子对于邪僻之音始终保持警惕。因为一旦流辟邪散之音泛滥,就可能导致人心散乱,社会动荡。故孔子说:"恶紫之夺朱也,恶郑声之乱雅乐也。"(《阳货》)孔子反对郑声,是因为"郑声淫"。《礼记·乐记》则进一步说明:"郑音好滥淫志,宋音燕女溺志,卫音趋数烦志,齐音敖辟乔志;此四者皆淫于色而害于德,是以祭祀弗用也。"荀子对此也有深刻的认同,他说:"礼乐废而邪音起者,危削侮辱之本也。故先王贵礼乐而贱邪音。"(荀子《乐论》)可见孔子等大儒反对淫邪不正的音乐,同样是出于对音乐影响情感作用的认识。情感的取向,必会影响人性的成长,最终也会影响到社会的风气。

小　结

　　"诗"与"乐"属于今天的艺术范畴,艺术以情动人,通过润物细无声的方式来逐渐涵养美好人性,塑造君子人格。礼在孔子时代属于"六艺"之一,在今天虽不属于艺术,但却建基于情感,又规范着情感。孔子重视"诗"教、"礼"教和"乐"教,正反映出他的哲学思想和教育思想重视人性的高明之处。事实上,人性不是抽象的概念,而是身心情欲多方面的组合,以情感教育来引导人性,涵养美好情感并形成合宜合理的行为,使个人与社会可归于中正平和之境界,由功利社会而进入礼乐社会,由自然人格进入道德人格,正体现着孔子的修身观和社会理想。

性情交涉中的孔子情感论

摘要：在《论语》一书中，孔子罕言"性"，但这并不表明孔子不重视人性。事实上，孔子的思想对后世人性论的发展方向产生了重大的影响。春秋时代，论性者往往"以情释性"，而此情又是"喜怒哀悲"的自然之情。孔子则推崇"仁"。"仁"是一种道德情感，但又来源于血缘亲情的自然情感，因而具有沟通天人，连接天命与自然人性的特点，更具伦理价值。本文分析了孔子之"仁"的内涵，揭示出"诚"的情感是"仁"之本体，"仁"是在"诚"基础上的美善合一。同时说明，孔子重视情感教育，以体现于"诗"、"礼"、"乐"中的中正平和、真诚恻怛的感情来涵养塑造美好人性，起到化性成善的作用，并进而向"君子乐得其道，小人乐得其欲"的理想境界与和谐社会不断进步。

关键词：性　仁　情感　诚　美善　化性由情

一、性相近和道德情感论

经历了殷人尊天祀神到周人以德配天、敬天保民，再到春秋时代进步人士所提倡的"民为神主"，先秦的文化思想逐渐实现了由神本到人本的转变。与此相联系，关乎人之本质的人性的问题也必然凸现出来。西周初年已有人性观的萌芽，到孔子时代，人性问题本应有所讨论，但《论语》中，孔子只说过"性相近，习相远"（《阳货》）一句话，[1]所以其学生子贡说："夫子之文章，可

---

[1] 在新出版的上博简《孔子诗论》中，三次出现了"民性固然"一语，而此"性"字，据前后文看，似也并无性"善"之意。由于目前学界对于《诗论》的作者尚有争议，故本文仅作参考。

得而闻也。夫子之言性与天道,不可得而闻也。"(《公冶长》)这一方面说明孔子确实较少讨论这些问题,另一方面也间接地反衬出当时这些话题可能比较热门,所以弟子才会觉得老师不谈这些话题有点特别,因而记下一笔。然而孔子罕言"性",并非其学说与人性无关,事实上,正如一些学者所指出的,孔子奠定了中国人性论的基础。[1] 这又必须从孔子提倡的仁学的基本观念出发,才会有较深刻的认同。

在《论语》中,孔子虽然多次谈到"仁",却往往属于因材施教,因宜指示一类,不过我们仍可以通过分析,把握"仁"的意味与内涵。

> 樊迟问仁,子曰:"爱人"。(《颜渊》)
> "夫仁者,己欲立立人,己欲达达人。能近取譬,可谓仁之方也已。"
> (《雍也》)
> 仲弓问仁,子曰:"出门如见大宾,使民如承大祭。己所不欲,勿施于人。"(《颜渊》)

通过以上三条对"仁"的论述,可知孔子对仁的基本规定就是"爱"。既要"爱己成己",又要"爱人成人"、"推己及人"。"己欲立"是爱己成己,"立人"、"爱人"则是成人爱人。人皆有爱己之心,无须多说,故孔子着重说"爱人"。从心理学的角度来说,爱首先是一种内在情感。因此"仁"便与情感态度有关。上引第三条的"己所不欲,勿施于人",是从情感有憎恶拒斥的表现方面来推己及人,爱人者一定不会将"不欲"强加于人。孔子将内在情感普遍化,就从心理上把自然情感上升为道德情感,仁者爱人便有了自律道德意义。据学者考证,仁字较早的构型是上"身"下"心"讹变为上"千"下"心",

---

[1] 参见徐复观:《中国人性论史·先秦篇》,第 56 页,上海三联,2001;唐君毅:《中国哲学原论·原性篇》,第 9 页,中国社会科学出版社,2005;冯友兰:《中国哲学史》,第 64 页,华东师范大学出版社,2000。

省变为仁,仁字从心从身,身亦声,其本意当是"心中想着人的身体",与"从心从旡(人)",表示"心中思人"的爱字造字本义差不多。[1] 论语中又记载:

子张问仁于孔子,孔子曰:"能行五者于天下为仁矣。"请问之。曰:"恭,宽,信,敏,惠。"(《阳货》)

子曰:"出门如见大宾,使民如承大祭。"(《颜渊》)

樊迟问仁,子曰:"居处恭,执事敬,与人忠。虽之夷狄,不可弃也。"(《子路》)

子曰:"唯仁者能好人,能恶人。"(《里仁》)

恭敬,宽厚,忠诚,勤勉,慈爱,无一不是在情感上对人的道德要求。而对他人恭敬尊重,使用民力谨小慎微,也首先是一种情感态度。至于好恶,更是一种情感态度。唯有仁者,因为完全从真诚不欺的情感出发,所以能真正好其所当好,恶其所当恶,进一步发展为"孝悌忠信"的道德行为,达成建立于道德情感之上的生活。所以冯友兰说:"仁以同情心为本,故爱人为仁也。总而言之,仁者,即人之性情之真及合理的流露,即本同情心以推己及人也。"[2]钱穆先生《论语要略》说:"知当知识,仁当情感,勇当意志。而知情意三者之间,实以情为主。情感者,心理活动之中枢也。真情畅遂,一片天机。"

然而实行"仁"道必须从孝悌出发,因为血缘亲情乃人类最基本的自然感情,同时又蕴涵善的因素。在儒者看来,子之爱父母,弟之敬兄长,是与生俱来,自然而然的本真感情。以此为基点,所建立的道德体系才有理性的依据与合理的价值本源。如果仁只是在社会规范中后天形成和培养出来的,那

---

[1] 葛兆光:《中国思想史》引刘翔文,第95页,复旦大学出版社,2001。

[2] 冯友兰:《中国哲学史》,第60页,华东师范大学出版社,2000。

么它只能是社会规范和道德观念之果而不是因。故有子说:"君子务本,本立而道生。孝弟也者,其为仁之本与!"(《学而》)孔子曰:"弟子入则孝,出则弟,谨而信,泛爱众而亲仁。"(《学而》)由这种亲情出发,将爱亲之情层层推衍,自然能本立道生。一切社会规范,价值伦理都属于"道"的范畴,而道又建立在以血缘亲情为代表的人类基本感情之上,道德追求就有了坚实的立足点。这样,从爱亲到爱人,成己到成人乃至建立道德理性(礼),道德秩序(政)便是顺理成章的了。(宋儒曾有"孝悌"是"仁之本"还是"行仁之本"的争论,其实两者在强调血缘亲情的重要性方面并不存在差异,两者的不同主要在于仁的本源性方面。)所以当宰我提出对"三年之丧"的不同意见时,会引起孔子的不满。"予之不仁也! 子生三年,然后免于父母之怀。夫三年之丧,天下之通丧也,予也有三年之爱于其父母乎!"(《阳货》)因为血缘亲情是孔子伦理的基础。曾子也曾回忆说:"吾闻诸夫子,人未有自致者也,必也亲丧乎?"(《子张》)朱熹《论语集注》引尹氏云:"丧固有所自尽也,于此不用其诚,恶乎用其诚。"由是出发,孔子认为一个理性的社会和合理的政治秩序也必须建立于此基础之上。这样,培养孝悌的感情就成了"为政"的第一步。孔子在谈到"为政"时,很强调这一点。

> 或谓孔子曰:"子奚不为政?"子曰:"《书》云'孝乎! 惟孝,友于兄弟,施于有政。'是亦为政,奚其为为政?"(《为政》)
>
> 有子曰:其为人也孝弟,而好犯上者鲜矣,不好犯上而好作乱者,未之有也。(《学而》)

一个人在平时能够孝敬父母、友爱兄弟,使家庭和睦,在孔子看来这是为政的第一步。后来儒家的修齐治平的政治观,正承此而来。而作为统治者来说,能让人民懂得孝悌忠信,也等于坐稳了位子,社会秩序自然有了保障。

叶公问政。子曰:"近者悦,远者来。"(《子路》)

子曰:"道千乘之国,敬事而信,节用而爱人,使民以时。"(《学而》)

曾子曰:"上失其道,民散久矣,如得其情,则哀矜而勿喜。"(《子张》)

子路问君子,子曰:"修己以敬。"曰:如斯而已乎?曰:"修己以安人。"曰:如斯而已乎?曰:"修己以安百姓。修己以安百姓,尧舜其犹病诸。"(《宪问》)

所谓"近悦远来",那是孔子文教德化的政治理想,能让境内之人安居乐业,远方之人千里来归,必定要首先让人民在情感上心悦诚服。而对于治理一个拥有千辆马车的大国,孔子提出的几条措施都和统治者的情感态度相关,孔子认为爱敬之情才是施政的根本。面对当时天下滔滔,民心离散的情况,曾子则提醒统治者对人民要有同情的关怀。这也是孔门的一贯思想。从"修己以敬"到"修己以安百姓",则反映了由私德进至公德的过程。其中的"修己以敬"仍然与情感态度有关。

孔子又强调:"仁"一方面是内在于人的情感存在,所谓"仁远乎哉,我欲仁,斯仁至矣"(《述而》)。同时,"仁"又是沟通天道与个人德性的枢纽,这从他说的"天生德于予,桓魋其如予何"(《述而》)以及"下学而上达,知我者其天乎?"(《宪问》)"君子去仁,恶乎成名。君子无终食之间违仁;造次必于是,颠沛必于是。"(《里仁》)等论述中,是不难体会的。[1]

孔子曾对弟子曾参说:"参乎,吾道一以贯之。"这一以贯之的就是"仁"。这"仁"体现在日常生活的每个方面,是贯穿孔子学说的核心,冯友兰先生说:仁可包孝,仁可包忠,仁可包智,仁可包信。[2] 我们已经说明,仁与成己成人,爱己爱人的道德情感有关。它来源于自然情感,又提升了自然情感而

---

[1]　"仁与天道合",参见徐复观:《中国人性论史·先秦篇》,第86页,上海三联书店,2001。

[2]　冯友兰著:《中国哲学史》,第62页,华东师范大学出版社,2000。

成为一种道德情感。正如钱穆先生所说:"道德本乎人性,人性出于自然。"[1]

　　行文至此,似乎对孔子罕言"性与天道",能做出一个较为合理的解释。"春秋"时代乃至更早,言"性"者多从"生之谓性"的角度来谈,即从人的自然生命的发生成长角度来谈。子产就曾以六气释性。(见《左传·昭公二十五年》)而出土的《郭店竹简》中作为孔子后学著作的《性自命出》中,也还是以"喜怒哀悲之气"释"性",可作为一个证明。[2] 孔子在当时的背景之上,也未必会故意求异。[3] 作为生命,包括生理和心理两部分,涉及食色等生理本能和各种自然情欲。从性上立论,将伦理建立于自然情欲之上,自然失之宽泛。孔子所倡导的"仁",开始于血缘亲情,虽也属自然情感,却涵有善的内蕴,既具有向上提升,沟通天人的无穷可能性,又可广泛推演,无疑更具有道德价值。后世儒家之"性善论",明显是从这一重道德的进路变化而来,只不过削弱了其中的情感因素。孔子罕言"天道",却屡称"天"与"天命",则说明他关注的重点在人类社会而非六合之外的自然界,然而也并不否认道德的超越性。

二、"仁"体之"诚"与真善美的情感

　　"仁"既然首先是发自人的内心的情感,因此没有内在的真诚恻怛是不可想象的。所以孔子非常强调内心的诚,《论语》中虽未直接提到"诚",但此意思却贯穿于其中,孔子多次谈到"直"与"信"的问题,也就涉及感情真诚的问题。《论语》云:

---

[1] 钱穆:《论语新解》,第149页,巴蜀书社,1985。

[2] 郭沂"郭店楚墓竹简六种考释",《郭店竹简与先秦学术思想》,第231页,上海教育出版社,2001。

[3] 朱熹:《论语集注》"性相近"云:"此所谓性,兼气质而言者也。气质之性,固有美恶之不同矣,然以其初而言,则皆不甚相远也。""春秋"时无气质之性的提法,然朱子之意,也是从自然生命解此"性"。

子曰："孰谓微生高直，或乞醯焉，乞诸其邻而与之。"（《公冶长》）

叶公语孔子曰："吾党有直躬者，其父攘羊，而子证之。"孔子曰："吾
党之直者异于是，父为子隐，子为父隐，直在其中矣。"（《子路》）

或曰："以德报怨，何如？"子曰："何以报德？以直报怨，以德报德。"
（《宪问》）

孔子对世传有直名的微生高不认同，是因为他曲意世故，博取美名，有人
向他要一点醋，他家中明明没有，却不愿说明，而是向邻居要一点给人。这种
行为从内心来说，就不够真诚。而对于叶公所称道的"直躬者"不赞同，是因
为直躬者违背了父子相亲的人类基本感情。何晏《论语集解》引周氏曰："有
因而盗曰攘"，朱熹《论语集注》曰："父子相隐，天理人情之至也。"程瑶田《论
学小记》"子为父隐，父为子隐，直在其中。皆言以私行其公，是天理人情之
至。自然之施为、等级、界限，无意、必、固、我于其中者也。如其不私，则所谓
公者，必不出于其心之诚然也"[1]。攘羊并非严重之罪过，父亲窃羊，儿子却
去告发，从表面上看，告发（名）和攘羊（实）之间是相符合的，但孔子仍不赞
同，因为这行为违背了情感之"诚"。前者在一般意义上固然也可以称作直，
但却谈不上"诚"。可见孔子很重视"诚"。而"诚"并不仅仅指言与实之间的
若合符契，它更注重情感的真实无妄。至于"以德报怨"，虽可谓高尚境界，
但也难免有意为之之嫌，违背了情感的真诚。所以孔子仍不赞成。朱熹《论
语集注》云："（以德报怨）或人之言，可谓厚矣。然以圣人之言观之，则见其
出于有意之私，而怨德之报皆不得其平也。"……"于其所怨者，爱憎取舍，一
以至公而无私，所谓直也。"在这里，"直"也代表着一种真诚的情感，更进一
步，孔子认为真诚的情感、正直的品德，乃是一个人乃至一个社会得已存在的
前提。"人之生也直，罔之生也幸而免。"（《雍也》）钱穆先生《论语新解》评

[1]　程树达：《论语集释》，第 804 页，中华书局，1990。

论此段云:"人群之生存,由有直道。罔者,诬罔不直义。于此人生大群中,亦有不直之人而得生存,此乃其幸而获免也。彼盖幸于他人之有直道,而亦得生存也。正如不仁之人而得生存,亦赖人群之有仁道。若使人群尽是不仁不直,则久矣无此人群矣。《左传》曰:'民之多幸,国之不幸,'即谓此也。"因此君子平时之为人,应该"主忠信"、"敬事而信",内不自欺,外不欺人,并把具备这类品德的人作为朋友。所以孔子曰:"益者三友,友直、友谅、友多闻,益矣。"(季氏)在生活和人际关系中,对于那些虚情假意,矫妄不实之人。孔子表达了明显的反感态度。

> 巧言、令色、足恭,左丘明耻之,丘亦耻之。(《公冶长》)
> 巧言令色鲜矣仁。(《学而》)
> 乡愿,德之贼也。(《阳货》)

巧言令色者也好,乡愿也好,其共同特点就是为了达到目的,或博取别人的好感而违背内心的真诚,不惜曲意逢迎以谋私利。

由此要真正行仁,践仁,必须出自至诚无私的情感。即所谓有真性情。孔子本人也可谓是个至情至性之人,平时也总以真性情示人。"颜渊死,子哭之恸。从者曰:'子恸矣!'曰:'有恸乎? 非夫人之子为恸而谁为?'"(《先进》)对于自己寄予厚望的学生颜渊之死,孔子表现出极大的悲痛。当听说自己的学生冉有为季氏聚敛财富时,孔子非常生气地说:"非吾徒也,小子鸣鼓攻之可也。"(《先进》)不满之情溢于言表。对于那些为人民作出贡献的人,孔子也毫不吝惜其赞叹之情。他称赞上古明君尧:"巍巍乎! 惟天为大,惟尧则之。"(《泰伯》)他称赞管仲:"桓公九合诸侯,不以兵车,管仲之力也。如其仁,如其仁!"(《宪问》)在论语中,像"夫子莞尔"、"夫子哂之"之类描写情态的记载是很多的。

孔子重视真情实感,但这种情感必须出自至诚的、去除各种私心物欲的情感,只有这样,才能保证情感的中正平和。对于那些过分的偏离中和之道的情感,孔子是反对的。

> 子张问崇德、辨惑。子曰:"主忠信、徙义,崇德也。爱之欲其生,恶之欲其死。既欲其生,又欲其死,是惑也。"(《颜渊》)
>
> 樊迟从游于舞雩之下,曰:"敢问崇德,修慝,辨惑。"子曰:善哉问!先事后得,非崇德与? 攻其恶,无攻人之恶,非修慝与? 一朝之忿,忘其身,以及其亲,非惑与? (《颜渊》)
>
> 子曰:"好勇疾贫,乱也;人而不仁,疾之已甚,乱也。"(《泰伯》)
>
> 司马牛问君子,子曰:"君子不忧不惧。"曰:"不忧不惧,斯谓之君子已乎?"子曰:"内省不疚,夫何忧何惧?"(《颜渊》)
>
> 子曰:"众恶之,必察焉。众好之,必察焉。"(《卫灵公》)

有所喜欢,有所厌恶,这是人之常情。然而喜欢的时候希望一个人能永远活着,讨厌的时候又盼他早点死,这种爱恶无常的感情不仅远非中正之道,且于情理不通。一个人有所愤怒,也属正常,但因一时之愤怒,危及自己和父母安全,这种过分的情感孔子认为要不得。另外,对于不仁的人,有缺点的人,憎恶过度,使之无处容身,则也不是合理的态度,容易引起社会的不安定。这里孔子批评的虽是行为失当,然而行为失当的原因却在于感情的偏颇。"君子不忧不惧"也是一种情感表现。在对待所谓的公众情绪方面,孔子采取非常谨慎的态度。一个被所有人反对或被所有人喜欢的人,孔子认为应该对其仔细观察。因为一个特立独行的人,很可能不受公众舆论的欢迎,而一个阿世附众的乡愿,却也可能受到公众的欢迎。可见孔子对情感采取一种谨慎的理性态度。

为了保证情感的真诚与中正平和,《论语》非常强调"礼"的概念。盖孔子的道德体制立足于仁的道德感情之上,而道德感情又建立于血缘亲情的心理之上,来源于"爱"、"敬"之情。但血缘之情本身也是一种自然感情。一般人虽也具备仁的内在品质,但在实际生活中,却容易受到环境与物欲的干扰,难免有过不及之患。所以,保持感情的中正与真诚不欺就显得非常重要了。故孔子说:"唯仁者能好人,能恶人。"(《里仁》)朱熹《论语集注》引尤氏曰:"好善而恶恶,天下之同情,然人每失其正者,心有所系而不能自克。惟仁者无私心,所以能好恶也。"刘宝楠《论语正义》曰:"凡人用情,多由己爱憎之私,于人之善不善,有所不计,故不能好人恶人也。若夫仁者,情得其正,于人之善者好之,于人之不善者恶之。好恶咸当于理,斯惟仁者能之也。"孔子立论,并非针对生而知之的圣人,而是针对学而知之的普通人。成就仁是一个不断追求,不断实践的过程。因此孔子极端重视礼的规范作用。颜渊问仁。子曰:"克己复礼为仁。一日克己复礼,天下归仁焉。为仁由己,而由人乎哉!"颜渊又问其目。子曰:"非礼勿视,非礼勿听,非礼勿言,非礼勿动。"(《颜渊》)克,或训为约;复,反也。克己复礼即约己以返礼。从这段对话看仁礼关系,"礼"有点接近外在规定性的他律道德意义,而"仁"则具有自我扩张的自律道德意义。为了保证仁的原则能够始终贯彻,必须有一个外在的规范。不过对照"礼云礼云,玉帛云乎?乐云乐云,钟鼓云乎哉?"(《阳货》)人而不仁,如礼何?(《八佾》)以及"丧,与其易也,宁戚;礼,与其奢也,宁俭。"(《八佾》)等语录来看,复礼守礼非常强调内心的自觉,必须发自内心的真诚情感。所谓"著诚去伪,礼之经也"(《礼记·乐记》)。因为"仁"就是一种真诚的情感,故唯仁者能诚,能守礼。"盖礼有其内心也,礼之内心即仁也"。[1]"仁,义礼之所由生也。"[2]这样,礼的规定必须符合人情之正,才能发乎情,止乎礼。所以礼既是必须遵守的规范,同时"为仁由己",守礼也

---

[1] 钱穆:《论语新解》,第166页,巴蜀书社,1985。

[2] 楚简:《五行》篇,郭沂"郭店楚墓竹简六种考释",《郭店竹简与先秦学术思想》,第244页,上海教育出版社,2001。

是一种自觉,要做到自觉守礼、复礼以成仁。

除了重视"礼"之外,孔子也很重视"乐"。这从另一方面说明了孔子之价值伦理重视情感,道德情感与实践理性结合的这一特点。因为与"礼"相比较,"乐"的情感特征更加明显。所谓乐与今天的音乐不相同,它的内涵要大得多,它包括声歌、乐器演奏、舞蹈三部分。在《论语》中,记载了一些孔子论"乐"的片断。分析这些片断,不难看出孔子对"乐"的态度。

子在齐闻《韶》,三月不知肉味,曰:"不图为乐之至于斯也。"(《述而》)

子谓《韶》:"尽美矣,又尽善也。"谓《武》"尽美矣,未尽善也"。(《八佾》)

子曰:"师挚之始,关雎之乱,洋洋乎盈耳哉。"(《泰伯》)

子曰:"《关雎》乐而不淫,哀而不伤。"(《八佾》)

孔子闻韶乐,竟至于三月不知肉味,达到了精神世界对世俗世界的超越。主要是体会到《韶》乐所达到的极高的人生境界。《韶》为古代舜时的乐名,代表着天下为公之仁道理想。《韶》乐体现儒家尽善尽美、道德与艺术合一的原则。钱穆先生认为"三月不知肉味"体现着"圣人一种艺术心情",乃是"艺术心情与道德心情的交流合一"。[1] 徐复观先生则认为孔子之乐教的基本精神也是"美善合一"。[2] 朱熹《论语集注》注此章云:"不意舜之作乐至于如此之美,则有以极其情文之备,而不免其叹息之深也。盖非圣人不足以及此。"又引范氏注云:"韶尽美,又尽善,乐之无以加此也。诚之至,感之深也。"值得注意的是范氏认为"尽善尽美"的乐之感人,乃因其至"诚",是非

[1] 钱穆:《论语新解》,第69页,巴蜀书社,1985。
[2] 徐复观:《中国艺术精神》,第8页,华东师范大学出版社,2001。

常有见地的。

古代诗歌皆合乐,称《关雎》也应指辞与乐合言。孔子称赞《关雎》之乐盈耳,是因为其符合无过不及,哀乐不失其正的中和原则。朱熹《论语集注》曰:"盖其忧虽深而不害其和,其乐虽盛而不失其正,故夫子称之如此。欲学者玩其辞,审其音。而有以识其性情之正也。"钱穆先生在《论语新解》中也说:"乐易愈量,转成若恼。哀易抑郁,则成伤损。然此非哀乐之过。哀乐者,人心之正,乐天爱人与悲天悯人,皆人心之最高境界,亦是相通合一者。无哀乐,是无人心矣。无人心,何来有人道? 故人当哀乐之有正,而淫伤之当戒耳。"而此中所体现的中庸和谐原则,也构成儒家学问中的美学原则。

徐复观先生曾说过:孔子对于音乐的重视,远出于后世尊崇他的人们的想象之上,这一方面是来自他对古代乐教的传承,一方面是来自他对于乐的艺术精神的新发现,[1]综合以上孔子论"乐"数章,我们认为孔子对于"乐"的精神之开拓主要表现在这几个方面。第一,孔子认为"乐"体现着道德精神与艺术精神的合一、审美境界与道德境界的合一。"尽善尽美"就是最好的注解。《礼记·乐记》谓"乐者,通伦理者也,唯君子能知乐","知乐则几于礼矣! 礼乐皆得谓之有德"。可说是对孔子"乐"教的深刻体认。第二,"乐"体现着无过无不及的中庸和谐原则,这既是天地原则也是孔子以来儒家对艺术作品的美学要求。所谓"乐而不淫,哀而不伤"正体现此义。《礼记·乐记》谓:"是故先王之制礼乐,人为之节,衰麻哭泣,所以节丧纪也;钟鼓干戚,所以和安乐也。礼节民心,乐和民声。"……"乐文同则上下和矣。大乐与天地同和,大礼与天地同节。和故百物不失,节故祀天祭地。"……"流而不息,合同而化,而乐兴焉"。因为乐体现着中和之原则,所以被认为有赞天地化育之功。第三,乐由心生,反映的是人内在的真实情感。故真正的乐(大乐)必"诚",《乐记》谓:"诗言其志也:歌咏其声也;舞,动其容也。三者本于心,

---

[1] 徐复观:《中国艺术精神》,第 12 页,华东师范大学出版社,2001。

然后乐器从之。是故情深而文明,气盛而化神,和顺积中而英华发外,唯乐不可以为伪。"上博简《孔子诗论》云:"《诗》亡隐志,乐亡隐情,文亡隐言。"说的都是情感的真诚问题。又《论语·宪问》记载,"子击磬于卫,有荷蒉而过孔氏之门者,曰:'有心哉,击磬乎!'既而曰:'鄙哉,硁硁乎?莫己知也,斯己而已矣。深则厉,浅则揭。'"这段语话中,荷蒉者正是从击磬声中听出了孔子的心声。所以真正的"乐"作为一种心灵的外化,不容作伪。因此,儒家强调的美、善,都必须建立在"诚"的基础上,"诚"也相当于"真",所以孔子的思想其实也是真善美的统一,但这"真"又不同于认识论意义上的主客观相符。而是情感的真实无妄。

《中庸》说:"喜怒哀乐之未发,谓之中;发而皆中节,谓之和。中也者,天下之大本也;和也者,天下之达道也。"儒者认为,"中和"乃宇宙人生生生不已的根本原则。朱熹《中庸章句》谓:"大本者,天命之性,天下之理皆由此出,道之体也。达道者,循性之谓,天下古今之所共由,道之用也。"《中庸》又曰:"惟天下至诚,为能经纶天下之大经,立天下之大本。"又曰:"诚者不勉而中,不思而得,从容中道,圣人也。"《中庸》传为子思所作,其时去孔子未远,可以说反映了孔子的基本思想。而《中庸》认为圣人能够从容中道的原因,就在于能立"诚"。

由此,我们从孔子对"直"的阐述,对真情的推崇,以及对"礼"、"乐"的重视。可以得出一个基本的结论。即"仁"其实在"诚"的基础上,善、美感情的统一。"诚"乃仁之体。

儒家"中和"思想的内在
特质及其美学表现

摘要："中和"思想在中国文化史上曾起过重要的作用,它既构成了儒家哲学的本体论基础,又影响到国人的基本价值观和行为方式,并成为中国传统和谐文化的重要组成部分。和谐的思想构成了中国传统文化的核心内容和最高价值所在。"中和"思想同时也为中国美学的发展规定了方向。在今天这样一个社会转型和文化重建的时代,我们一方面要深化和弘扬传统价值,另一方面必须注重传统思想的转型发展。本文分析了儒家"中和"思想最本质的特征为"诚"与"时中",并分析了这些特征对中国美学观念的影响。

关键词：中和 诚 时中 美学表现

一、中和观作为儒家哲学的基本思想

"中和"是中国儒家哲学和美学的常用范畴,对后世影响深远,"中和"的思想出现得比较早,早期"中"与"和"分别言之,却又有着内在的联系。"中",《说文解字》云:"内也,从口,丨,上下通。"段玉裁注:中者,别于外之辞也。别于偏之辞也,亦合宜之辞也。

"中"字在典籍中很早就出现了,《尚书·盘庚中》:"汝分猷念以相从,各设中于内心。"此处的"中",孔颖达释为"中正",释此句为"群臣当分明相与谋念,和以相从,各设中于汝心。"[1]《尚书·酒诰》:"丕惟曰,尔克永观省,

---

[1] 李学勤主编:《尚书正义》,第241页,北京大学出版社,1999。

作稽中德。"这里的中,也是中正的意思。《尚书·大禹谟》:"人心惟危,道心惟微,惟精惟一,允执其中。"此处之中,则为中道义。《论语》也多处提到"中","中庸之为德,其至矣乎,民鲜久矣。"(《雍也》)此处"中庸"之"中",即无过无不及之处中。又"礼乐不兴则刑法不中","不得中行而与之,必也狂狷乎!"(《子路》)前一个"中",释为得当;后一个"中"指合乎中庸之道。《易传》作为一部反映先秦哲学思想的作品,更处处以中道为标准,来衡量事物的吉凶,故涉及"中"的语汇特多。如"大矣哉! 大哉乾乎? 刚健中正,纯粹精也。"(《乾·文言》)"君子黄中通理,正位居体,美在其中,而畅於四支,发於事业,美之至也。"(《坤·文言》)总结而言,《易传》之"中"往往具有中正、合适、恰当,无过无不及等义。这里限于篇幅,兹不多举。后来在汉语中与"中"相联系的词汇有中庸、中道、中观、中正等。

"和",《说文》:相应也,从口和声。甲骨文中另有一"龢"字,许慎释此字曰:"龢,调也,从龠,禾声。"段注云:"此与口部和音同义别,经部多假和为龢。"而"龠",说文释为"竹之管,三孔,以和众声也"。由此可知,最早的"龢"主要指音乐的和谐,以后与"相应"义之和逐渐通用。后来在汉语中与"和"相联系的词汇有和谐、冲和、和乐、和睦、和平等。

"和"字在典籍中的出现同样也很早,在我国殷商甲骨文中,就有了"和"字。根据典籍资料分析,"和"最初往往与音乐与烹饪有关。《尚书·舜典》云:"诗言志,歌永言,声依永,律和声,八音克谐,无相夺伦,神人以和。"《左传·襄公二十九年》"季札观乐"篇有"五声和,八风平,节有度,守有序,盛德之所同也"的说法。《国语·周语下》单穆公有"政象乐,乐从和,和从平"的论述,此皆从"乐"立论。而在《左传》中,晏子则有著名的"和同之辩"的论述:"和如羹焉,水火醯醢盐梅以烹鱼肉,燀之以薪。宰夫和之,齐其不及,以泄其过。君子食之,以平其心。先王之济五味,和五声也,以平其心,成其政也。……声亦如味,一气,二体,三类,四物,五声,六律,七音,八风,九歌,以相成也。"在这段论述中,晏子首先以宰夫烹饪为喻,谈到做菜必须盐、酸、酱等配伍恰当,水火和谐,才能使菜肴五味调和。接着进一步以为音乐的道理也一样,旋律、歌声、气息、乐器等必须谐调,才能奏出悦耳的音乐。物质和精神两方面都和谐了,就能起到调节统治者心理的作用,由此促进政治的和谐,社会的稳定。另外《国语·郑语》关于"和同"问题的讨论,更为著名。史伯以为:"夫和实生物,同则不继。以他平他谓之和,故能丰长而物归之。若以同俾同,尽乃弃矣。"也就是说,事物的产生发展的根据在于多种事务的互补和谐,而不是万物的趋同一致,史伯也进一步以烹调和音乐为喻,总结"声一无听,物(色)一无文,味一无果,物一不讲(构)"[1]的道理。

在这些讨论的基础上,孔子等哲人对和谐的思想又有进一步的贡献。孔子提出的"君子和而不同"、"礼之用,和为贵"等著名论断,强调了"和"在修身和社会政治中的重要性。荀子主张"因天下之和,遂文武之业,明枝主之义,抑亦变化矣,天下厌然犹一矣"(《儒效》),并认为"列星随旋,日月递照,四时代御,阴阳大化,风雨博施,万物各得其和以生,各得其养以成"。(《天论》)荀子并有对音乐和谐的讨论:"乐者,天下之大齐也,中和之纪也。人情之所不免也。"(《乐论》)《礼记·乐记》则在进一步提出"乐者,天地之和也;礼者,天地之序也"之论点的基础上,强调了"乐和"能导致政通人和,所谓"声音之道,与政通矣"。

在这些和谐思想的基础上,和谐理论被进一步上升为一种本体论。《易传》云:"乾道变化,各正性命,保合太和,乃利贞。"(《乾·彖》)认为天地的理想境界即是"保合太和"的状态。

由此前提出发,和谐体现于整个世界,人类社会自然在此范围之中。和谐家族、和谐国家、万邦协和、天人和合既是和谐理想的题中之义,[2]也是具体体现。正如《尚书·尧典》所言:"克明俊德、以亲九族,九族既睦、平章百

---

[1] 此处文字具徐元诰:《国语集解》,第472页,中华书局,2002。

[2] 参见夏乃儒:《儒家和谐思想的现代阐释》,《儒家文化与和谐社会》,学林出版社,2005。

姓。百姓昭明,协和万邦,黎民于变时雍。"

"中"与"和"又是密切相关的,"中"强调不偏颇,不走极端,处理任何事物要恰到好处,"允执其中"。而"和"强调万物要转对立为统一,和谐相处。因此在较早的典籍中,已将中、和连称,《周礼·春官·大司乐》提到"以乐德教国子中、和、祈、庸、孝、友",已将中与和并列为六德之二,《周礼·地官·大司徒》有:"大司徒以五礼防万民之伪,而教之中,以六乐防万民之情,而教之和。"这里的"中"与"和"意思是一致的,一指礼的和谐,一指乐的和谐,其实是培养人民真诚和谐的情感。孔门经典《中庸》一篇,将"中"与"和"两者关系作了很好的概括:

> 喜怒哀乐之未发,谓之中;发而皆中节,谓之和。中也者,天之大本也,和也者,天下之达道也。致中和,无地位焉,万物育焉。

由此,"中"与"和"的关系,就转化为情感的未发与已发关系,当情感未发之时,先天符合中道;当情感已发之后,如果能够和顺中节,即为和谐。由于这段影响深远的文字将喜怒哀乐的情感和"位天地,育万物"的宇宙境界联系在一起,因此这种中和的情感就既是人类的情感,也是宇宙的情感。朱子云:"盖天地万物本吾一体,吾之心正,则天地之心亦正矣,吾之气顺,则天地之气亦顺矣。"[1]这样,社会和谐、人我和谐、天人和谐就和人类的心灵和谐、情感和谐紧密地联系起来。

荀子也极重视中和与情感的关系,他在《乐论》中说:

> 故乐者,天下之大齐也,中和之纪也,人情所不免也。……乐也者,和之不可变者也,礼也者,理志不可易者也。故乐合同,礼别异。礼乐之

---

[1] 朱熹:《四书章句集注》,第18页,中华书局,1983。

统,管乎人心矣。

"乐"代表着快乐的情感,所以人不能无"乐",情感需要宣泄表达。但情感之宣泄表达又不能过度,所以必须以中和雅正的音乐——"乐"来调节,[1]使情感归于中正平和,以造成"血气和平,移风易俗,天下皆宁,美善相乐"的效果。

这里顺带说一下道家虽无中和的明确提法,但对"和"也有高度认识,他们以为万物的存在就体现着和谐。老子说:"万物负阴而抱阳,冲气以为和。""和是综合阴阳的本体之道,……由于和既是本体,又是规律,所以说知和曰常,知常曰明。"[2]《庄子》一书中也多次提到和,"夫明白于天地之德者,此之谓大本大宗,与天和者也。所以均调天下,与人和者也。与人和者,谓之人乐,与天和者,谓之天乐。"(《天道》)"若夫乘道德而浮游则不然,无誉无訾,一龙一蛇,与时俱化,而无肯专为。一上一下,以和为量,浮游乎万物之祖。物物而不物于物,则胡可得而累邪!"(《山木》)而此两处的和,指的是人顺应自然规律。由此可见,道家的"和",更强调人的行为因顺自然之道,超越是非毁誉的人为对立,而和光同尘,与时俱化。因而人与自然和谐的色彩更为浓厚,此显然与前述儒家中和观的强调重点有所不同。

这样,中和不仅成为中国哲学,尤其是儒学的一个基本范畴,其和谐观也代表中国文化的一个基本理念,中国人行事的一种基本标准。

二、儒家中和思想的本质特征

儒家中庸和谐的思想,固然是中国文化的基本理念,然也并不能说为我

---

[1] 先秦所谓的乐,与今日意义的音乐是有区别的,指的是最高统治者制定的雅乐,即先王制礼作乐的"乐"。

[2] 袁济喜:《和:审美理想之维》,第40页,百花洲文艺出版社,2009。

国独有,西方文化中也很早产生了和谐的思想,这一思想就和我国的儒家中和论多有相通处。古希腊哲学家毕达哥拉斯就认为音乐的本质体现着"数"的和谐。"他们首先从数学与声学的观点去研究音乐节奏的和谐,发现声音的差别(如长短、高低、轻重等)都是由发音体方面数量的差别决定的。例如发音体(如琴弦)长,声音就长,震动速度快,声音就高,震动速度慢,声音就低。因此,音乐的基本原则在数量的关系,音乐节奏的和谐是由高低长短轻重各种不同的音调,按照一定数量上的比例而组成的。"[1]"当毕达哥拉斯发现音之高度与弦之长度成为整齐的比例时,他将何等地惊奇感动,觉得宇宙的秘密已在他面前呈露。"[2]把数的和谐的原理推广到其他方面,就形成了"宇宙和谐"的概念。希腊哲学家柏拉图和亚里士多德对和谐理论有进一步的发挥。在西方美学和哲学的历史上,16世纪意大利的美学家瓜里尼、17世纪法国的美学家波瓦洛、17世纪英国美学家夏夫兹博里、18世纪德国哲学家费希特等,都讨论过和谐问题,[3]可见这是一个人类历史上较具普遍意义的问题。但儒家中和观与西方和谐论相比,究竟有哪些独特性呢? 西学东渐以来,颇有一些学者比较过两者异同。有人认为儒家的中和强调"执两用中"之中和,而西方历史上的和谐观强调"寓多于一"之调和。[4] 也有人以为,相较于西方和谐观,中国的中和观更强调和谐统一是事物发展的最终原因。[5] 也有学者则从哲学前提,思维方式、价值取向、审美内涵、建构方式等

[1] 朱光潜:《西方美学史》,第33页,人民文学出版社,1985。

[2] 宗白华:《美学散步》,第195页,上海人民出版社,1981。

[3] 参见《西方美学家论美和美感》,商务印书馆,1980。

[4] 见仪平策:《中国美学文化阐释》,第46—63页,首都师范大学出版社,2009。仪先生的观点不乏启发性,但用"执两用中"来定义"中和",则值得商榷。《中庸》强调中和,倡导"万物并育而不相害"的境界,当非仅指对立双方而言,荀子的《乐论》倡导乐的"中和",也包括比物、合奏等多样统一。"中和"应该包括了"执两用中"和多样统一等方面,只是比较而言更强调"执两用中"。在中国哲学史上,"多"和"两"的关系,是值得研究的问题。

[5] 参见周来祥:《再论美是和谐》,广西师范大学出版社,1996。

方向,对古希腊"和谐"美学与中国古代"中和"思想作了比较[1]。这些比较试图分析中西(或古希腊)和谐论的差异,从学术上自有其价值。然而笔者以为,这样的比较,还没有注意到两者在哲学本体论和实践论上的不同,从而未能揭示两者最本质的区别,故犹有未尽之义,因此笔者在此略作评说,以作一些讨论。

笔者认为儒家"中和"观有两个最基本的特征,一为在本体论上以"诚"为本,二为在实践上注重对"时中"的把握。

1. 关于以"诚"为本

据《中庸》文本,人际的和谐,社会的和谐乃至宇宙万物的和谐都被认为来自人心的和谐与情感的和谐,但人心的和谐则来自真诚的心灵,"诚"是其本源基础,故可称之为"诚体"。

《中庸》说:"喜怒哀乐之未发,谓之中,发而皆中节,谓之和。中也者,天下之大本也;达也者,天下之达道也。"又说"诚者,天之道也。诚之者,人之道也。诚者不勉而中,不思而得,从容中道,圣人也"。"唯天下至诚,为能尽其性。能尽其性,则能尽物之性。能尽物之性,则可以赞天地之化育。可以赞天地之化育,则可以与天地参矣。"所以在《中庸》文本中,"诚"即是"中",即是"性"。正因为在《中庸》中"诚"有本体之义,故必有"万物并育而不相害,道并行而不悖"的大和谐境界。此可谓由诚而中。

这一说法是符合孔子的思想的,孔子虽未讨论和谐与诚的关系,但他标举仁道,也推重中庸,因为真正能贯彻中庸之道的是仁者,惟仁者最具真诚之情感,能处理好人己、群我之关系,执守无过无不及的中道。孔子论"韶"乐以为尽善尽美,正是因为此乐表现禅让的真诚境界。

不过诚虽为天之道,但作为并非生而拥有全德之善的普通人,还须下一

---

[1] 李旭:《试论古希腊"和谐"美学与中国古代"中和"美学的异同》,《乌鲁木齐职业大学学报》2005年第12期。

番知、行、学、思的"诚之者"的功夫,"诚之者"即"择善而固执之也",也即奉行中庸之道。从情感论的角度而言,即是涵养真诚美好的情感与调节情感归于中和。这样才能不勉而中,不思而得。

先秦儒家另一重要人物荀子以人性为恶,因而特别重视转化性情作用,其中君子的修养性情以达中和又特别重要。关于养心化性的手段,他说:"君子养心莫善于诚,致诚则无它事矣。惟仁之为守,惟义之为行。诚心守仁则形,形则神,神则能化矣。诚心行义则理,理则明,明则能变矣。变化代兴,谓之天德。天不言而人推其高焉,地不言而人推其厚焉,四时不言而百姓期焉。夫此有常,以至其诚者也。"(《不苟》)荀子重学守礼,中和情感的最终目的是对"诚"的体认。所以《中庸》和荀子的两种理路都强调"诚之者"的功夫。

先秦儒家另一经典《易传》对儒家中和观也有重要阐释,《文言》云:"修辞立其诚,所以居业也。"又曰:"闲邪存其诚。"《周易折中》引程子曰:"修辞立其诚,不可不子细理会,言能修省言辞,便是要立诚,若只是修饰言辞为心,只是为伪也,修辞立其诚,正为立己之诚意。"[1]《文言》强调君子言行要出于诚信,在平时要注意防恶止非来充实诚心。《易传》虽处处提倡"得中"之中道,同样很重视诚信。

对于"中和"与"诚"的关系,后代儒者多有讨论。朱熹认为:"诚、中、仁三者发明义理,固是许多名,只是一理,但须随时别之。"[2]"中是道理之模样,诚是道理之实处。中即诚矣。"[3]明末大儒刘宗周强调"慎独"功夫,他说:"学者大要只是慎独,慎独即是致中和,致中和则天地位,万物育。此是仁者以天地万物为一体实落处,不是悬空设想也。"[4]由于刘宗周语境中的

---

[1] 黄寿祺、张善文:《周易译注》,第12页,上海古籍出版社,2001。

[2] 《朱子语类》卷九十五,第2415页,中华书局,1986。

[3] 《朱子语类》卷六十二,第1843页,中华书局,1986。

[4] 《刘蕺山集》卷六,《答秦履思》,转引自董根洪:《儒家中和哲学通论》,第462页,2001。

"独"即独体,相当于人心中"好善恶恶"的最初之机,又称意根,因而慎独的方法就是诚意。他说:"然则致知功夫不是另一项,仍只就诚意中看出。如离却意根一步,亦更无致知可言。"[1]独体也称为中体,慎独才能中和。黄宗羲论述刘宗周的思想道:"先生之学,以慎独为宗,儒者人人言慎独,唯先生始得其真。盈天地间皆气也,其在人心,一气之流行,诚通诚复,自然分为喜怒哀乐,仁义礼智之名因此而起者也。不待安排品节,自能不过其则,即中和也。"[2]也即是人心只要一气流通,诚通诚复,行为自然能够中和。

所以在儒家传统哲学中,中和的实现必须发自内在的真诚,应该是一个基本的认识。

2. 关于"时中"

儒家典籍中的哲学思想充分反映了"时中"的观念。《中庸》言:"君子中庸,小人反中庸。""君子之中庸也,君子而时中,小人之中庸也,小人而无忌惮也。"文中明确提出了"时中"的概念。《中庸》言:"君子素其位而行,不愿乎其外。素富贵行乎富贵;素贫贱行乎贫贱。"即是此一观念的体现。关于"时中",朱子解释说:"君子之所以为中庸者,以其有君子之德,而又能随时以处中也。"[3]"随时以处中",即是根据时代和环境等的不同,而寻找最合适的平衡点,讲究在变化中达到和谐。《易传》对"时中"有更详细的发挥,其对"时"的强调,即体现了"时中"的原则《易传》讲究"时"与"位",处处贯彻时位的思想,而注重时位的目的,是为了求得和谐的平衡点。《乾·彖》云:"大明终始,六位时成,时乘六龙以御天。"《文言》云:"终日乾乾,与时偕行";"亢龙有悔,与时偕极";"是故居上位而不骄,居下位而不忧,故乾乾因其时而惕,虽危无咎";"坤道其顺乎,承天而时行。"这些表述均强调君子要处处

---

[1] 《蕺山学案》,《明儒学案》卷六十二,中华书局,1985。

[2] 《蕺山学案》,《明儒学案》卷六十二,中华书局,1985。

[3] 朱熹:《四书章句集注》,第19页,中华书局,1983。

注重时位的变化,以找到合宜的处事方式。

这方面的描述在《易传》中随处可见,下面再略举数例以说明"时"、"位"和"时中"的关系。

论时,如"以亨行,时中也"(《蒙·彖》);"大有,柔得尊位,大中而上下应之,曰大有。其德刚健而文明,应乎天而时行,是以元亨"(《大有·彖》);"损刚益柔有时,损益盈虚,与时偕行"(《损·彖》);"彖以时升,巽而顺,刚中而直,是以大亨"(《升·彖》);"变通者,趋时者也"(《系辞》下)。这些论述,都表达出行为的刚柔进退,要考虑具体的时空环境,才能合理和顺。可见通过对"时"的把握达到中和始终是《易传》关注的重点。此即同于《中庸》的"时中"。

《易传》讨论"位"之重要性的文字也随处可见。"天下之理得,而成位乎其中"(《系辞》上);"是故列贵贱者存乎位"(《系辞》上);"天地设位而《易》行乎其中矣";"天地之大德曰生,圣人之大宝曰位,何以守位曰仁"(《系辞》下);"谦也者,致恭以存其位者也。"(《系辞》上);"二与四同功而异位"(《系辞》下);"咥人之凶,位不当也";"夬履贞厉,位正当也"(《履·象》);"'包羞',位不当也";"大人之吉,位正当也"(《否·象》);"孚于嘉吉,位正中也"(《随·象》);"久非其位,安得禽也"(《雷·象》);"艮,君子以思不出其位"(《艮·象》);"甘节之吉,居位中也"(《节·象》)等。"位"可指卦位,但更多指的是爻位,也可引申为现实世界各种位置关系,在这些关于位的讨论中,体现了《易传》"中正当位"的思想。

《易传》"彖辞"总论六十四卦之"吉凶悔吝"时,也注重"位"和中道的关系。如论"节"卦,"说以行险,当位以节,中正以通。"(《节·彖》)说明节制(节约)必须根据具体情况节制才能符合中道。"《周易》设立《节》卦,正是集中阐说'节制'应当'持正'、'适中'的道理,故卦辞既称节制可致亨通,又戒不可'苦节'。卦中六爻两两相比之同,三正三反之象。……其中凡有凶咎者,皆因不中不正所致;而最吉之爻,当推九五中正'甘节'。可见《节》卦的基本含义在于,合乎中道的节制有利于事物的正常发展,反之则致凶咎。"[1]其他如论"需"卦,"需有孚,位乎天位,以正中也。利涉大川,往有功也。""小畜"卦,"柔得位而上下应之,曰小畜。健而翼,刚中而志行,乃亨。""大有"卦,"柔得中位,大中而上下应之,曰大有。其德刚健而文明,应乎天而时行,是以元亨。"这些也体现出"时中"思想。

由此可见,《易传》注重"时"、"位"其要旨乃在于寻找适合的行为与标准,此行为与标准即为中道,只有达到了万物的最佳平衡点"中",才能做到和谐,所谓"乾道变化,各正性命,保合太和,乃利贞"(乾·彖),"《易》之为书也不可远,为道也屡迁。变动不居,周流六虚,上下无常,刚柔相易,不可为典要,唯变所适。"(《系辞》下)

后代儒家对"时中"观念有深刻的体认和发挥。朱子云:《中庸》一书,本只是说随时之中。然本其所以有此随时之中,缘是有那未发之中,后面方说那'时中'去。"[2]《中庸》未发之中与已发之和的说法,都和"诚"相关,所以"诚"应是"时中"前提,"诚"接近于原则性,"时中"接近于变通性和发展性。

王阳明强调"一体之仁"而区分对待不同对象的怵惕、恻隐、不忍、悯恤、顾惜等不同情感(《大学问》),也是遵循中和之"时中"原则。

三、"中和"美学与艺术风格论

以诚为本与"时中"的儒家哲学内涵,对中国传统文化的影响是多方面的,就艺术而言,影响尤为深远,形成了"修辞立其诚"的文艺价值观和以"中和"为追求的审美艺术风格论,广泛体现在音乐、书法,绘画、戏曲等艺术门类之中。

---

[1] 黄寿祺、张善文:《周易译注》,第490页,上海古籍出版社,2001。

[2] 《朱子语类》,第1840页,中华书局,1986。

（一）修辞立其诚

在早期的儒家典籍中，与强调情感真诚的人生价值观相一致，文艺的真诚被强调到决定艺术价值的高度。《易·系辞》云："修辞立其诚。"所谓诚，即内在情感的真实。王应麟解释说："修其内则为诚，修其外则为巧言。《易》以辞为重，《上系》终于'默而成之'，养其诚也。《下系》终于六'辞'，验其诚不诚也。辞非止言语，今之文，古所谓辞也。"[1]《乐记》云："乐也者，情之不可变者也。礼也者，理之不可易者也。……穷本知变，乐之情也；著诚去伪，礼之经也。"又云："德者性之端也；乐者，德之华也。金石丝竹，乐之器也。诗言其志也。歌咏其声也，舞动其容也。三者本于心，然后乐器从之。是故情深而文明，气盛而化神。和顺积中而英华发外，唯乐不可以为伪。"所谓"著诚去伪"、情之不可变都强调真正的"乐"必须有内在的道德真诚，否则就可能流于溺音或乱世之音等。

这种思想影响文艺至深，成为后世的主流文艺观。汉代王充云："精诚由中，故其文语感动人深。是故鲁连飞书，燕将自杀，邹阳上疏，梁孝开牢。书疏文义，夺于肝心，非徒博览者所能造，习熟者所能为也。"（《超奇篇》）[2]以文史典故，说明真诚的艺术感染力。元好问也说：

> 唐诗所以绝出于《三百篇》之后者，知本焉尔矣。何谓本？诚是也。……故有心而诚，有诚而言，有言而诗也，"……唐人之诗，其知本乎，何温柔敦厚，蔼然仁义之言之多也！幽忧憔悴，寒饥困疲，一寓于诗。而其厄穷而不悯，遗佚而不怨者，故在也。（《艺山先生文集卷三十六·杨叔能小亨集序》）[3]

---

[1]　《困学纪闻》上，第 1 页，上海古籍出版社，2008。

[2]　于民：《中国美学史资料选编》，第 101 页，复旦大学出版社，2008。

[3]　于民：《中国美学史资料选编》，第 321 页，复旦大学出版社，2008。

这里元好问不仅强调了诚为诗本的道理,更说到了诗家温柔敦和之旨,实来自内心之诚,而温柔敦厚,在传统文论中,是一直作为中和的表现被提倡的,此即前面所论之"由诚而中"。明代剧作家汤显祖云:

> 情不知所起,一往而深,生者可以死,死可以生。生而不可与死,死而不可复生者,皆非情之至也。(玉茗堂文集·牡丹亭记题辞)[1]

表面上看,此论可归之为浪漫主义宣言,其实涉及了文艺情感真实性的问题。明代性灵派袁宏道在谈到屈原之辞赋时也说,"大概情至之语,自能感人。是谓真诗,可传也","弟小修诗,……大都独抒性灵,不拘格套,非从自己胸臆中流出,不肯下笔。"(《袁中郎全集·序小修诗》)[2]至于李贽影响深远的"童心说",即是"真心说"。"夫童心者,真心也。若以童心为不可,是以真心为不可也。""天下之至文,未有不出于童心焉者也"。(《焚书》卷三)[3]此类论调,皆出于"修辞立其诚"的范畴。

(二) 艺术境界的"时中"原则

1."乐"以中和为至乐

在最早的乐论典籍中,论者就已将中和作为衡量艺术水准的最高标准。《左传》《襄公二十九年》"季札观乐"章记:"为之歌《颂》曰:'至矣哉!直而不倨,曲而不屈,迩尔不偪,远而不携,迁而不厌,哀而不愁,乐而不荒,用而不匮,广而不宣,施而不费,取而不贪,处而不底,行而不流,五声和,八风平,节有度,守有序,盛德之所同也。"在这段讨论中,季札以为《颂》包含多种意义和情感,但其最主要的特点是和谐,既包含对立面的统一,又是杂多的和谐;

---

[1] 于民:《中国美学史资料选编》,第359页,复旦大学出版社,2008。

[2] 于民:《中国美学史资料选编》,第374页,复旦大学出版社,2008。

[3] 于民:《中国美学史资料选编》,第352页,复旦大学出版社,2008。

既体现出明显的情感特征,又不失于过度与无序。这就具有典型中和特征。《左传·昭公元年》晋侯求医章,医和以乐喻医云:"先王之乐,所以节百事也。故有五节,迟速本来以相及,中声以降,五降之后,不容弹矣。于是有烦手淫声,滔湮心耳,乃忘平和,君子弗听也。"这里,医和认为晋伯得病的原因是情绪不调,而情绪不调是因为五声乱耳,喜听违背中和原则的靡靡之音。这段文字中,一方面强调乐的节奏和旋律要有迟速本末的对立,另一方面又强调这种对立必须以中和为依归。至于如何达到对立统一,这段文字未进一步讨论。

《虞书·舜典》中的那段著名的话:"直而温,宽而栗,刚儿无虐。简而无傲。……八音克谐,无相夺伦,神人已和。"则在强调对立之折中和多样化之统一的和谐美。

《礼记·乐记》是一步音乐专论,对音乐的作用评价极高,所谓"揖让而天下治,礼乐之谓也"。《乐记》对音乐艺术的评价标准就是有没有达到中和:"合生气之和,道五常之行,使之阳而不散,阴而不密,刚气不怒,柔气不慑,四畅交行于中而发于外,皆安其外而不相夺也。"并要求"君子反情以和其志,比类已成其行。……使耳目鼻口心知百体,皆由顺正以行其义。然后发以声音而文以琴瑟,动以干戚,饰以羽毛,从以箫管。奋至德之光,动四气之和,以著万物之理。""小大相成,终始相生倡和清浊,迭相为经。"

这里首先强调君子要修身,使身体的阴阳刚柔之气平和,情感合宜,这样状态下创作出来的音乐才会平和中正,情理交融。另外,阴阳刚柔清浊这些对立统一关系,无法做固定的限定,要交替使用,已成其变化。这也符合"时中"的原则。

比较多地涉及音乐创作中和方法论的是《吕氏春秋》中的相关论述。和《乐记》一样,《吕氏春秋》也强调"和乐"必须"和心",而"和心"则在于"行适"。"心必和平然后乐,心必乐,然后耳、目、口、鼻有以欲之。故乐之物在于和心,和心在于行适。"(《适音》)《吕氏春秋》也提到在创作中要努力做到对立面的和谐,"夫音亦有适:太巨则志荡,以荡听巨,则耳不容,不容则横塞,横塞则振;太小则志嫌,以嫌听小则耳不充,不充则不詹,不詹则窕;太轻则志危,以危听清,则耳溪极,溪极则不鉴,不鉴则竭;太浊则志下,以下听浊则耳不收,不收则不抟,不抟则怒。故太巨、太小、太清、太浊,皆非适也。"[1]因此和谐的音乐就是"巨小"和"清浊"的平衡。

至于怎样才算"适音",他又提出"衷音"的概念,"何谓'衷'?大不出钧,重不过石,小大轻重之衷也。"

这里用重量单位"钧"和"石"来指代音乐的高低适度。钟音的最大律度不得超过钧的声音,钟的最大重量不得超过120斤。又说:"黄钟之音,音之本也,清浊之衷也。"这是以黄钟之宫音,来作为音乐的基调。(黄钟的宫音,是十二音律的基本,是所有音乐定调的标准音。)所以"衷音"即为中音,不过《吕氏春秋》对"衷音"有了具体的规定。

2. 书法以"时中"为旨归

书法作为一种重要的艺术形式和书写手段,在历史上习之者众多,因而其理论也相当丰富深瞻,在艺术史上具有重要价值:唐代书家孙过庭《书谱》云:"观夫悬针垂露之异,奔雷坠石之奇,鸿飞兽骇之资,鸾舞蛇惊之态,绝岸颓峰之势,临危据槁之形;或重若崩云,或轻如蝉翼;导之则泉注,顿之则山安;纤纤乎似初月之出天涯,落落乎犹众星之列河汉;同自然之妙,有非力运之能成。"揭示了书法艺术的迷人魅力。又云:"诅若功定礼乐,妙拟神仙,犹埏埴之罔穷,与工炉而并运。好异尚奇之士;玩体势之多方;穷微测妙之夫,得推移之奥赜。著述者假其糟粕,藻鉴者挹其菁华,固义理之会归,信贤达之兼善者矣。存精寓赏,岂徒然与?"又将书法的社会价值和哲理价值推到了很高的高度。而在对书法艺术的高低评价标准方面,孙过庭运用的同样是中和尺度。他说:

---

[1] 廖名春等:《吕氏春秋全译》,第403页,巴蜀出版集团,2004。

> 真以点画为形质,使转为情性;草以点画为情性,使转为形质。
>
> 篆尚婉而通,隶欲精而密,草贵流而畅,章务检而便。然后凛之以风神,温之以妍润,鼓之以枯劲,和之以闲雅。故可达其情性,形其哀乐,验燥湿之殊节,千古依然。体老壮之异时,百龄俄顷。[1]

这是认为书法各体之间的标准是不同的,楷书以点画作为基本形态,靠使转表现情感;草书则以使转为基本形态,靠点画来体现情感。而不管是主学楷书还是主学草书,两者都应兼通以资互补,这也就是前面所论的"时中原则",既有大致的规范,又无绝对的标准。在谈到书法的学习过程时,他说:

> 至如初学分布,但求平正;既知平正,务追险绝,既能险绝,复归平正。初谓未及,中则过之,后乃通会,通会之际,人书俱老。仲尼云:五十知命,七十从心。故以达夷险之情,体权变之道,亦犹谋而后动,动不失宜;时然后言,言必中理矣。
>
> 是以右军之书,末年多妙,当缘思虑通审,志气和平,不激不厉,而风规自远。

书法的最高境界是所谓"人书俱老",但这并不是可以一蹴而就地学得的,在学习书法的过程中,必须经历"平正"、"险绝"和"通会"的过程,在不同的阶段,追求不同的风格,是比较自然合宜的。这里仍然体现着"时中"原则。

> 至有未悟淹留,偏追劲疾;不能迅速,翻效迟重。夫劲速者,超逸之机,迟留者,赏会之致。将反其速,行臻会美之方;专溺于迟,终爽绝伦之妙。能速不速,所谓淹留;因迟就迟,讵名赏会!非其心闲手敏,难以兼

---

[1] 于民:《中国美学史资料选编》,第194页,复旦大学出版社,2008。后面有关《书谱》内容均同此。

通者焉。

这部分又谈到“淹留”与“劲疾”风格的取舍问题。所谓淹留的风格也好，劲疾的风格也好，都是在了解相对书风的基础上，才能有所偏至，偏至的背后隐含着中和的大原则。同时学习何种风格要针对自己的个性特点，书风当然要强调个性。但有时候也需对自己的弱点做些矫正：

是知偏工易就，尽善难求。虽学宗一家，而变成多体，莫不随其性欲，便以为姿：质直者则径侹不遒；刚佷者又倔强无润；矜敛者弊于拘束；脱易者失于规矩；温柔者伤于软缓；躁勇者过于剽迫；狐疑者溺于滞涩；迟重者终于蹇钝；轻琐者淬于俗吏。斯皆独行之士，偏玩所乖。

过分强调个性，就容易走到“偏玩所乖”的怪异风格上，违背了中和的原则。所以好的作品，孙过庭认为应该是：

违而不犯，和而不同；留不常迟，遣不恒疾；带燥方润，将浓遂枯；泯规矩于方圆，遁钩绳之曲直；乍显乍晦，若行若藏；穷变态于毫端，合情调于纸上；无间心手，忘怀楷则；自可背羲献而无失，违钟张而尚工。譬夫绛树青琴，殊姿共艳；隋殊和璧，异质同妍。何必刻鹤图龙，竟惭真体；得鱼获兔，犹恡筌蹄。

“违而不犯”等这种A而不A’的形式[1]，可谓既难有绝对的楷则可说，又不违反书写的美学原则，充分认识到书法艺术中疾迟、润燥、浓枯的对立而加以

[1] 这一形式由庞朴先生提出，前项A代表美德，后项A’代表美德前进一步而造成的谬误。见《“中庸”评议》，中国社会科学1980年第1期。

综合运用,以时中为依归。

具体而言,在书法的字体结构和篇章结构中,时中这一原则体现得更为充分。宗白华云:"晋人尚韵,唐人尚法,宋人尚意,明人尚态",这是人们开始从字形的结构和布白里见到各时代风格的不同。其着力推介的唐代书家欧阳询的真书结构三十六法和戈守智的评论[1],就贯穿着"时中"的思想。

其一"排叠"云:"字欲其排叠,疏密停匀,不可或阔或狭,如[壽藁畫筆麗贏爨]之字,系旁言旁之类,八法所谓分间布白,又曰调匀点画是也。"这是强调结构的对称与合理,字形结构总体上应符合和谐的原则。

然而这种对称与平衡并非绝对,在其三"顶戴"中,戈守智强调,顶戴者,如人戴物而行,又如人高妆大髻,正看时,欲其上下皆正,使无偏侧之形。旁看时,欲其玲珑松秀,而见结构之巧。如[臺]、[響]、[營]、[帶]。戴之正势也。高低轻重,纤毫不偏。便觉字体稳重。[聳]、[藝]、[甓]、[鵞],戴之侧势也。长短疏密,极意作态,便觉字势峭拔。又此例字,尾轻则灵,尾重则滞,不必过求匀称,反致失势。

其八"相让"云:字之左右,或多或少,须彼此相让,方为尽善。如[馬旁糸旁鳥旁]诸字,须左边平直,然后右边可作字,否则妨碍不便。如[戀]字以中央言字上画短,让两糸出,如[辦]字以中央力字近下,让两辛字出。又如[嗚呼]字,口在左者,宜近上,[和]、[扣]字,口在右者,宜近下。使不妨碍然后为佳。

其二十四"附丽"云:"字之形体有宜相附近者,不可相离,如[影形飛起超歌勉],凡有[文旁欠旁]者之类。以小附大,以少附多。附者立一以为正,而以其一为附也。凡附丽者,正势既欲其端凝,而旁附欲其有态,或婉转而流动,或拖沓而偃蹇,或作势而趋先,或迟疑而托后,要相体以立势,并因地以制宜,不可拘也。如[廟飛潤胤嬻廛導影形猷]之类是也。"

---

[1] 关于三十六法等内容,见宗白华:《美学散步》,第145页,上海人民出版社,1981。

以上三条,都是强调变化,之所以要变化,是因为字形千差万别,如果想寻找绝对的平衡,既不可能,也使得书法作品了无生气,丧失艺术审美功能。因此欧阳询和戈守智强调既立其大体,又要据字形而制宜,使结构具有动态平衡的特点。

此外,二十七条"小成大"讨论字形整体感与笔画之关系,"字之大体犹屋之有墙壁也。墙壁既毁,安问纱窗绣户,此以大成小之势不可不知。然亦有极小之处而全体结束在此者。设或一点失所,则若美人之病一目。一画失势,则如壮士之折一股。此以小成大之势,更不可不知。"以辩证观立论,既立其法则,又破其法则之弊。所谓"至于神妙变化在己,究亦不出规矩外也"。王羲之说:"实处就法,虚处藏神",王若虚所谓"大体须有,定体则无",皆可看做类似的艺术思想。

以上书论,都与中和思想相关。

3. 中国画布局中的"时中"原则

接下来再以画论为例,讨论中和及"时中"观念的影响。

北宋著名画家和绘画理论家郭熙曾在其画论《林泉高致》中讨论过画面布局的问题,他说:"凡经营下笔。必全天地。何谓天地?谓如一尺半幅之上,上留天之地位,下留地之地位,中间方立意定景。见世之初学,遽把笔下去,率尔立意触情,涂抹满腹,看之填塞人目,已令人意不快,那得取赏于潇洒,见情于高大哉?"(《画诀》)[1]这里强调了中国画布局中较为普遍的画面三分原则,将画面分作上中下三个层次,可以达到一种画面的平衡感,使景物在视觉上更为和谐。这对于那些布局无章法,立意欠思量的初学者来说,无疑具有知道意义,但随着技艺的提高,对于那些以神品和逸品为旨归的画家来说,仅仅以此为追求显然是不够的。清代石涛的《画语录》对中和有更深入的理解,石涛的《画语录》,在中国艺术理论史上占有重要的地位,他重视

---

[1] 郭熙:《林泉高致》,第72页,山东画报出版社,2010。

对艺术规律的探寻,强调"一画"。他说:

> 一画者,众有之本,万象之根,见用于神,藏用于人,而世人不知,所以一画之法,乃自我立。夫画者,从于心者也。山川人物之秀错,鸟兽草木之性情,池榭楼台之矩度,未能深入其理,曲尽其态,终未得一画之洪规也。(《一画章》)[1]

这里以伏羲氏的一画开天,来比喻宇宙初开。可见"一画"乃指宇宙万有的规律,而此规律又需要人去把握。画家把握了绘画的艺术规律,了解了笔墨的用法原理,即可说掌握了"一画"之法。然天地之间,阴阳风雨晦明,景象万千,均是规律之体现,自然界以其变化来体现不变的原则。以山川为例,石涛说"风雨晦明,山川之气象也。疏密深远,山川之约径也。纵横吞吐,山川之节奏也。阴阳浓淡,山川之凝神也。水云聚散,山川之联疏也。蹲跳向背,山川之行藏也。"(《山川章》)每个画家的个性才情生活际遇各不相同,因此画家运用画法不能墨守古人成规,而要根据自己的体会有所损益创新。这就涉及有法和无法的问题,"又曰:'至人无法',非无法也,无法而法,乃为至法。凡事有经必有权,有法必有化。一知其经,即变其权;一知其法,即功于化。夫画,天下变通之大法也。"(《变化章》)所谓"经"与"权"的问题,即原则性和灵活性的问题。所以经和权、法和化,乃是一体之两面,两者并非对立,而是和谐的关系。

对于传统山水画中普遍运用的分疆三叠两段原则,他也提出了自己的看法,他说:"分疆三叠者:一层山,二层树,三层山,望之何分远近?写此三叠奚啻印刻?两段者:景在下,山在上,俗以云在中,分明隔做两段。"(《境界章》)三叠两段原则属于古代绘画六法中的经营位置,此法则的普遍运用,使

---

[1] 石涛:《画语录》,俞建华标点注译,第16页,人民美术出版社,1959。

得中国传统绘画看起来具有一种平衡的美感,但其缺点容易让构图限于呆板无变化,因而使得画作千篇一律,了无生气。所以"为此三者,先要贯通一气,不可拘泥。""如自然分疆者,'到江吴地尽,隔岸越山多'是也。""假如画家站在钱塘江的北岸向南岸望,吴地、江水、越山自然分作三层两叠。"[1]所以法则是在无数经验的积累上形成的,然而再好的法则,也需要灵活运用。用石涛的话来说,就是"空手作用"[2],有法本从无法而起,所谓性空缘起。法本从心生,只有以自然为师,以心灵为师,才能有方法而不泥法,有古人也有自己。三叠两段法就属于古法,其内在原则就是构图的平衡,也可以说是中和原则,但执中不变的话就不符合时中的原理了。

此外,在戏曲等艺术中,时中思想也有所体现,在戏曲程式的唱念做打中,道具如扇子、马鞭等的运用等,都需符合中和的原则,考虑平衡的美感。限于篇幅,这里就不予展开了。

---

[1] 见石涛:《画语录》,俞建华标点注译,第49页,人民美术出版社,1959。
[2] "空手作用",一些版本常作"突手作用",遂使意不可解。当为形近而误。

风情—物我—兴象
——儒家一体之仁的宇宙观与艺术发生论

摘要： 本论文主要讨论了三方面的问题：第一，中国艺术中体现着气化宇宙论的生命精神，而具体表现为情气结合的文艺创作观和修养论。"气"在典籍中又常以"风"的概念出现，故情与气可转化为情与风，即所谓"风情"。此用法和现代用法不同。第二，由世界万物一气相通，人类情感互通相感，遂形成道家物我无间和儒家万物一体之宇宙观及文艺观，要求文学艺术的创作要体现出人与天地万物的合一感。第三，文艺之表现需借助于艺术手段，此手段就是古代文艺论中的"兴象"，"兴象"从小处说略同于"意象"，但强调的是一有情之"象"，从大处说，可略等于意境。正是"兴象"构成了世界—作者—作品—欣赏者之间的联系环节。

关键词： 情气　风情　物我　万物一体　兴象

一、情气与风情

在中国人对宇宙成因的基本看法中，气化宇宙论应该是比较有代表性的。而就人类的活动而言，和气相伴随并作为气表现的，是性情。考诸先秦典籍，此类思想比比皆是。甲骨文和金文中已有"气"字存在，而在《左传》和《国语》中，气已有组成万物之物质基础的意义。试看《左传》的例子：

> 天有六气，降生五味，发为五色，征为五声，淫生六疾。六气曰阴、阳、风、雨、晦、明也。（《昭公元年》）

> 于是乎节宣其气，勿使有所雍困湫底，以露其体。(《昭公元年》)

由于气的凝聚、散发、派生等作用，形成五味、五色、五声以及风雨晦明等自然现象，因此气是构成万物的基本元素。"节宣其气"一节，意为体内之气应流行宣导，这样才能保持健康。

> 凡有血气，皆有争心，故利不可强，思义为愈。(《昭公十年》)

此处提到了"血气"的概念，血和气开始共同构成人的生理基础，这和后代医家的观点是一致的，将血气与心志联系起来。

《左传》中影响最大的一段论"气"的文字，见于昭公二十五年子大叔与赵简子的一段对话，而气直接表现为性和情，这反映了中国人讲气与性情结合的思想：

> 夫礼，天之经也，地之义也，民之行也。天地之经，而民实则之，则天之明，因地之性，生其六气，用其五行。气为五味，发为五色，章为五声。淫则昏乱，民失其性。……民有好恶、喜、怒、哀、乐、生于六气，是故审则异类，以制六志：哀有哭泣，乐有歌舞，喜有施舍，怒有战斗。喜生于好，怒生于恶。是故审行信令，祸福赏罚，以制死生。生，好物也；死，恶物也。好物，乐也；恶物，哀也。哀乐不失，乃能协于天地之性，是以长久。

在这段文字中，有几方面的内容值得重视。第一，民性来自天地，具体说来自天地元气。第二，民性的内容为好恶、喜怒、哀乐六种情感。人的情感必须和谐，才能符合天地之性。可见天地之性本身应是中和的。第三，人虽然有六种情感，但最本质的情感乃"好恶"两种(因为"喜生于好，怒生于恶"。而"好物，乐也；恶物，哀也"。)在这段文字中，涉及了性情气的关系问题。具体说来,天地之性(规律)发用而为六气,人禀六气,体现为五官之功能与六情之流行。在这里,六气与六情已结合,情为气的表现。六情中又以"好恶"为基本。如能做到情感和谐,六情不失,便能协和六气,从而符合天地之性。而此天地之性,与"生"也存在着密切关系,文中提到了"因地之性",而"生生不已"正是大地的特性,地中蕴含生气。

道家对"气"也有论述,《老子》中,"气"字共出现三次。分别为"专气致柔,能如婴儿乎?"(10 章)"万物负阴而抱阳,冲气以为和。"(42 章)以及"心使气曰强。"(55 章)"专气"乃集气意,"专气致柔"是集气到最柔和的境地,即达到"心平气和"(陈鼓应说)。"冲气以为和"之冲气,乃阴阳两气相激荡而生成和谐体。"心使气曰强"意为让欲念主使气就是逞强。[1] 这里的"气",与《左传》相同,指构成生命的元素,周流于体内的最细微物质。在这很少几处涉及"气"的文字中,老子同样谈到了气与心性的相互关系。战国庄子的气论则更为出名。

> 人之生,气之聚也:聚则为生,散则为死。若死生之徒,吾又何患,故万物为一也。是其所美者为神奇,神奇复化为臭腐。故曰:"通天下一气耳。"圣人故贵一。(《知北游》)
>
> 是故天地者,形之大者也;阴阳者,气之大者也,道者为之合。(《则阳》)
>
> 仲尼曰:"若一志,无听之于耳而听之于心,无听之于心而听之于气,耳止于听,心止于符。气也者,虚而待物者也。唯道集虚。虚者,心斋也。"(《人间世》)

庄子将气看做生命的本原,万事万物的产生发展莫不是气的变化,阴阳也是气的表现,故曰:"通天下一气。"庄子也认为养气和壹性、合德,三者是一致

---

[1] 陈鼓应:《老子注译及评介》,相关论述,中华书局,1984。

的,皆为同化于自然的修养。

此外,兼有儒道思想的"《管子》四篇"中,气的思想更完整,其气论可称之为"精气"说。略举如下:

> 凡物之精,此则为生。下生五谷,上为列星,流于天地之间,谓之鬼神,藏于胸中,谓之圣人。(《内业》)
>
> 精也者,气之精者也。气,道乃生,生乃思,思乃知,知乃止矣。凡心之形,过知失生。(《内业》)
>
> 是故此气,杲乎如登于天,杳乎如入于渊,淖乎如在于海,卒乎如在于己。是故此气也,不可止以力,而可安于德,不可呼以声,而可近以意。敬守勿失,是谓成德。德成而智出,万物毕得。(《内业》)

"《管子》四篇"的作者认为:天地之间,包括日月星辰、五谷万物,乃至人的生命、思想、知识,都由精气产生,与精气相关。所以精气充实,则人身强固、耳目聪明、思维活跃,智慧显现。故如能保持内气充实,则身体调和;身体调和,则内心安宁,天性保全,所谓"气者,身之充也,……充不美,则心不得"(《心术下》)。相反,过度的营虑使气,则可能损气失性,因此需以德性、心意来安定血气,这已比较详细地讨论到气与心性的关系。

由于本文讨论的是儒家一体之仁中的艺术风格,而通天下者正在于一气,所体现者在于情感,故对先秦儒家典籍中的"气论",下面再加以特别的说明。

时代约为战国中晚期的《郭店楚简》之《性自命出》等篇,也直接讨论了"气"与"性情"的关系:

> 喜怒哀悲之气,性也。(《性之命出》)
>
> 目之好色,耳之乐声,郁陶之气也,人不难为之死。(《性之命出》)

察天道以化民气。凡有血气者，皆有喜有怒，有慎有庄。其体有容，有色有声，有嗅有味，有气有志。(《语丛一》)

顺乎脂肤血气之情，养性命之政，安命而弗天，养生而弗伤，知天下之政者，能以天下禅矣。(《唐虞之道》)

这些文字，将"性、情、气"放在一起进行考察，并揭示了三者的关系，性表现于情(情感)，而情感则有内在气的根据，此种气可称之为"情气"(喜怒哀悲之气)，情(情感)动由于气动，故性为情气之表现也。养性即顺气安情也。

《孟子》文本中关于"夜气"与"浩然正气"的论述，学者皆详，这里想指出的是，清明"夜气"正是人性善的根据之一，而孟子说人性善又因为人有恻隐四端之情。与四端之情相比，气处在更加内在基层的位置，这样养气就成为成就善性的一种手段。对"浩然正气"。孟子言：

敢问何谓浩然之气？

曰："难言也。其为气也，至大至刚，以直养而无害，则塞于天地之间。其为气也，配义与道者；无是馁也。是集义所生者，非义袭而取之也。行有不慊于心，则馁也。我故曰：告子未尝知义，以其外之也。"(《公孙丑上》)

这一段文字，说的是养气，同时涉及了心与情。孟子认为，"气，体之充也，志壹则动气，气壹则动志。"上文"志"与"心"连用，当为心志或情志，接近于道德意志。"气"，杨伯峻先生释为"意气感情"，注意到了气与情的关联性，是较为准确的。在这里，孟子提到了意气感情与道德意志的交互作用。故既须养气，又须以心志控制调节意气感情。这两者是相与为一，无分轻重的。感情意气与道德意志是一个互动的关系，虽然意志能够控制情气，但就生命本身来说，则不仅仅是一个主次的问题。因此，一方面须以思想意志引

导情感意气,不让情气自由驰骋;另一方面又须培养情气中的夜气,不让这种清明之气放失,以使意气专一从而坚定心志:

> 孟子曰:"牛山之木尝美矣,以其郊于大国也,斧斤伐之,可以为美乎?是其日夜之息,雨露之所润,无非萌蘖之生焉,牛羊又从而牧之,是以若彼濯濯也。人见其濯濯也,以为未尝有材焉,此岂山之性也哉?虽存乎人者,岂无仁义之心哉?其所以放其良心者,亦犹斧斤之于木也,旦旦而伐之,可以为美乎?其日夜之所息,平旦之气,其好恶与人相近者也几希,则其旦昼之所为,有梏亡之矣。梏之反覆,则其夜气不足以存;夜气不足以存,则其违禽兽不远矣。人见其禽兽也,而以为未尝有才焉者,是岂人之情也哉?故苟得其养,无物不长,苟失其养,无物不消。孔子曰:'操则存,舍则亡,出入无时,莫知其乡。'惟心之谓与?"(《告子上》)

这种经过不断涵养的气,即孟子所谓的"浩然之气"。

先秦思想的集大成者荀子也认为气是万物的本原:

> 水火有气而无生,草木有生而无知,禽兽有知而无义,人有气有知亦有义,故最为天下贵也。(《王制》)

> 使其曲直繁省廉肉节奏,足以感动人之善心,使夫邪污之气无由得接焉,是先王立乐之方也。(《乐论》)

> 凡奸声感人而逆气应之,逆气成象而乱生焉;正声感人而顺气应之,顺气成象而治生焉。……故乐行而志清,礼修而行成,耳目聪明,血气和平,移风易俗,天下皆宁,美善相乐。(《乐论》)

从以上引文可知,荀子以为气乃构成万物与生命的基本元素,于人又常称为"血气",且认为天地间有顺逆(正邪)两气,气与情之间有互动感发的关系。美好的音乐能够激发天地间之顺气,感发人的美好情感,成就善良心灵,同时美好的情感又能平和人的血气。反之,奸声感人,则使人心淫情恶,血气失和。因荀子主要以情欲(知)为性,而血气作为生命的元素,又是情欲的基础,所以荀子实际上也涉及了性情气关系,不过荀子更看重情感在安定血气方面的作用,即情对身的调控作用。

此外,《礼记》之《乐记》还直接论及"性情气"。《乐记》云:"民有血气心知之性,而无哀乐喜怒之常。应感起物而动,然后心术形焉。"即将气性情放在一起来考量,认为"血气心知"为性的内容,而血气心知之性又会因外物而引发情感变化。又云:"情深而文明,气盛而化神。和顺积中而英华发外,唯乐不可以为伪。"则论述了道德情感与人身正气之关系。《乐记》将"知"也作为性的内容,这一点有同于荀子。

《大戴礼记·文王官人》关于气的表述也值得重视,此文作者认为性有喜、怒、欲、惧、悲五种内畜的情气构成,"民有五性,喜怒欲惧忧也",情气外发则为情感,而且信、义、勇、智等皆有气作为基础:

信气中易,义气时舒,智气兼备,勇气壮直。

这种认识,和帛书《五行》非常接近,《五行》"说"的部分,有"仁气"、"义气"、"礼气"的说法,可见其作者也认为仁、义、礼皆有气的基础。[1]

张岱年先生认为:中国哲学中所谓气,是最细微最流动的物质。[2] 就人类的身心而言,气又为人情之基,情气共同构成了人生乃至人性的内容。

<hr>

[1] 帛书:《五行》篇云:"不变不悦,不悦不戚,不戚不亲,不亲不爱,不爱不仁。"【说】云:"不变不悦。"变也者,勉也,仁气也。变而后能悦。"不直不肆。"直也者,直其中心也,义气也。"不远不敬。"远心也者,礼气也。"变"、"直"、"敬"等,皆与情感相关。参郭沂:《郭店竹简与先秦学术思想》,第175页,上海教育出版社,2001。

[2] 张岱年:《中国哲学大纲》,第39页,中国社会科学出版社,2004。

气后来又被认为具有阴阳二种属性,阴阳二气相激荡,又产生新的和谐体,万物的变化皆和气有关,这就是通天下一气。另外,气又是万物联系的中介,所以音乐和人能互感。张立文先生说:"先秦时期,气这个范畴,经相互补充,交错发展,由抽象至具体,初步构成了气的结构系统,它从自然现象无限多样性的统一到人体无限多样性的统一,再到社会现象无限多样性的统一,不断扩展自己的内容,这种扩展,便是道,即通天下一气耳。"[1]

通过以上对"气"的含义的简单考察,我们认为"气"这个范畴在先秦哲学思想中占有重要地位。气既是构成万物的基本元素,也代表自然界中最细微最流动的物质,故又为万物之动能。由于气的运动发展又影响到宇宙万物以及社会现象乃至人类身心的生成变化,这样万物之规律其实是"气"的规律,其表现为"情","情气"常合一而共同表征代表本质规律的"性",故中国哲学有"以情气说性"的传统。

这一气化宇宙论的观念,也自然影响到中国的文艺论和美学观,因此古人常以气论文或论艺。曹丕《典论·论文》云:"文以气为主。"刘勰《文心雕龙》专门有《养气》一篇,讨论创作和养气的关系,其云:"是以吐纳文气,务在节宜,清和其心,条畅其气。"又《神思》篇云:"身居胸臆,志气统其关键。"又南齐谢赫《画品》论画,首标"气韵生动"。清沈宗骞论画云:"凡下笔当以气为主,气到便是力到,下笔便若笔中有物,所谓下笔有神者此矣。"[2],清王昱论画云:理气二字,人所共治,亦人所共忽。其要在休养心性,则理正气清,胸中自发浩荡之思,腕底乃生奇逸之趣,然后可称名作。[3] 现代学人宗白华则进一步概括说:"中国画所表现的境界特征,可以说根基于中国民族的基本哲学,即《易经》的宇宙观,阴阳二气化生万物,万物皆禀天地之气而生。"

---

[1] 张立文:《中国哲学范畴发展史》,第 146 页,人民出版社,1985。

[2] 沈宗骞:《芥舟学画编·山水》卷一。周积寅:《中国历代画论》,第 340 页,江苏美术出版社,2013。

[3] 王昱:《东庄论画》,周积寅:《中国历代画论》,第 340 页,江苏美术出版社,2013。

（《论中西画法的渊源与基础》）[1]这种情气合一的宇宙论与文艺观的进一步生发，就逐渐形成万物一体的宇宙观和美学观。

值得说明的是历代学者对"气"的诠释，进一步深化了对气的理解，即"气"与"风"的关联性。许慎《说文》云："气，云气也，象形，凡气之属皆属气。"[2]徐锴解释说："象云气之貌，古文作气氛。"（《说文系传》）王筠说："气之形较云尚微，然野马流木，随人指目，故三之以象其重叠，曲之以象其流动也。"（《说文释例》）《说文》段注云："气、氣古今字。"也许据此，张立文先生说："气的原初意思，是中国先民对于自然界云烟等的直观观察，或对人自身嘘吸等的直接经验，是象形的直接思维。"[3]李存山先生也认为，"中国哲学的气概念是从具体可以直接感觉到的烟气、蒸汽、云气、雾气、风气、寒暖之气、呼吸之气等气体状态的物质升华发展而来"。[4] 这些观点都是极有见地的，它们共同指向了气的流动性这一特点，流动的气，构成了万物之间的关联。气的流动，即是风。庄子云："夫大块噫气，其名为风。"（《齐物论》）《广雅·释言》："风，气也。"前川捷三考证认为"甲骨文和金文中的'气'概念主要是甲骨卜辞中所见的'风'，并融合了土的精灵，再加上各种各样要素的产物。"[5]日人平冈祯吉指出，在《吕氏春秋》和《淮南子》中，有把春、夏、秋、冬作为寒、暑、风、雨来表示的用例，提出了把寒暑风雨归纳为风这一项，曰："以风来作为抽象的气，因为风最易体验得知气的变化，而且风有南风、北风等的称呼，与人们的生活有着重大的关系。"[6]这虽是推论，但无疑注意到了气和风的一致性。龚鹏程先生也有类似的看法，认为"气动则成风，风动才有声

[1] 宗白华：《美学散步》，第99页，上海人民出版社，1981。
[2] 许慎：《说文解字》，第14页，中华书局，1963。
[3] 参见张立文：《中国哲学范畴发展史》，第140页，中国人民大学出版社，1988。
[4] 李存山：《"气"概念几个层次意义的分殊》，第34页，《中国哲学》2006年第6期。
[5] 小野泽精一等编：《气的思想》，第25页，上海世纪出版集团，2007。
[6] 小野泽精一等编：《气的思想》，第19页，上海世纪出版集团，2007。

音。一切动植物,包括人类,其化生及感动,同声相应、同气相求,莫不有气。"
"气是就存有的性质说,风是就它的活动说。"[1]古人风气合说,也说明了风
与气的一致。《诗·大序》云:"风以动之。"范文澜云:"盖气指其未动,风指
其已动。"[2]前面已阐明气与情相关,气外发为情,风又指代气,则从语词上,
情气即可转化为"风情"。《文心雕龙·风骨》云:"故辞之待骨,如体之树骸;
情之含风,犹形之包气。"风情与形气对举,足证其相关性。唐代皎然《诗
式》:"风情耿耿曰气。"在我国语言中,"风情"为常用词,《晋书·庾亮传》:
"元帝为镇东时,闻其名,辟西曹掾。及引见,风情都雅,过於所望,甚器重
之。"柳永《雨霖铃》词"编纵有千种风情,更与何人去说。"此二处风情意为风
采神情。《晋书·文苑传·袁宏》:"宏有逸才,文章绝美,曾为《咏史》诗,是
其风情所寄。"白居易《编集拙诗成一十五卷因题卷末戏赠元九李二十》诗:
"一篇《长恨》有风情,十首《秦吟》近正声。"此两处风情为风骨怀抱义。最接
近于风情之愿义。元稹《上令狐相公诗启》:"常欲得思深语近,韵律调新,属
对无差,而风情宛然。"宋陆游《雪晴》诗:"老来莫道风情减,忆向烟芜信马
行。"指的是情趣韵味。[3]

二、同气同情与万物一体

在典籍中,由于风气的流动性,因此常被用作传播义,如"君子之德,风;
小人之德,草。草上之风必偃。"(《论语·颜渊》)"风行天上,小畜。君子以
懿文德。"(《周易·小畜》)"天下有风,姤。后以施命诰四方。"(《周易·
姤》)这些例子都强调君子的美好品德可通过风气传播。《诗经》中内容最大
的部分称为"风","风"的内容是民歌。关于"风"的意义,《毛诗序》云:"风,

---

[1] 龚鹏程:《中国传统文化十五讲》,第 160 页,北京大学出版社,2006。

[2] 郭绍虞、王文生:《中国历代文论选》第一册,第 253 页,上海古籍出版社,1979。

[3] "风情"的几种解释参考《汉典》网站。

风也,教也;风以动之,教以化之。"风为教化义,这也是从风的流动传播义上说的。

由此一体同气或曰一体同风之相关性,以及在此之上的情感的相关性,儒家将万物从哲学上联系起来,并逐渐论证万物一体之民胞物与的理想。在孔子的仁学思想中,已经暗含了人类之共通共感的基础。孔子曰:

> 天生德于予,桓魋其如予何?(《述而》)
>
> 文王既没,文不在兹乎?天之将丧斯文也,后死者不得与于斯文也;天之未丧斯文也,匡人其如予何?(《子罕》)
>
> 下学而上达,知我者其天乎?(《宪问》)

这里暗含着人与天、人与万物主宰之间的相关性。又曰:

> 仁者"爱人"。(《颜渊》)
>
> 己欲立立人,己欲达达人。能近取譬,可谓仁之方也已。(《雍也》)
>
> 己所不欲,勿施于人。(《卫灵公》)
>
> 孝悌也者,其为仁之本与!(《学而》)
>
> 吾道一以贯之。夫子之道,忠恕而已矣。(《里仁》)

仁可以说是从血缘亲情出发,人与人之间的真情和善意,具有同情心的内涵。《论语》虽然没有直接说以气贯通,但人与人之间的情理能够同理共推,显然已暗含一体性。在《孟子》文本中,关于"恻隐之心"的讨论,将此种万物一体思想表述得更为明确:

> 人皆有不忍人之心。……今人乍见孺子将入于井,皆有怵惕恻隐之心。非所以内交于孺子之父母也,非所以要誉于乡党朋友也,非恶其声

而然也。由是观之，无恻隐之心，非人也；无羞恶之心，非人也；无辞让之心，非人也；无是非之心，非人也。恻隐之心，仁之端也。羞恶之心，义之端也。辞让之心，礼之端也。是非之心，智之端也。……凡有四端于我者，知皆扩而充之矣。若火之始然，泉之始达。苟能充之，足以保四海；苟不充之，不足以事父母。（《公孙丑》上）

孟子以恻隐之心人皆有之，来论证人心本善，而此本善之心又称作良知，所谓"人之不学而能者，其良能也；所不虑而知者，其良知也"（《尽心上》）。前文已提到，孟子恻隐之心的美好情感论有其良气论和浩然之气论作为基础。这样宇宙万物就通过同情同气联系起来。

亲亲而仁民，仁民而爱物也。（《尽心上》）

尽其心者，知其性也，知其性则知天矣。（《尽心上》）

夫君子所过者化，所存者神，上下与天地同流，岂曰小补之哉？（《尽心上》）

万物皆备于我矣。反身而诚，乐莫大焉。（《尽心上》）

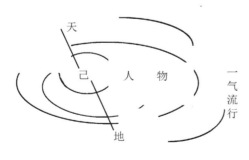

在上述表述中，人与人、人与万物、人与天地构成一十字纵横的万物一体结构，（图）整个宇宙乃一同气同情之场域。故君子既能够上下与天地同流，尽心知性以知天，复能反身而诚，万物皆备于我。此中的关键点在于同情同气的宇宙论。由此，人不仅能知性知天，复能成己成物，《中庸》云："唯天下至诚，为能尽其性；能尽其性，则能尽人之性；能尽人之性，则能尽物之性；能尽物之性，则可以赞天地之化育；可以赞天地之化育，则可以与天地参矣。"

考诸先秦其他典籍,俱有同类观念。周易《系辞》云:"一阴一阳之谓道,继之者善也,成之者性也。"牟宗三云:"乾坤以德言,阴阳以气言"[1],《周易》以气化同情为基础,故《系辞》又云:"精气为物,游魂为变,故知鬼神之情状。""天地氤氲,万物化醇,男女构精,万物化生。"无不体现出情气论的痕迹。至于《乾·彖》"大哉乾元,万物资始,乃统天。云行雨施,品物流行。大明终始,六位时成,时乘六龙以御天。"孔颖达《正义》云:"申明'乾元''乃统天'之义,言乾之为得,以依时乘驾六爻之阳气,以控御于天体。"故依孔疏,此处之六龙为六气。《周易》也直接论及情感,情感和精气相关。《乾·文言》云:"刚健中正,纯粹精也;六爻发挥,旁通情也。"此"精"即为气,故情气乃为一物。马恒君释曰:"天道刚健适中,正而不差,纯粹不杂,全是精气。乾卦六爻变化所发挥的作用,可以旁通万物的性情。"[2]《咸·彖》云:"咸,感也,柔上而刚下,二气感应以相与。……天地感而万物化生,圣人感人心而天下和平,观其所感,而天地之情可见矣。"内气而外情,通过情气的生发运动变化,来反映世界的创生和终成原则。

两汉董仲舒的思想中,也包含类似的思想,其《五行相生篇》云:"天地之气,合而为一,分为阴阳,判为四时,列为五行。"可知世界的基本组成是气,气又分为阴阳,逐渐形成万物。而在《深察名号》中,他又说:"天两有阴阳之施,身亦有贪仁之性;天有阴阳禁,身有情欲柜。"这样,阴阳之气就和贪仁的情感结合起来,用他自己的话说就是"阳仁阴贪"。

宋明理学则在此基础上又进一步发展了情气为性的思想,北宋哲学家张载的气本说,可为代表。《正蒙·太和》云:"太虚无形,气之本体;其聚其散,变化之客形尔。至静无感,性之渊源,有识有知,物交之客感尔。客感客形与无感无形,唯尽性者一之。"强调了气作为世界的本原的理论。而在此基础

---

[1] 牟宗三:《周易哲学讲演录》,第 12 页,华东师范大学出版社,2007。

[2] 马恒君:《周易》全文注释本,第 102 页,华夏出版社,2001。

上,仁人君子的仁民爱物的情感就有了依托与合理性。其《西铭》云:

> 乾称父,坤称母;予兹藐焉,乃混然中处。故天地之塞,吾其体;天地之帅,吾其性。民,吾同胞;物,吾与也。大君者,吾父母宗子;其大臣,宗子之家相也。尊高年,所以长其长;慈孤弱,所以幼其幼。圣,其合德;贤,其秀也。凡天下疲癃残疾茕独鳏寡,皆吾兄弟之颠连而无告者也。

乾坤作为天地阴阳之气的代称,其互动相感,沉浮氤氲,就形成了生生之机,万物因之化生。气之凝聚处,形成了万物的质体,而气之虚灵处,即形成人物的天性。因人与万物皆一气化生,故有民胞物与、万物一体之推论,故仁慈孝悌、泛爱万物之情感就成为内心之必然。

> 性者万物之一源,非有我得之私也,惟大人能尽其道。是故立必俱立,知必同知,爱必兼爱,成不独成。(《正蒙·诚明》)

这样兼爱成物就是其题中应有之义了。

程颢与朱熹之思想中,同样由此情气合一之色彩,程颢云:

> 生之谓性。性即气,气即性,生之谓也。(《语录》)
> 仁者以天地万物为一体,莫非己也。认得为己,何所不至?若不有诸己,自不与己相干。如手足不仁,气已不贯,皆不属己。(二程《遗书》卷二上)
> 天地之大德曰生。……斯所谓仁也。仁与天地一物也。(《语录》)
> 仁是天地之生气。(朱子语类,卷六)

大程子以气之不贯解释手足不仁,因而推论仁者必以万物为一体,其中蕴有万物皆气的内涵,朱子以天地之生气释仁,而一般认为仁乃发自内心的善意真情,所以道德情感背后皆有气论的基础。程朱虽重视理气之辨,有所谓理在气先之说,但此只是逻辑上的先后,并非时间上有个先后。因而朱子又说理在气中。"理气本无先后之可言,然必欲推其所从来,则须说先有是理。然理又非别为一物,即存乎是气之中。无是气则是礼也无挂搭处。"(《朱子语类》卷一)

明代心学的代表人物王阳明则说得更为彻底,就万物之根本而言,"人心与天地万物一气流通,融为一体,不可间隔。"(《传习录》)在气的共同性上,阳明进一步阐释了《大学》篇的"明德":

> 阳明子曰:"大人者,以天地万物为一体者也:其视天下犹一家,中国犹一人焉。若夫间形骸而分尔我者,小人矣!大人之能以天地万物为一体也,非意之也,其心之仁本若是其与天地万物而为一也。岂惟大人,虽小人之心亦莫不然,彼顾自小之耳。是故见孺子之入井,而必有怵惕恻隐之心焉,是其仁之与孺子而为一体也;孺子犹同类者也,见鸟兽之哀鸣觳觫,而必有不忍之心焉,是其仁之与鸟兽而为一体也;鸟兽犹有知觉者也,见草木之摧折而必有悯恤之心焉,是其仁之与草木而为一体也;草木犹有生意者也,见瓦石之毁坏而必有顾惜之心焉,是其仁之与瓦石而为一体也。是其一体之仁也,虽小人之心亦必有之。是乃根于天命之性,而自然灵昭不昧者也,是故谓之'明德'。"(《大学问》)

此段实可与《荀子》"草木有气而无生"一段参看,天地间一气流通,则情感必然互动交感,是以恻隐、不忍、悯恤、顾惜之情,实在是仁爱之情的延伸发展。难怪阳明要说"明德"自然灵昭不昧了。

综上,中国古代儒家思想中,一气化生的宇宙论和情气合一的人性论是中国哲学的基本认知,而由于情气的互动感发,建立于之上的人与世界同情互感的万物一体的世界观的出现就顺理成章了。

这种"万物一体",也可称之为"物我无间"。

当此种认知和文艺观交相生发,推重生命意识的文艺创作观收到普遍推崇就很自然了。刘勰《风骨》篇云:"情与气偕,辞与体并。"将情气直接联属,情气须和谐。又云:"《诗》总六义,风冠其首,斯乃化感之本源,志气之符契也。"此"志气"即情志气质,近似思想感情与精神生命的意思。[1]"化感"则是在此基础上的情气流通,万物一体。《物色》篇也云:"是以诗人感物,联类不穷;流连万象之际,沈吟视听之区。写气图貌,既随物以宛转;属采附声,亦与心而徘徊。"心自然包涵情的部分,所以诗人联想的发生,同样和情气互通相关。谢赫《古画品录》论"论图绘六法"云:"六法者何? 一气韵生动是也,二骨法用笔是也,三应物象形是也,四随类赋彩是也,五经营位置是也,六传移模写是也。"强调"气韵"于绘画之重要性。萧衍论书云:"棱棱凛凛,常有生气,适眼合心,便为甲科。"(《法书要录》卷二《梁武帝答陶隐居论书》)[2]尤推重生气。唐太宗论书云:"心正气和,则契于妙;心神不正,字则欹斜;志气不和,书必颠仆。"(《书法钩玄》卷一《唐太宗论笔法》)[3]"志"往往指情志,志气不和,可理解为情与气不协调,心正气和,则是强调情与气之和谐的重要性。

这样,仁民爱物的文艺修养论和境界论也提出来了:

宋代罗大经在《鹤林玉露》中曾举杜甫诗为例:

> 杜少陵绝句云:"迟日江山丽,春风花草香。泥融飞燕子,沙暖睡鸳鸯。"或谓此与儿童之属对何以异。余日不然。上二句见两间莫非生意,

---

[1] 郭绍虞释"情志"为"情志气质",周振甫释为"情志气势"。参见《中国历代文论选》第一册,第234页,上海古籍出版社,1979。《文心雕龙选译》,第145页,中华书局,1980。

[2] 于民:《中国美学史资料选编》,第170页,复旦大学出版社,2008。

[3] 于民:《中国美学史资料选编》,第191页,复旦大学出版社,2008。

下二句见万物莫不适性。于此而涵泳之，体认之，岂不足以感发吾心之真乐乎！大抵古人好诗，在人如何看，在人把做甚么用。如"水流心不竟，云在意俱迟"、"野色更无山隔断！天光直与水相通"、"乐意相关禽对语，生香不断树交花"等句，只把做景物看亦可，把做道理看，其中亦尽有可玩索之处。大抵看诗，要胸次玲珑活络。

所谓把做道理看，即是从万物一体，情气互通的角度去理解。诗文中类似的例子正多，如：

> 万物静观皆自得，四时佳兴与人同。程颢《秋日偶成》
> 一重一掩吾肺腑，山花山鸟吾友于。杜甫《岳麓山道林二寺行》

这些都是将人与物、人与自然的关系交融共通，换言之，作者应体会人与万物本来不隔，一气融通的道理。陆象山说："宇宙未尝限隔人，人自限隔耳。"用清代何绍基的话说：

> "温柔敦厚，诗教也。"此语将《三百篇》根柢说明，将千古做诗人用心之法道尽，凡刻薄、吝啬两种人，必不会做诗。……非胸中有余地，腕下有余情，看得眼前景物都是古茂和蔼，体量胸中意思全是恺弟慈祥，如何能有好诗做出来。（《题冯鲁川小相册论诗》，《东莱草堂文钞》）

这里强调了涵养仁爱的审美眼光的重要性。

宋代郭熙在《林泉高致》中说，

世人止知吾落笔作画，却不知画非易事。庄子说画史解衣磅礴，此真得画家之法。人须养得胸中宽快，意思悦适，如所谓易直子谅，油然之心生，则人之笑啼情状，物之尖斜偃侧，自然布列于心中，不觉见之于笔下。

"解衣磅礴",即是解脱外在束缚,让身体处于一气流动,精神生命力得到解放的自由状态。"易直子谅",原出《乐记》,《礼记正义》释云:"易为和易,直为正直,子为子爱,谅为诚信。"徐复观先生说:"郭熙在这里主要是说明精神由净化而生发出的一种在纯洁中的生机、生意。因为有此一生机、生意,才能把精神或心灵中的对象,将其有情化,而与自己的精神融为一体,精神由此而得到解放。同时也感到自己的精神,充实而不能已已,因而要求加以表出。"[1]

这些话,都是就情感涵养的认知与仁民爱物胸怀之养成而言。

方东美则说:"中国民族所以能有伟大的文化,与其宇宙论是息息相关的。在我们中国人看来,永恒的自然界充满生香活意,大化流行,处处都在宣扬一种活跃创造,盎然生意,就是因为这种宇宙充满机趣,所以才促使中国人奋起效法,生生不息,创造出伟大的成就。"[2]

此段话虽非直接论艺,却揭示了中国文艺背后的文化精神。

三、风情与兴象

(一) 兴、象、气、情

前面讨论了风气与情感构成了有情生命的基本特征。提到在典籍中,由于风气的流动性,因此常被用作传播义,如前面所举"君子之德,风;小人之德,草。草上之风必偃。"(《论语·颜渊》)这些例子都强调君子的美好品德可通过风气传播。《诗经》中最大的部分为"风"。"风"的内容为民歌,关于"风"的意义,《毛诗序》云:"风,风也,教也;风以动之,教以化之。"风为教化义,这也是从风的流动普化义上说的。

然而,风气的传播,并不由于神秘的感应,如董仲舒所说,"美事召美类,

---

[1] 徐复观:《中国艺术精神》,第 202 页,华东师范大学出版社,2001。

[2] 方东美:《中国人的宇宙论精义》,《生命理想与文化类型》,第 132 页,中国广播电视出版社,1992。

恶事召恶类,类之相应而起也,如马鸣则马应之,牛鸣则牛应之。"(董仲舒《春秋繁露·同类相动》)有时也非正气(逆气)直接作用于人,就文艺而言,风气之传播其实需要有个中介。荀子言:"凡奸声感人而逆气应之,逆气成象而乱生焉;正声感人而顺气应之,顺气成象而治生焉。唱和有应,善恶相象,故君子慎其所去就也。"荀子在这里已经接触到了艺术之"象"的问题。"象"是中国文化的一个重要概念,首先来自中国的哲学思想,《易·系辞》云:

> 天尊地卑,乾坤定矣。卑高以陈,贵贱位矣。动静有常,刚柔断矣。方以类聚,物以群分,吉凶生矣。在天成象,在地成形,变化见矣。

《正义》云:"象谓悬象,日月星辰也。形谓山川草木也。此处之象乃天象。"

《易·系辞》又云:

> 圣人设卦观象,系辞焉而明吉凶,刚柔相推而生变化。是故吉凶者,失得之象也;悔吝者,忧虞之象也;变化者,进退之象也;刚柔者,昼夜之象也。六爻之动,三极之道也。是故君子所居而安者,《易》之序也;所乐而玩者,爻之辞也。是故君子居则观其象而玩其辞,动则观其变而玩其占,是以自天祐之,吉无不利。

《周易正义》:"谓圣人设画其卦之时,莫不瞻观物象,法其物象,然后设之。"

故此处前"观象"之"象"乃指物象。后"失得之象"有象征义。

> 圣人有以见天下之赜,而拟诸其形容,象其物宜,是故谓之象。

《正义》云："象其物宜者,圣人又法象其物之所宜。若象阳物,宜于刚也,若象阴物,宜于柔也,是各象其物之所宜。"则此处之象,乃模仿义。黄寿祺云："其中观物取象说,同今天的艺术思维论有一定的契合之处,是研究古代美学理论可资参考的资料。"[1]

> 一阖一辟谓之变,往来不穷谓之通。见乃谓之象。形乃谓之器。

《正义》注:兆见曰象,成形曰器。疏:(象)言物体尚微也,(器)言其著也。这几句解释"象""器"之别,象就萌芽说,器就形态说。

> 子曰:圣人立象以尽意,设卦以尽情伪。

此象乃指卦象而言。所以系辞中的象有天象、物象、模象、卦象等多重意义。另外值得一提的是王弼对象的解释:

> 夫象者,出意者也;言者,明象者也。尽意莫若象,尽象莫若言。言出于象,故可寻言以观象;象生于意,故可寻象以观意。意以象尽,象以言著,故言者所以明象,得象而忘言;象者所以存意,得意而忘象。[2]（《周易略例·明象》）

这段话既是对《周易》言、象、意关系的概括,也说明了象作为中国人理解世界和表达思想的手段。有人称之为"象思维",这种思维认识也影响到文艺。

南朝宋山水画家宗炳《画山水序》已明确提出"象"在画画中的重要性:

---

[1] 黄寿祺、张善文:《周易译注》,第 512 页,上海古籍出版社,2004。

[2] 楼宇烈:《王弼集校释》,第 609 页,中华书局,1980。

圣人含道应物，贤者澄怀味象，至于山水质而有趣灵，是以轩辕、尧、孔、广成、大隗、许由、孤竹之流，必有崆峒、具茨、藐姑、箕首、大蒙之游焉，又称仁智之乐焉。夫圣人以神法道，而贤者通；山水以形媚道，而仁者乐，不亦几乎？

"山水以形媚道"、"贤者澄怀味象"均提到象与形的问题，（因此象和形或许是有所区别的，形更接近于自然界的真实物象，象更接近于对自然世界形式的抽象，更具有某种普遍性和类型化。但这里无须做这样的划分。）"媚道"、"味象"是对山水的审美感悟和审美接受。叶朗先生说："《易传》的'象'要比老子的'象'更接近于审美形象的概念。宗炳讲的'象'，又进了一大步。""经过这样的规定，'象'就不是一般的形象，而是审美形象。"[1]仪平策说："所谓映物、味象，则是就审美主体与对象的关系而言的，它指审美主体以一种无限自由的心境，去关照万物，品味对象，从而形成一种新的形神关系，或者叫心物关系。"[2]

有人以为钟嵘《诗品》提出的"巧构形似之言"，如果与他的"文已尽而意有余，兴也"和"观古今胜语，多非补假，皆由直寻"的主张合看，则所谓的"巧构形似之言"也就是能构建艺术之象的文学语言，不妨称之为"象言"。即以言明象，以象尽意，以艺术之象感发读者整体直观的意会思维，通过在场者（"直寻"出来的"象"）逗出隐蔽者（"意义整体"）。[3] 若此说有理，则钟嵘也很早提出了文艺之"象"的问题。

唐代，"象"在文论中益受重视，逐渐形成了"兴象说"和"意象说"。从孔颖达、殷璠，经过王昌龄、皎然、刘禹锡和司空图。这一观念成熟了。"兴象"

---

[1] 叶朗：《中国美学史大纲》，第 210 页，上海人民出版社，1985。

[2] 仪平策：《中国审美文化史》（魏晋南北朝卷），第 201 页，上海古籍出版社，2013。

[3] 林继中：《情志·兴象·境界》，《文学评论》2002 年第 2 期。

这个名词是唐代诗歌理论家殷璠正式提出的,他在《河岳英灵集》里批评了当时诗歌的一些创作不良倾向,"攻乎异端,妄为穿凿,理则不足,言常有余;都无兴象,但贵轻艳"。又其评孟浩然诗句"众山遥对酒,孤屿共题诗"为"无论兴象,兼复故实";评陶翰诗"既多兴象,复备风骨"。孔颖达疏《诗经·周南·樛木》云:"兴必取象,以兴后妃上下之盛者,宜取木之盛者。"将兴与象绾合在一起。有学者认为这是孔颖达的创见。[1]

与此同时,"意象"这一概念作为审美基本范畴,在唐代也已被美学家广泛运用了。[2] 张怀瓘《文字论》"探彼意象,如此规模"。王昌龄《诗格》:"久用精思,未契意象。"司空图《诗品》:"意象欲出,造化已奇"等。"兴象"与"意象"形成中国诗歌意境的基本范畴。唐代以后,不断有文艺理论家提倡两说。如明代李东阳、陆时雍等论诗俱倡"意象"。这里就不一一列举了。

兴象和意象同中有异,学术界成果颇多[3],这里不多做辨析,只略说几点,第一,无论兴象还是意象,皆须有情感作为依托。兴象以情为主,意象可以以意为主,形象则笼统的艺术之象。但作为文艺之"象",三者都须包含情感。第二,"兴象"未必只指一个具体的象,而可能包含有几个象,或指诗文中的想象情感理趣等,在这个意义上,有点类同于意境。[4](杨明先生通过对中国历代"兴象"概念的考察,认为"兴象"之"象","应理解为泛指诗人所写下来的东西,亦即诗篇、诗句所包含的内容和艺术形式。它包括今之所谓'形象',但是大于'形象',是一个十分宽泛的概念。明清时期的论者,认为兴象乃诗之特质所在,是一具有普遍意义的诗歌美学要求,而汉魏、盛唐诗乃

[1] 邓国光:《唐代诗论抉原:孔颖达诗学》,《唐代文学研究》第七辑,广州师范大学出版社,1998,转引自王秀臣:《礼仪与兴象》,第36页,社会科学文献出版社,2014。

[2] 参见叶朗:《中国美学史大纲》,第205页,上海人民出版社,1985。

[3] 如叶朗先生说:"'兴象'乃是'意象'的一种,它是与'赋'、'比'、'兴'这一组美学范畴中的'兴'直接相联的。"《中国美学史大纲》,上海人民出版社,第263页,1985。

[4] 此处"意境"的概念参考蒲正元:《中国艺术意境论》,北京大学出版社,1997。

是兴象高卓的典范。")[1]这样的释读其实就接近于"意境"了。第三,意象相对于偏重象,而兴象也可指声、味、感等。本文"兴象"是一个比较宽泛的概念,以"兴象说"涵盖意象说,对文艺发生的过程,客观世界—作者—艺术作品—读者的中间环节作一说明:

明初高棅《唐诗品汇》以"声律、兴象,文词、理致"论诗,认为盛唐大家之诗皆富于"兴象",中唐以下,"其声调、格律易于同似,其得兴象高远者亦寡矣。"[2]

明胡应麟《诗薮·内编》卷五云:"作诗大要不过二端,体格声调、兴象风神而已。体格声调有则可循,兴象风神无方可执。"[3]卷六论绝句说:"盛唐绝句,兴象玲珑,句意深婉,无工可见,无迹可寻。中唐遽减风神,晚唐大露筋骨,可并论乎!"[4]

由此可知,兴象论(包括意象)在中国诗歌史上,有着重要地位。此兴与象的结合,即情景交融(论述详后),构成了中国古代文艺的基本特征和创作方法论,成为中国艺术意境论的基础。

(二) 兴象的审美特质

关于兴象的审美特质,历来论者多有阐释发挥,本文不想多言。这里只就极主要又常被忽略者略说几句:

1."兴象"为一包孕情气之象

虽然"兴象"为主的提法出现于唐代,然相关思想与表现手法早就客观存在了。"兴象"之"象"是与兴结合在一起的象。就文艺而言,象并非仅仅是拟象或象征,而是一种"兴象",一种始终与情感与生气相伴随的"象"。既

---

[1] 杨明:《兴象释义》,《中山大学学报》2009 年第 2 期。

[2] 高棅:《唐诗品汇》,第 506 页,上海古籍出版社,1982。

[3] 胡应麟:《诗薮》,第 110 页,上海古籍出版社,1979。

[4] 胡应麟:《诗薮》,第 114 页,上海古籍出版社,1979。

然称为兴象,象就是与兴结合在一起的象。也可说是兴中有象、象中有兴。为了说明问题,关于兴,这里再略费微词:

汉代许慎释对"兴"的解释是:"起也。""兴"字在甲骨文中写作"𦥑",像四只手举一个物品。"一些研究者认为'兴'之本义乃是众人高举某物而歌舞,不是现实性的劳作而是模拟性的表演。"[1]

《毛诗序》云:"故诗有六义焉,一曰风,二曰赋,三曰比,四曰兴,五曰雅,六曰颂。"《毛诗正义》引郑司农言:"兴者,托事于物,则兴者起也。取譬引类,启发己心。《诗》文诸举草木鸟兽以见意者,皆兴辞也。"[2]刘勰《文心雕龙·比兴》云:"诗文弘奥,包韫六义,毛公述传,独标兴体,岂不以风通而赋同,比显而兴隐哉?故比者,附也;兴者,起也。附理者,切类以指事,起情者,依微以拟议。"刘勰在这里指出毛公重视兴体的原因,是因为兴体具有含蓄隐晦的特征,符合诗歌的表现;同时更阐明《诗经》兴体的最大特点就是起情,即引发感情。《文心雕龙·物色》云:"春日迟迟,秋风飒飒。情往似赠,兴来如答。"这里的"情"、"兴"互文见义也可见两者具相关性。挚虞《文章流别论》云:"比者,喻类之言也,兴者,有感之辞也。"又宋胡寅《与李叔易书》引李仲蒙之说曰:"触物以起情谓之兴,物动情者也。"皆是同样地强调兴的起情作用。

所以兴就是兴情,前文说及,在先秦哲人的气化宇宙观中,情又必和气交织在一起,构成含情之气。考诸古代文艺理论,亦是如此。《乐记》谈乐之特点:"是故情深而文明,气盛而化中,和顺集中而英华外发,唯乐不可以为伪。"钟嵘《诗品》:"气之动物,物之感人,故摇荡性情,形诸舞咏。"皆情气对举,情与气乃一互相感发之关系。《文心雕龙·物色》亦有相同表述。"春秋代序,阴阳惨舒,物色之动,心亦摇焉。盖阳气萌而玄驹步,阴律凝而丹鸟羞,微虫犹或入感,四时之动物深矣。"也是就四时气动与物感之关系讨论。故

---

[1] 参见李鹏飞:《中国古代诗学兴象论》第3页、第12页,中国知网硕士论文。

[2] 李学勤主编:《毛诗正义》,第12页,北京大学出版社,1999。

《文心雕龙》制《养气》一篇,有"率志委和,则理融而情畅;钻砺过分,则神疲而气衰;此性情之数也。"的说法,将气和性情联接而说,正是先秦气化宇宙论的路数。

再略说古代文论中"兴象"和气的关系的论述。殷璠倡导"兴象",然"兴"象须有"神、气、情"的基础:"夫文有神来、气来、情来,有雅体、野体、鄙体、俗体。编纪者能审鉴诸体,委详所来,方可定其优劣,论其取舍。"[1]一般而言,神即气之变化,故气与情仍受到强调。学者李珍华、傅璇琮先生指出:"'神'这个术语在《河岳英灵集》全书中,仅在《叙》里出现过一次,它不像其他两个术语多次被使用在品藻里。"[2]林继中先生说:"'气来'与'慷慨言志'有关,'情来'则与'兴趣幽远'有关","'情来'说的核心是'兴象'"[3]张安祖、杜萌若认为殷璠强调"声律风骨兼备"、"气来"关涉"风骨"、"情来"关涉"声律"。"气来""情来"合一者即是"神来"。[4] 诸家所论虽有差异,然都见出殷璠强调气骨与情感的结合。

后代以"兴象"论诗者如胡应麟等,皆主气骨,"五言绝,须熟读汉魏及六朝乐府,源委分明,径路谙熟,然后取盛唐名家李、王、崔、孟诸作,陶以风神,发以兴象。真积力久,出语自超。"[5](《诗薮》内编卷六)风神当可理解为风骨气质。又评王勃诗云:"唐初五言律,唯王勃'送送多穷路'、'城阙辅三秦'等作,终篇不着景物,而兴象婉然,气骨苍然,实首启盛、中妙境。"(《诗薮》内编卷四)[6]兴象与气骨对举,婉然与苍然并置,皆为情与气之结合也。

总上,"兴象"乃包含情气之象。古代文论、艺论中常说的"气象",具有

[1] 郭绍虞:《中国历代文论选》,第二册,第67页,上海古籍出版社,1979。

[2] 李珍华、傅璇琮:《盛唐诗风与殷璠诗论》,《河岳英灵集研究》,第48页,中华书局,1992。

[3] 林继中:《释"神来、气来、情来"说——盛唐文评管窥之一》,《古代文学理论研究》第十一辑,236—237页,上海古籍出版社,1986。

[4] 张安祖、杜萌若:《河岳英灵集叙》神来气来情来说考论,《文学遗产》2003年第2期。

[5] 胡应麟:《诗薮》,第114页,上海古籍出版社,1979。

[6] 胡应麟:《诗薮》,第67页,上海古籍出版社,1979。

近似的意义,而更直接强调生命感。宋代叶梦得《石林诗话》云:"七言难于气象雄浑,句中有力而纡徐不失言外之意。"[1]姜夔《白石道人诗说》云:"大凡诗自有气象、体面、血脉、韵度。气象欲其浑厚,其失也俗。"[2]石涛《画语录》云:"山川,天地之形势也;风雨晦明,山川之气象也;疏密深远,山川之约径也,纵横吞吐,山川之节奏也。"(山川条)[3]王国维《人间词话》云:"太白纯以气象胜。'西风残照,汉家陵阙',寥寥八字,遂关千古登临之口。""气象"相对于"兴象"而言,更重视艺术形象之生气而稍稍忽略其情感义。

2. 所谓"象外之象"

论者多注意到"兴象"(意象)之"象外有象"的特点,中国文艺之"象"皆有此特点。在刘勰《文心雕龙·隐秀》篇里,已经有了此种观点的萌芽。

> 隐也者,文外之重旨者也;秀也者,篇中之独拔者。隐以复意为工,秀以卓绝为巧。斯乃旧章之懿绩,才情之嘉会也。夫隐之为体,义主文外,秘响傍通,伏采潜发,譬爻象之变互体,川渎之韫珠玉也。
>
> 情在词外曰隐,状溢目前曰秀。(张戒《岁寒堂诗话》引)

已经涉及后来讨论的文学之"象外之象"的问题,比刘勰略晚的谢赫在《古画品录》里正式用到"象外"一词:"风范气韵,极妙参神,但取精灵,遗其旨法。若拘以体物,则未见精粹;若取之象外,方厌膏腴,可谓微妙也。"但此段文字往往被解读为艺术作品的创作的素材不应拘泥于具体事务的形象,而应广泛涉猎。和后来唐人之用法不尽一致。

唐代刘禹锡《董氏武陵集记》:"诗者其文章之蕴邪?义得而言丧,故微

[1] 郭绍虞:《中国历代文论选》,第二册,第336页,上海古籍出版社,1979。
[2] 于民:《中国美学史资料选编》,第310页,复旦大学出版社,2008。
[3] 王伯敏点校:《石涛画语录》,第40页,人民美术出版社,1962。

而难能;境生于象外,故精而寡合。"道出了诗歌的特点是"境生象外"和"意在言外"。

唐代司空图论诗云:有"象外之象"说,其《与极浦书》曾谓:

> 戴容州云:"诗家之景,如蓝田日暖,良玉生烟,可望而不可置于眉睫之前也。"象外之象,景外之景,岂容易可谈哉?然题纪之作,目击可图,体势自别,不可废也。

强调诗文不能即景言景,就事论事,而要追求意境的创造,追求言外之意,象外之象。其《与李生论诗书》再强调"韵外之致"和"味外之旨"。

> 文之难而诗尤难,古今之喻多矣。愚以为辨味而后可以言诗也。江岭之南,凡足资于适口者,若醯非不酸也,止于酸而已。若醝非不咸也,止于咸而已。中华之人所以充饥而遽辍者,知其咸酸之外,醇美者有所乏耳。……噫!近而不浮,远而不尽,然后可以言韵外之致耳。

> 盖绝句之作,本于诣极。此外千变万状,不知所以神而自神也。岂容易哉?……倘复以全美为上,即知味外之旨矣。

其《诗品》更谓:"不著一字,尽得风流。""超以象外,得其环中。"

宋严羽《沧浪诗话》谓:"盛唐诗人唯在兴趣,羚羊挂角,无迹可求。故其妙处透彻玲珑,不可凑拍,如空中之音,相中之色,水中之月,镜中之象,言有尽而意无穷。"

综上所论,"象外之象"包含几层意味。

其一: 象外有象,此"兴象"乃一朦胧多义之象。

读者通过"象"所看到的景象远远大于文本所直接给予的画面。有时不一定强调"象"外另有一"象",而是强调情感思想的表现已超越于"象"本身,这就是象外之意。就艺术而论,艺术理论家常提到的"虚实"、"行藏"也有类似的意义。明代唐志契《绘事微言》云:"善藏者未始不露,善露者未始不藏,藏得妙时,便使观者不知山前山后,山左山右,有多少地步,许多林木何尝不显?"[1]清代画家笪重光《画筌》云:"大抵实处之妙皆因虚处而生,故十分之三天地位置得宜,十分之七在云烟锁断。"[2]这些观点都在阐明画的意境不能局限于画中所造之象,而必须有更多的联想。

以《诗经·蒹葭》为例,其主要之起情之象,乃为秋水之象和伊人之象。但在此两象的背后,可引发多义之象。秋水之象可隐喻困境、险阻、水滨隐居之所等;而伊人则可隐喻佳人、贤才、礼仪、隐士等,象的多义性引发了更复杂的"义"和"象",因此既增加了诗歌的美感,也造成了诗歌本身主题的多义性。此诗历史上有"刺襄公说"、"招贤说"和"爱情说"等多个主题,这和本诗所运用的象的朦胧性是有很大关系的。

苏轼《蝶恋花》词(花褪残红青杏小,燕子来时,绿水人家绕),也有同样的妙处。其兴象婉约玲珑,最显著者一为"天涯何处无芳草",一为"多情却被无情恼"。此两象都属于象外有象。芳草意象具有多元性,包含两层联想,一为悲伤,一为豁达。楚辞中有"何所无芳草兮,又何独怀乎故都?"如果以此联想,则作者的暗示是芳草所在皆是,不必为此地的芳草过分流连。而如据此句联想到"离恨恰如春草,更行更远还生"或"王孙游兮不归,芳草生兮萋萋"之类,则暗含游子难归之悲凉情感。苏轼用芳草为象,形成联想之多元性,此即象外之象的一种表现。"多情"与"无情"也可从伤感与旷达两面看:旅途之人,无端被激起一段愁绪,可伤也;多情缘自无情,本来空寂,何足挂怀,旷达也。

---

[1] 周积寅:《中国历代画论》,第412页,江苏美术出版社,2013。

[2] 周积寅:《中国历代画论》,第407页,江苏美术出版社,2013。

又元代倪瓒《六君子图》轴,水天空阔,六松傲然伫立于巨石之上,令人兴无穷远想。此图已远超状物绘景之功,而有通过松树以收君子比德之效。

钟嵘《诗品》:"文已尽而意有余,兴也。"正好说出了"兴象"的这一特点。

其二:"兴象"之"象"乃组合叠加之"象"。

构成意境之象并非单一之象,数象互相融摄,连成一片境。如陈陶"陇西行","誓扫匈奴不顾身,五千貂锦丧胡尘。可怜无定河边骨,犹是春闺梦里人。"无定河边之沙场白骨,与春闺少妇梦中之亲密爱人,两相对照,令人唏嘘而不忍卒读。此外,如马致远的《天净沙·秋思》也具有此种特点,"枯藤老树昏鸦,小桥流水人家,古道西风瘦马,夕阳西下,断肠人在天涯。"第一句和第三句构成的兴象之情感色调,与第二句所构成的兴象之色调,正好相反,却在意境上连成一片境,相反相成地突出了游子的羁旅之况。另马致远另一首《双调·夜行船·秋思》之"离亭宴煞"也具有相同的特点:

> 蛩吟罢一觉才宁贴,鸡鸣时万事无休歇。争名利何年是彻?看密匝匝蚁排兵,乱纷纷蜂酿蜜,闹攘攘蝇争血。裴公绿野堂,陶令白莲社。爱秋来时那些:和露摘黄花,带霜烹紫蟹,煮酒烧红叶,想人生有限杯,浑几个重阳节?人问我顽童记者:"便北海探吾来,道东篱醉了也。"

其中"密匝匝蚁排兵,乱纷纷蜂酿蜜,闹攘攘蝇争血"和"和露摘黄花,带霜烹紫蟹,煮酒烧红叶"恰构成二截然相反之象,而形成一个完整的意境,在总体上做到了兴象的圆融。

其三: 象外之象,象外之意与"本象"之暗示并不等同。

此类兴象的特点,乃在兴象所构之境与整个艺术境界并不相同。兴象所展示的图画可能是令人愉悦的,也可能是令人伤感的,但背后暗含的画面或最后形成的意境的整体情调,却正好相反。如元稹《行宫》"寥落古行宫,宫花寂寞红。白头宫女在,闲坐说玄宗",此联表面寂寥,希望引起的联想却是繁华,即当年开元天宝年间的盛世画面。又王昌龄《闺怨》"闺中少妇不知愁,春日凝妆上翠楼。忽见陌头杨柳色,悔教夫婿觅封侯。""不知愁"之少妇、盛装之靓丽形象,春日美景,造成一种温暖愉悦的色调,但此诗之总体意境却是落寞惆怅的。

"兴象"的这些特质,使其成为中国最重要的文艺表现手法之一,它将世界、作者、作品、欣赏者联系起来,构成艺术作品得以实现的中间环节。

从道法自然到妙造自然
——论老子思想对中国美学的影响

在老子五千言中,直接讨论美的文字并不多,略有涉及,也多从反面论述。如"天下皆知美之为美,斯恶已,皆知善之为善,斯不善已。"(二章)"信言不美,美言不信。"(八十一章)"美之与恶,相去若何?"(二十章)初读老子,这些文字容易让人产生误解,以为老子是反美学的。但事实上,老子思想对中国美学理论的形成影响巨大。老子以"道法自然"为主要特征的道论和以"涤除玄鉴"为特征的体道方法论,对中国美学思想中"妙造自然"的艺术追求和"澄怀观道"的鉴赏模式,有着直接的启示。而研究两者之间的关系,也有一定的意义。

一、道法自然与妙造自然的审美追求

老子哲学的核心是"道",道既是世界万物的根源,又是万物运动的规律,同时又是人生行为的准则或依据。道有几个重要特点,其中一个重要特点就是道以自然为法。老子说:"人法地,地法天,天法道,道法自然。"(二十五章)在这里,"自然"指的不是人类思维观照的客体自然,而是道本身的那种"自然而然"的属性。道法自然也就是"道则惟以自己为法,更别无所法"[1]。道法自然应充分实现自己的本性,反对外力强加,反对任何有意识的主宰。正是在这一基础上,老子提出"道常无为而无不为"(三十七章)。道是自然而然的,故常无为;道又生成一切,故又无不为。就人类社会而言,无为并非无所作为,而是不妄为,顺应天地万物的自然本性而为。

---

[1] 《黑格尔哲学史讲演录》第一卷,第 119 页,商务印书馆,1959。

顺其自然,就必须让事物的自在之性呈现出来,照老子看来,道具有"朴"、"淡"、"玄"等特点。不仅自然界以这样的特点呈现,而且人的本性特征也是如此。老子在文中多次提到这些字眼,如"见素抱朴,少私寡欲,绝学无忧"(十九章)、"我无欲而民自朴"(五十七章)、"质真若渝"(四十一章)、"复归于朴,朴散则为器"(二十八章)、"道常无名朴"(三十二章)、"道之出口,淡乎其无味"(三十五章)、"化而欲作,吾将镇之以无名之朴"(三十七章)、"我无欲而民自朴"(五十七章)、"为无为,事无事,味无味"(六十四章)、"圣人被褐而怀玉"(七十章)。"道"的存在状态是"朴",自然界和人类社会都以"道"为效法对象,当然本质也是朴和真。人自然应抱朴守真,不能违反自然规律过分作为。所以老子由此推论:"大成若缺,其用不弊。大盈若冲,其用不穷。大直若屈,大巧若拙,大辩若讷。"(四十五章)真正的成、盈、直、巧、辩,看起来反而接近它们的反面之缺、冲、屈、拙、讷。因为道具有质朴、玄虚的特点。由于老子的道具有统摄万物的形而上特点,因此有普遍的启发意义。就美学而言,崇朴法道,无为无不为的提倡,一方面在形式上反对过分雕琢,追求大巧若拙的效果;另一方面在内容上,则形成了一个纯客观地反映自然、追求无我之境的风尚。这些特点,在中国的文艺中都有所体现。唐代文艺家司空图的《诗品》云:"取语甚直,计思非深。忽逢幽人,如见道心。……情性所至,妙不自寻。遇之自天,泠然希音。"(实境)"俯拾皆是,不取诸邻。俱道适往,著手成春。"(自然)"落花无言,人淡如菊。"(典雅)都谈到了大巧若拙,简淡有味的创作风格。证之以诗歌,陶渊明可为代表。他的诗,简淡有味,质朴自然,不暇雕琢而情韵自现。如"有风自南,翼彼新苗"(《时运》)。"微雨从东来,好风与之俱"等,语言看似平平无奇,但仔细玩味,却有一种欣欣然之情充溢其中。"方宅十余亩,草屋八九间。榆柳阴后檐,桃李罗堂前。暧暧远人村,依依墟里烟。狗吠深巷中,鸡鸣桑树巅。"(《归园田居》)四十个字非常真切质朴地反映出农村生活的景象! 这就是所谓的"语淡情浓"。王维的诗,则具有淡雅之美,如《竹里馆》"独坐幽篁里,弹琴复长啸。深林人不知,明月来相照"可作代表。而在中国画中,则有所谓冲淡一路。如元代倪云林的画风,萧条淡泊。常常是一河两岸、三五坡石、几株枯树、一抹远山。荒率苍古,古淡而天真。

当然,质朴冲淡之美作为艺术境界的实现却绝非易事。在历代的山水诗画中真正达到"冲淡"境界的作家和作品实在是不多。《皋兰课业本原解》说:"此格(指冲淡)陶元亮居其最。唐人如王维、储光羲、韦应物、柳宗元亦为近之,即东坡所称'质而实绮,癯而实腴,发纤秾于简古,寄至味于淡泊'。要非情思高远,形神萧散者,不知其美也。"但作为一种审美追求,却是毋庸置疑的,而老子思想对这种审美观形成之启发,也是显而易见的。

"道"的另一特点是不可言说。老子说:"道可道,非常道;名可名,非常名。"(一章)认为道无法用语言表达、说明。所以道无法用知性和逻辑的语言来硬性规定、阐释。又曰:"知者不言,言者不知。"(五十六章)"圣人处无为之事,行不言之教。"(二章)所以人也应效法天道,顺应自然。老子的这种思想在哲学史上有重要意义。雅斯贝尔斯说:"老子的每一句话都是离题,谁若拘泥这些话的表面意义,就不能把握对象。为了内在地成为真理,他必须超越语句和对象。"[1] 老子的道,不是语言、理性、逻辑可传达的,它的呈现,借助的不是语言,甚至也不是普通的意象。故曰:"大音希声,大象无形,道隐无名。"(四十一章)"执大象,天下往"(三十五章)。语言是思维的产物,而道不是。这样的思想,对后世影响极大。庄子曰:"天地有大美而不言。"(《知北游》)又曰:"得鱼忘筌,得意忘言。"(《外物》)都可以说是老子思想的进一步发挥。更重要的是,庄子一书,已经形成了比较系统的美学思想,直接影响到中国审美趣味的形成,并进而在创作中反映出来。在这方面,陶渊明的诗也是代表。像"采菊东篱下,悠然见南山。山气日夕佳,飞鸟相与还。此中有真意,欲辩已忘言。"虽未直接谈及归隐生活的种种好处,但安贫

---

[1] 《世界名人论中国文化》,第351页,湖北人民出版社,1991。

守拙,恬淡自乐的情绪,已尽在言外。唐人钱起的诗《省试湘灵鼓瑟》末二句,"曲终人不见,江上数峰青"。不言惜别,而依依之情,溢于言表。正可谓言不尽意的注脚。司空图的诗品,则从理论上作了总结:"不著一字,尽得风流。语不涉己,若不堪忧。是有真宰,与之沉浮。如渌满酒,花时返秋。悠悠空尘,忽忽海沤。浅深聚散,万取一收。"(《含蓄》)"尘与沤之浅深聚散,形形色色,博之虽有万途,约之祇是一理"。[1] 涵盖万有,却不著一字,含蓄的神韵正在无言无字之处。

老子之道的自然特性的另一体现是有无相生。老子说:"无,名天地之始;有,名万物之母。常无欲以观其妙,常有欲以观其徼。此两者同出而异名,同谓之玄。玄之又玄,众妙之门"。(一章)常无与常有,皆出于道而名称有异,共同体现了作为世界本原的道。道的这种有无辩证统一的特点又被老子推演到各方面,如说:"天地之间,其犹橐籥乎?虚而不屈,动而愈出。"(五章)天地之间,犹如风箱,充满虚空。然而正是有了这虚空,才有万物之流动运化。又云:"三十辐,共一毂,当其无,有车之用。埏埴以为器,当其无,有器之用。凿户牖以为室,当其无,有室之用。故有之以为利,无之以为用。"(十一章)这种有无虚实相生的思想,老子虽未推演至美学,但"以实引虚"、"虚中孕实"、"虚实结合"却成了重要的美学原则。这一原则对文艺创作中虚构与真实,直接描写与间接衬托,空白与实体,形神关系都产生了重要影响。

二、"涤除玄鉴"与审美方法论

老子说:"有物混成,先天地生。寂兮寥兮,独立而不改,周行而不殆,可以为天下母。"(二十五章)又说:"道之为物,惟恍惟惚。"(二十一章)可见道不是一般物质或具体精神,而具有超越性和含混性。道的特点,决定了认知道的方法的特殊性。道不可能以寻常的逻辑、推理、知识积累的方法来认识,

---

[1] 郭绍虞:《中国历代文论选》第二册,第212页,上海古籍出版社1979。

而必须打破知识的局限,理性的束缚。所谓"为学日益,为道日损,损之又损,以至于无为"。具体来说,老子提出了致虚守静、涤除玄鉴的方法论。一方面,必须"致虚极,守静笃,万物并作,吾以观复",在心灵虚寂宁静中体认大道。另一方面,又必须"涤除玄鉴"、"塞其兑,闭其门"。惟有排除外在事物的干扰,才能保持心灵的虚寂,进行深刻的观照。老子的这一认识方法,有人称之为直觉体悟。它对中国的后世哲学与美学思想均产生了相当大的影响。荀子的"虚壹而静"的大清明境界,庄子的"心斋"、"坐忘"的思想,都应受到老子的影响。而庄子的思想,对中国美学理论的形成的重要性,是世所公认的。魏晋南北朝时期画家宗炳的"澄怀味象"画论。陆机、刘勰的收视反听、贵在虚静写作论,蔡邕默坐静思,随意所适的书论,都可看作老子此一思想的发挥。本文在此对老子这一思想稍加讨论。

守静玄鉴,为的是认识万物背后的道,而"道"非具体事物。因此也就并不能仅仅依赖于感官,而必须更以虚静的心灵去体悟。所以老子说:"五色令人目盲,五音令人耳聋。"这里,我们不应给把老子的意思理解为反对感官作用,其实老子忧虑的是人在纷扰的外界面前迷失大道、迷失自己。迷失的原因就在于完全以感官所见为是。澄怀味象的思想,和这一思想有一致性。"澄怀"指的是排除干扰,使心灵处以宁静状态,它是味象的前提。相当于老子的涤除。观道必须在虚静的状态,而要虚静则必须有意识地排除干扰,包括各种意识与思维。老子的"致虚极,守静笃"之"致"、"守"都是主动性的行为。审美同样如此,郭熙《林泉高致》说:"凡落笔之日,必明窗净几,焚香左右,精笔妙墨,盥手涤砚,如见大宾。"通过这些行为,排除干扰,为的是达到"神闲意定"的状态,然后进行创作。味象则是把握事物的精神。有人认为,在中国文化中,形和象是有区别的。《周易》说:"在天成象,在地成形。"形重在事物的实处,而象重在事物的虚处。但笔者以为,并不一定要作这样的理解。象可以是具体的实象,问题的关键在于通过对具体之象的品味,把握具象背后的神情气韵。所谓"超以象外,得其环中"。这其实又和老子的"味无味"思想一致。第一个"味"是动词,第二个"味"是名词。所谓"味",有时候又称品味。早在春秋时代,郑国的史伯论"和",就以"味"来形容声色给人的感觉,他说"声一无听,物一无文,味一无果"。(《国语·郑语》)王充所说的:"言了于耳,则事味于心;文察于耳,则篇留于手。"(《论衡·自纪》)毛苌所说的"味之者无极,闻之者动心"。(《毛诗序》)这里的味,都有体会、品味的意思。钟嵘的诗品更提出了"滋味"说。这些学说,成为中国古代美学理论的有机部分。例如中国艺术都强调形与神、情与景、意与境的对立统一。通过外在的形、景、境,来传达内在的神、情、意。东晋画家顾恺之较早提出"以形写神"、"传神为主"的画论。清刘熙载则说:"山之精神写不出,以烟霞写之;春春之精神写不出,以草树写之。故诗无气象,则精神无所写也。李渔说:"情为主,景是客",都表达了文艺重在传神达情的作用。而"神情气韵"正是"味象"的结果。而具有大写意特征的中国山水画和山水诗词,更加崇尚意境,要求基于现实,又超越现实,传达山水的精神。

当然,诚如一些论者所言,文艺审美中的"澄怀味象"、"滋味说"等思想,与老子的静观、"涤除玄鉴"、"味无味"思想毕竟有所不同。后者更多一点思维体悟,而前者更偏重于想象的作用,这恐怕和两者观照的不同目的及不同对象有关。哲学家的老子所观者为"微妙玄通"的道,它的特点是"道常无名,朴",(三十一章)"道之出口也,淡乎其无味,视之不足见,听之不足闻,用之不足既。"(三十五章)而文艺则重在表达,需要写气图貌,属采附声。所以其所味为象,所达为神,所抒为情。讲究连类比附,与物宛转,重视想象也就很自然了。

结　语

老子无意成为美学家。他讨论美的文字也并不多。对"现象美"似乎贬多于褒,但老子却成了对中国美学思想产生重大影响的人。其主要原因,是老子普在性和超越性的道论具有较为普遍的指导意义,从而被推向了各个方面。由道的玄、朴、无言、无为而无不为等特点,影响到中国文艺的审美原则与创作技巧;而"致虚守静""涤除玄鉴"的观道方法,则直接开出了中国美学的审美胸怀论。这样,老子就在无意中成了中国美学的开创者之一。这既说明老子哲学的巨大魅力,也体现了老子思想的博大精深,具有多方面的指导意义。

体用一如　定慧等持

——试析《坛经》解脱思想与修行观
对《大乘起信论》的发展

摘要：一些学者认为,《坛经》思想在形成过程中,受到过佛教历史上的一些思想,尤其是《大乘起信论》本觉思想、真如缘起思想的影响。这样的立论,自有其道理。本文通过对二者在佛性思想的比较,说明《坛经》的真妄不二、定慧等持思想对《大乘起信论》"一心二门"思想的发展,并分析了由此而来的解脱论及修行方法之不同。

关键词：坛经　大乘起信论　一心二门　体用一如　真妄不二　止观　一行三昧

《坛经》思想在中国佛教各宗中有其独特之地位,既与达摩创宗以来直指人心,见性成佛的禅宗思想一脉相承,又以明心见性、顿悟成佛的理论对中国佛学思想作出了巨大贡献。一些学者认为,《坛经》思想在形成过程中,受到过佛教历史上的一些思想,尤其是《大乘起信论》本觉思想、真如缘起思想的影响。这样的立论,自有其道理。但本文的重点,则是想通过对二者思想的比较,分析二者在佛性思想、解脱论以及由此而来的修行解脱方法之间的差异,说明坛经思想对于《起信》思想的发展深化。

笔者以为,和《大乘起信论》相比,《坛经》思想的发展主要表现在"体用一如,定慧等持"的佛性论与解脱论上,这和《起信论》之"一心二门"思想是有所区别的。所谓"一心二门",指的是"众生心"(又称如来藏自性清净心)。能开出"心真如门"和"心生灭门"。"心真如门"又名"不生不灭门",是从宇宙万有的本体方面说的,"心生灭门"又名"生生灭灭门",是从宇宙万有的现象方面说的。清净的如来藏心如何开出二门来呢,《起信论》认为,那是因为如来藏有不变随缘的功能。所谓不变,即不变的自性绝相,意谓真如本性清净,不生不灭、不垢不净,无有差别之相。所谓随缘,意谓真如不守自性,忽然念起,名为无明,由此而形成生灭变化,显现出千差万别的现象。不变的是体,随缘的是用。"何以故? 是心真如相,既示摩诃衍体故。是心生灭因缘相,能示摩诃衍自体相用故。""心真如者,既是一法界大总相法门体。所谓心性不生不灭。一切诸法唯以妄念而有差别,若离心念,则无一切境界之相。是故一切法从本以来,离言说相,离名字相,离心缘相,毕竟平等,无有变异,不可破坏,唯是一心,故名真如。心生灭者,依如来藏故有生灭心。"[1]《起信论》的作者把真如净性和无明妄念看作是体用关系或不变随缘的关系。而在这一基础上,又提出了净染、真妄不相应的说法。"所言空者,从本以来一切染法不相应故,谓离一切法差别之相,以无虚妄心故。""一切众生以有妄心,念念分别,皆不相应,故说为空。""以过恒河沙等烦恼染法,唯识妄有,性自本无,从无始世来未尝与如来藏相应故。"这种真妄净染不相应的思想,是印度原始佛学与部派佛学的心性思想原有之义。如《舍利弗阿毗昙论》卷二七引用《增一阿含经》云:"心性本净,为客尘染。凡夫未闻故,不如实知,亦无修心。心性本净,离客尘垢。圣人闻知,如实知见,亦有修心。"[2]《异部宗轮论》云:"心性本净,客尘随烦恼之所杂染,说为不净。"[3]窥基的《异部宗轮轮疏述记》解释说:"无始以来心体自净,有其烦恼染,故名染烦恼,非心无始本性,故立客名。"这些文字,都说明本来清净的心性与烦恼不相应,当然,严格说来,《起信论》在真如缘起立场和心性本觉理论上说的不相应,与印度部派佛教等说已经有所区别。客尘烦恼并不是外在的、属于客体的东

---

[1]　高振农:《大乘起信论校释》,第 17 页,中华书局 1992。《起信论》其他引文同出此书。

[2]　《大正新修大藏经》,第 28 册,第 1548 经,第 0697 页,CBETA 中华电子佛典协会。

[3]　《大正新修大藏经》,第 49 册,第 2031 经,第 0015 页,CBETA 中华电子佛典协会。

西,而是真如随缘的结果。所以它与真如既有区别,又有联系。既是异,又是同。"言同相者,譬如种种瓦器,皆同微尘性相。如是无漏无明种种业幻,皆同真如性相。……言异相者,如种种瓦器,各各不同。"所以,《起信论》强调:"究竟离妄执者,当知染法、净法皆悉相待",认为净染皆对待而有。但慧能的思想,又有所发展,在肯定自性本元清净,人心本觉的基础上,在对待真妄、净染等问题上,力倡凡圣不二,真妄不二的思想。反对把净性与染性,真心与妄心,迷与悟、凡夫与佛两分的做法,力倡"即心即佛"。这样,清净原在妄中,"烦恼即菩提"。《坛经》云:

> 善知识,凡夫即佛,烦恼即菩提。前念迷即凡夫,后念悟即佛。前念著境即烦恼,后念离境即菩提。(《般若品》)
>
> 善知识,不悟即佛是众生,一念悟时,众生是佛。故知万法尽在自心,何不从自心中顿见真如本性。(《般若品》)
>
> 佛向性中作,莫向身外求。自性迷即是众生,自性觉即是佛;慈悲即是观音,喜舍名为势至,能净是释迦,平直即弥陀。(《疑问品》)
>
> 明与无明,凡夫见二,智者了达,其性无二。(《般若品》)
>
> 菩提本自性,起心即是妄,净心在妄中,但正无三障。(《般若品》)
>
> 本从化身生净性,净性常在化身中。淫性本是净行因,除淫即是净行身。性中各自离五欲,见性刹那既是真。(《付嘱品》)[1]

在这些文字中,我们可以发现,惠能认为:清净与妄染,烦恼与菩提并非对立的二元,也非体用关系。而是不二无别的。著境即烦恼,离境即菩提。智慧生,烦恼破;清净至,妄染除。"当用大智慧打破五蕴烦恼尘劳,如此修

---

[1] 见《坛经》,湖南出版社,1996,本篇《坛经》引文皆出此书。《坛经》有敦煌本、契嵩本、宗宝本等,本篇引文以宗宝本为据。

性,定成佛道。"凡夫与佛也无差别,只是迷悟不同而已。"若起正真般若观照,一刹那间妄念俱灭,若识自性,一念悟即至佛地。"(《般若品》)到此,体用、能所、本性客尘的差别取消了,本来的清静本性便呈现出来。

所以,在惠能那里,所谓清净自性,所谓实相,乃是无二之性。另一方面,这种清静自性,又能包含万法,生起万法。"善知识,世界虚空,能含万物色相,日月星宿、山河大地、泉源溪涧、草木丛林、善人恶人、恶法善法、天堂地狱、一切大海、须弥诸山,总在空中。世人性空,亦复如是。善知识、自性能含万法是大,万法在诸人性中。"(《般若品》)"自性能含万法,名含藏识。"(《付嘱品》)"何期自性本不生灭,何期自性本自具足,何期自性本无动摇,何期自性能生万法。"(《行由品》)不过笔者以为,惠能所说的自性能生万法,自性能含万法,着重点还是在万法不离自性意义上,所谓"无一法可得,方能建立万法"(《顿渐品》)。这些思想,既与真如缘起思想统一,也与性空缘起的中道观契合。

《坛经》强调不离自性,不执二边的中道观,认为"烦恼即菩提"、"凡夫即佛",这样,明心见性就显得异常重要了。只有明白了真谛的见性之人,才算觉悟,所谓"见性是功,平等是德"。须识自本性,开佛知见。所以惠能提出"无念为宗,无相为体,无住为本"的教法。这一教法,体现了《坛经》解脱思想的核心内容。它既是契入真如佛性的方法,也是依法修行的依据与保证。

　　善知识,我此法门,从上以来,先立无念为宗,无相为体,无住为本。无相者,于相而离相;无念者,于念而无念:无住者,人之本性。
　　于世间善恶好丑,乃至冤之于亲,言语触刺欺拿之时,并将为空,不思酬害。念念之中,不思前境。若前念、今念、后念、念念相续不断,名为系缚。于诸法上,念念不住,即无缚也。此是以无住为本。
　　善知识,外离一切相,名为无相。能离于相,即法体清静,此是以无相为体。

善知识,与诸境上心不染,曰无念。于自念上常离诸境,不于境上生心。若直百物不思,念尽除却,一念绝即死,别处受身。是为大错,学道者思之。……所以立无念为宗。"以上(《定慧品》)

若见一切法,心不染著,是谓无念。用即遍一切处,亦不著一切处。但净本心,使六识出六门,于六尘中无染无杂,来去自由,通用无滞,即是般若三昧,自在解脱,名无念行。若百物不思,当令念绝,即是法缚,即名边见。(《般若品》)

无念无相无住强调不于境上、相上、念上、法上起执著,这一思想也与《金刚经》思想相契合的。《金刚经》云:"应如是生清净心,不应住色生心,不应住声香味触法生心,应无所住而生其心。"又云:"应生无所住心,若心有住,即为非住。"禅宗以《金刚》印心,强调在六尘上不起染著,而非绝念断灭;既非断灭,又要来去自由,通用无滞,不于境上法上起执著。这样,"三无"思想既是解脱的理论指导,又成为一种最好的修行门径。佛教强调"戒定慧",在慧能禅以前,一些宗派已经强调定慧并重、止观双修的主张,但止与观、定与慧在修行顺序与阶段上,还是有所侧重的。或者重视由定发慧,先止后观;或者强调由慧发定,由观入止。如北宗神秀的思想,就较多地保留了传统佛教这方面的思想。他一方面主张"禅慧兼化"(《大智禅师塔铭》),另一方面又认为:"趣定之前,万缘尽闭;发慧之后,一切皆如。"(《大通禅师碑》)"豁然无念是定,见闻觉知是慧,不动是定,此不动即能从定发慧。"(《大乘无生方便门》)。[1]《大乘起信论》情况又有所不同,似乎是传统禅观与惠能禅之间的一个过渡。《起信》并未直接讨论定慧问题,但从其对止观修习的论述中,我们仍可体会它的定慧观。《起信》云:

---

[1] 赖永海主编:《中国佛教百科全书》贰,第295页,上海古籍出版社,2000。

云何修行止观门？所言止者，谓之一切境界相，随顺摄摩他观义故。所言观者，为分别因缘生灭相，随顺毗钵舍那观义故。云何随顺？以此二义渐渐修习，不相舍离，双现前故。若修止者，住于静处，端坐正意。不依气息，不依形色，不依于空，不依地水火风，乃至不依见闻觉知。一切诸想，随念皆除，亦遣除想。以一切法本来无相，念念不生，念念不灭。亦不得随心外念境界，后以心除心。心若驰散，即当摄来住于正念。是正念者，当知唯心，无外境界，即复此心亦无自相，念念不可得。若从坐起，去来进止，有所施作，于一切时，常念方便，随顺观察，久习淳熟，其心得住，以心住故，渐渐猛利，随顺得入真如三昧。…复次，依是三昧故，则知法界一相，谓一切诸佛法身与众生身平等不二，即名一行三昧。

复次，若人唯修于止，则心沉没。或起懈怠，不乐众善，远离大悲，是故修观。……唯除坐时专念于止，若余一切，悉当观察应作不应作。若行若住，若卧若起，皆应止观俱行，止观二门共相助成，不相舍离。若止观不具，则无能入菩提之道。

不难发现，《起信》强调止观共修，止观互成。于一切时都要随顺观察，修习止观。但仍然非常强调静中修止。相对而言，惠能对一行三昧的理解则更具革命性。"善知识，一行三昧者，于一切处，行住坐卧，常行一直心是也。《净名经云》：'直心是道场'，'直心是净土'。……但行直心，于一切法，勿有执著。"所以惠能反对常坐不动，妄不起心的修行方法。"道须通流，何以却滞？心不住法，道即通流。"（《定慧品》）

大乘佛教要求修六度万行，在人间修行，利益人间。《坛经》认为佛法在世间，顿悟之后，更要在人间成就佛果。既要见一切法，又要不著一切法；既要用遍一切处，又要不著一切处，以保任自性，注重在社会生活中解脱。因此惠能反对常坐不卧，住心观净的修行方法。但就修行门径而言，这其实对修行者提出了更高的要求。因为它不是于止中修定,而是于行住坐卧一切处修定。"三无"观正是适应禅宗教法的修行运用。要真正做到"无念无相无住",必须定慧等持。顿悟见性是慧,无住不乱曰定。没有智慧,则不可能得正定,而没有正定,又如何能"念念不为愚痴染",常住智慧,常开佛之知见。因此说定慧一体。"善知识,我此法门,以定慧为本。大众勿迷,言定慧别。定慧一体,不是二。定是慧体,慧是定用。即慧之时定在慧,即定之时慧在定,即是定慧等学。"(《定慧品》)

以上我们比较了《大乘起信论》和《坛经》之解脱思想以及修行方法的一些不同特点,应该看到,这些不同,既是佛教自身发展的过程使然,同时也体现了佛教针对不同时代,不同受众的契理契机原则,反映出禅宗的革命性与创造性。

谨将上述思想,就教于方家。

梦阔水云窄

梦 阔 水 云 窄
——试论梦窗词的艺术张力

梦窗词素以难读难解著称,历来有"碧窗宿雾濛濛"的感叹,因而在对其评价问题上,存在着截然不同的两种意见。誉者以为:"梦窗词奇思壮采,腾天潜渊,返南宋之清泚,为北宋之浓挚";[1]又云:"梦窗密处,能令无数丽字,一一生动飞舞,如万花为春,非若雕璛蹙绣,毫无生气也。"[2]贬者则以为:"南宋到了吴梦窗,则已是词的劫运了。"[3]

对梦窗词的评价为何会如此毁誉参半? 这一点,叶嘉莹教授在其论文《拆碎七宝楼台》中释之详矣。她以为:"一是由于梦窗遣词与叙事的方法都不合于中国旧有传统,二是由于作者之人格价值也同样不合于中国旧有传统的衡量标准。"其论文还对梦窗词的艺术性作了具体的分析,认为作者完全摆脱了传统的理性羁束,因之,在他的词作中就表现了两点特色:"其一是他的叙述往往使时间与空间为交错之杂糅,其二是他的修辞往往单凭自己之感性所得,而不依循理性所惯见习知的方法。"[4]可谓论之凿凿,文详意精。因了此篇论文,大陆遂兴起了一个梦窗研究的热潮。学者们见仁见智,各有所见。但细考诸家之论,也觉得尚有可补充之处,因此也不揣愚陋,提出一些看法。

---

[1] 周济:《宋四家词选序论》,见吴熊和:《唐宋词汇评》(两宋卷)第四册,第 3326 页,浙江教育出版社,2004。

[2] 况周颐:《蕙风词话》,见吴熊和:《唐宋词汇评》(两宋卷)第四册,第 3328 页,浙江教育出版社,2004。

[3] 胡云翼:《宋词研究》,第 150 页,华东师范大学出版社,2004。

[4] 叶嘉莹:《迦陵论词丛稿》"折碎七宝楼台",《南开学报》1983 年第 1 期。

梦窗词具有极鲜明的个性特征和较高的艺术感染力,这一点是相当部分研究者的共识,但是我们以为梦窗词最本质的特点,乃在于一种恰到好处的张力。所谓张力,阿伦·泰特认为"就是我们在诗中所能找到的一切外延力(exetnison),和内涵力(intension)的完整有机体"[1]。因此,好诗便是在"内涵力"与"外延力"这两种极端抗力中存在,成为一种感性意义的综合和浑结。

关于张力在诗中的表现,李英豪说得极详。他说:"音义的复沓,语法相克的变化,诗中的一部分和另一部分或和整体的矛盾对比,感性意义的交相切融,互为表里等等,都是可以增强诗中张力的方法。"他又说:张力存在于散文与诗之间,存在于讽刺与相克的字里行间。存在于意念或观念之间,存在于美与丑之间,……存在于一般与特殊之间,存在于抽象与实体之间……。[2]

那么梦窗词的张力究竟怎样,表现在几个方面呢?我们以为,梦窗词的张力,表现在:

第一,时间的跳跃与今昔暗转。

在读梦窗词的过程中,我们常常会发现:今与昔已经融为一体,今人的感慨,恰恰就是古人曾有过的惆怅;而古人的依依陈迹,又似乎暗寓着今人的归宿。在他的词中,时间已成了沟通今昔的桥梁,它沟通了往古和未来,沟通了幻想和现实,沟通了此岸和彼岸。于是在虚幻与真实、已往与现实相对照的截然矛盾且又惊人一致中间,便形成了张力。

请看他的代表作《八声甘州·陪虞幕诸公游灵岩》:

渺空烟四远,是何年,青天坠长星。幻苍崖云树,名娃金屋,残霸宫

---

[1]　Allen Tate, *The Man of Letters in the Modern World: Selected Essays*, *1928 - 1955*, Meridian Books: 1955.

[2]　李英豪:《论现代诗之张力》,大华书店,1969。

城。箭径酸风射眼,腻水染花腥。时靸双鸳响,廊叶秋声。

宫里吴王沉醉,倩五湖倦客,独钓醒醒。问苍波无语,华发奈山青。水涵空,阑干高处,送乱鸦斜日落渔汀。连呼酒,上琴台去,秋与云平。

此词为梦窗居吴时所作。词一开头"渺空烟四远",貌似劈空而来,实则由眼前景引起,但就在他与四远的苍烟猝然相遇的一刹那,视觉便模糊了,时间仿佛不存在了,"是何年,青天坠长星"。随着古今的融为一体,当年的景象便又一幕幕重现在眼前。一个"幻"字领起下文,而"苍崖云树,残霸宫城"几句,全为幻觉,无一是真实,却历历如发生于目前。作者似乎又看到了采香径畔如云的游女,馆娃宫里对镜梳妆的西施,甚至还似乎听到了宫女们正拖着木屐在长廊上缓缓走过,踩出一串串空空的回音;猛一抬头,发现却原来是廊外的树叶和着秋声正簌簌落下。然而,当你甚至还来不及清醒一下,幻觉重又浮起,画面跳回到一千多年前,"宫里吴王沉醉"三句,通过一醉一醒两个截然不同的画面,幻化出吴越两国的一代兴亡图,我们似乎正与作品中的主人公一同叹息。"问苍波无语"到"连呼酒,上琴台去,秋与云平"几句,作者的思绪一下子跌回现实,当年盛事,已付诸天上之乱鸦与江中之渔火,而留下的,却是一种无边的哀愁。此词中,相隔一千多年的事情在同一时间上演,古人之伤时与今人的悼古已融为一体。今昔矛盾已经在一种悼古伤今的巨大的情绪中得到了统一。正是在这种对立与统一之中,在真与幻、醉与醒、古与今的矛盾之中,一股巨大的抗力(张力)产生了。它已不仅仅是一篇后人追念前人的悼往之作,还暗示着前人排演过的种种活剧,今人正在重演着。作者的感伤也就是一千多年前独钓醒醒的范蠡的疑惑,而前人的悲剧结局正是后人的当然归宿。这里,一种无可排遣的广漠痛苦,纵然连呼酒,上琴台去,又岂能稀释少许!词人在作品中表现出来的对现实人生的切肤之痛与悼古伤今的感慨浑成一体,达到了所谓的内涵力与外延力的有机结合,这就是艺术的张力。

又如他的《惜秋华·重九》:

细想残蛩，傍灯前似说，深秋怀抱。怕上翠微，伤心乱烟残照。西湖镜掩尘沙，翳晓影、秦寰云绕，新鸿、唤凄凉，渐入红萸乌帽。

江上故人老。视东篱秀色，依然娟好。晚梦趁、邻杵断，乍将愁到。秋娘泪湿黄昏，又满城、雨轻风小。闲了，看芙蓉、画船多少。

词一开头，就通过具有特定象征意义的某些景物暗示出这是秋夜，作者正一灯独坐，倾听着细蛩如泣如诉的悲吟，似乎它们正在抒发悲秋的怀抱。"怕上翠微，伤心乱烟残照"，时间又似乎跳到了傍晚。"西湖镜掩尘沙，翳晓影、秦寰云绕"两句，又是白日西湖之景。下阕同样具有时间跳跃的特点，一会儿是"东篱秀色，依然娟好"和"看芙蓉、画船多少"的白天，一会儿是"秋娘泪湿黄昏"的傍晚，再一会儿又是"晚梦趁、邻杵断"的半夜，这里并无时间的先后可言，完全摆脱了理性的束缚，一以情绪的流转为主线，缘情布景。重阳之景与事遂都带上作者的主观色彩。此词通过情绪的流动来整合时间，在个别意象的矛盾和整体情绪的统一中，艺术张力得到了很好的体现。

因此，我们可以发现，时间的跳跃，今昔的交叉，确为吴词的一个显著特点，正是在这种时间的暗中流转或者索性隐去的背景下，现实与往古，真与幻，在局部对抗中融为一体，而痛苦感叹也变得更加深沉，它往往凝聚了几千年，甚至有生民以来人类的共同痛苦，因而具有强大的心灵穿透力，表现出诗歌的一种内在张力。

第二，空间之自然灵动的转换。

前面我们已经分析过，梦窗词具有时间跳跃强烈、今昔幻化的特点，但我们知道时间与空间是不可分的，一定时间总是空间中的时间，一定空间也一定是某一时间里的空间，所以梦窗词的空间也不能不经常地随着时间的变化而改变。另一方面，梦窗又有意地转换空间，来达到某种艺术效果。

上举《八声甘州》便具有这样的特点。上阕起首三句，绘出现景，为一作者登临之空间,后五句以幻字领起,空间暗换。"时靸双鸳响,廊叶秋声",则景物又换,空间再次改变。下阕也具有这样的特点,首三句,为一空间,"问苍波无语"至"秋与云平"场景与空间屡变。这里,我们不难看出,梦窗词运用空间构筑的表面矛盾,增强了词的抗力(张力)。这样,他的悲愁与感慨便不再局限于一时一地,而是一种幕天席地,充塞于整个天地之间的悲愁,词的内涵力与外延力便大大加强了。这样的表现,在梦窗词中是不胜枚举的。让我们再来看看他的《浪淘沙·灯火渔中船》:

> 灯火渔中船。客中縠绵,离亭春草又秋烟。似与轻鸥盟未了,来去年年。
>
> 往事一潸然。莫过西园。凌波香断绿苔间。燕子不知春事改,时立秋千。

我们仔细分析一下的话,就会发觉,词里的空间多次在转换:"灯火渔中船"为一景,构成一个空间;"离亭春草又秋烟",一句便构成两个空间;"西园"又为一空间。这里,作者仿佛一会儿在说春光,一会儿又在说秋烟,一会儿是雨中夜泊,一会儿又是西园香杳,似有凌乱交错之感。其实,这种缘情布景的方法,正有其独到的表现力。旧梦西园,凌波香杳,则劳薪伤足,自伤自怨之怀抱可见;离亭春秋,江湖交泊,则天涯孤旅;他乡日暮之情怀,何等可伤!几者叠加,则感痛又何如耶?又岂必拘于一时一地?正是这种空间的调动,使情感高度凝练,达到了喷薄而出的境地,在空间构筑的表面矛盾与情感表现高度一致的对立统一中产生出张力,显示了极强的动感。此外,如《高阳台·落梅》《齐天乐》等词,都具有这种相同的艺术特色。

以上我们分析了梦窗词时空转换的特点,笔者以为在这种时间与空间的转换中体现了艺术张力。但这种表现手法,往往不符合思维的逻辑,也不太符合于一般人的审美方式,因此就会遭到一些讥议。但笔者以为,这种创作手法在心理学上是有其根据的,因为诗所创造的并不是生活的真实。正如苏珊·朗格所指出的,"任何一个艺术家,不管他是诗人,还是画家、音乐家、舞蹈家或其他艺术家,他创造出来的永远是一种幻象。"[1]所以,诗的真,并不是一种自然的真,"它包含的是一种变了形的现实,……这一变了形的现实实际上是一种短暂的时间片段,在这一时间片段中集中了许许多多互相矛盾的然而又互相混融在一起的强烈的情感意识。"[2]用这段话来解说梦窗词的时空转换,竟是那样的恰到好处。

第三,喻体的对立和情景的既谬且真。

梦窗词给人的另一个感受很深的地方是,就比兴而言,比体与兴体(这里的比体和兴体指比兴本事的喻物而非体裁)往往采用矛盾的景象与情境来增强诗词的感染力,产生出一种抗力(张力)。

如梦窗词中的"藕丝空缆宿湖船,梦阔水云窄"(《好事近》),"霜饱花腴烛,人消瘦"(《霜花腴》),"词韵窄,酒杯长"(《夜合花》),"薰风燕乳,暗雨梅黄"(《藻兰香·淮安重午》),"叹沧波。路长梦短,甚时到得"(《解连环》)等,作者通过本体与喻体之间、喻体与喻体之间意义上的对立,构成了本喻事物之间在性或量上的巨大反差,增强了作品的表现力。

与这种喻体或本体的对立相一致,另一种特色便是情景的既谬且真。如:"酒钟铿,贮愁多少"(《天香·蜡梅》),"征衫贮,旧寒一缕,泪湿风廉絮"(《点绛唇》),"垂柳不萦裙带住,漫长是,系行舟"(《唐多令》),"柳丝系棹,问阊门自古,送春多少"(《扫花游送春古江村》),"藕丝空缆宿湖船,梦阔水云窄"(《好事近》),"秋娘泪湿黄昏"(《惜秋华·重九》)等。初看之下,他的修辞岂不荒诞:酒钟焉能贮愁,藕丝当然挂不住行舟;阊门无情,岂解送春,

---

[1] 苏珊·朗格:《艺术问题》,第 141 页,中国社会科学出版社,1983。
[2] 苏珊·朗格:《艺术问题》,第 147 页,中国社会科学出版社,1983。

蝴蝶频扑秋千,不为纤手香凝。然正因为作者打破了真与谬的界限,才造成了既真且幻、亦真亦幻的艺术境界,形成真与谬的对立统一。这样,无情的阊门垂柳似乎染上了作者的悲伤,藕丝也明白替主人留住行舟。于是,作者的沉痛,便通过景物传达出来,使万物皆着我之色彩,这便是既谬且真所形成的张力的作用。

第四,意象重叠原理。

梦窗词的再一个特色,便是意象的重叠与特殊组合形式。正是在这种意象的叠加与组合当中,艺术的张力得到了进一步的表现。

当然并非所有意象的堆积都能产生张力。只有当这些叠加的意象是有机结合的,换言之,只有当这些意象在情感与意义上是互相补足的,在表现力上互相扩张,一个意象涵盖面增强的同时并不使别一个意象的涵盖面削弱的前提下,这样的意象重叠才是有效的,才具有较强的内涵力与外延力。

梦窗词的各种意象叠合浑然一体,在他的作品中,这样的例子俯拾皆是。如"新烟初试花如梦,疑妆楚峰残雨,茂苑人归,秦楼燕宿,同惜天涯为旅。游情最苦。早柔绿迷津,乱莎荒圃。数树梨花,晚风吹堕半汀鹭"(《齐天乐》)。其中"游情最苦"后面几句,一连用几个意象,构成意象叠合,状出天涯孤旅的游情苦况。所谓"离恨恰如春草,更行更远还生"(李煜《清平乐》),方当处于柔绿迷津,耳闻杜鹃声声之时,则其怨怀若何耶;而野水荒山,草乱花零,则天涯人老,归梦迢迢,此情何以克当。更有那数树梨花,缓缓飘下,惊起半塘鸥鹭,则春光渐老,人世蹉跎,孰为愁人理乱丝也哉?又如《高阳台·丰乐楼分韵得如字》《朝中措·题阑室道女扇》《天香·蜡梅》等,都有类似的特点。今试以《高阳台》为例,分析一下这种特点。

高 阳 台

修竹凝妆,垂阳驻马,凭栏浅画成图。山色谁题,楼前有雁斜书。东风紧送斜阳下。弄旧寒。晚酒醒馀。自消凝、能几花前。顿老相如。

伤春不在高楼上,在灯前敧枕,雨外薰炉。怕舣游船,临流可奈清癯。飞红若到西湖底,搅翠澜、总是愁鱼。莫重来,吹尽香绵,泪满平芜。

此词为丰乐楼分韵而作,前五句写登楼所见。"修竹凝妆"三句,为俯视所见,点明丰乐楼所处之背景为繁华佳丽之地。"山色谁题"两句,点明时令正值南雁北飞,而山景又美丽如画。接下来,"东风紧送斜阳下"四句,言春景如此,光阴难留,杯中日月又复不长,于是顿生红颜暗老之感。转头处笔意陡转:"伤春不在高楼上"五句,实为五个意象之叠合,然而并不显得拖沓和牵滞,相反使情感更加深化。"伤春不在高楼上",非也,其实,伤春正在高楼上,然而又不止于高楼之上。又在春夜敧枕,寒灯独对之时,复在红烛香满,雨滴残阶的夜晚,更在长亭送别,南浦舟远的场景之中。这就使得伤春怀秋之感,不再局限于一时一地,而成为一种普遍的心态,不同情境的意象之叠合促成了张力之弥漫。

戈载《七家词选》云:"(梦窗词)以绵丽为上,运意深远,用笔幽邃,炼字炼句,迥不犹人,貌观之雕缋满眼,而实有灵气行乎其间。细心吟绎,觉唯美成、方回,引人入胜,既不病其晦涩,亦不见其堆垛。"真知言也。何为"雕缋满眼",笔者以为即梦窗之意象叠合。论者不知其妙,故以此称之,何为灵气,笔者以为就是梦窗的那种以忧伤为基调的情绪流动,一种绵邈高远的神韵流转。

第五,缘情布景与景起景收结构。

前面屡次提到,梦窗词具有缘情布景的特点,其实,古人早已认识到了。贺裳《皱水轩词荃》云:"触景生情,复缘情布景,节节转换,秾丽周密,譬之织锦家,真窦氏回文橥也。"这一段话,很好地说明了梦窗词的特点。梦窗大部分词的结构又往往表现出景起景收的特点,这两者看起来似乎有点矛盾,而梦窗却处理得很好。我们再以作品为例分析:

玉 漏 迟

絮花寒食路。晴丝胃日。绿阴吹雾。客帽吹风、愁满画船烟浦。彩挂秋千散后,怅尘锁,燕帘莺户。从闲阻,梦云无准,鬓霜如许。

夜久绣阁藏娇,记掩扇传歌,剪灯留语。月约星期,细把花须频数。弹指一襟怨恨,漫空倩,啼鹃声诉。深院宇。黄昏杏花微雨。

此词起处,寥寥数笔,便为我们勾勒出一个春日送别的画面,所写看似眼前景,实则从"絮花寒食路"到"愁满画船烟浦",为追忆当年送客情景。作者并没有道出一个"送"字,而是通过一连串富有象征意义的景物,告诉我们他在送客。描写笔轻辞丽,情韵深长。接着,"彩挂秋千散后"到"鬓霜如许",为佳人去后情景,着眼已在目前。下阕从"夜久绣阁藏娇"到"剪灯留语",又是回忆,当年情景,一一如在目前。"月约星期"到"黄昏杏花微雨"又回到了现实之中。所谓"月约星期"者,怅归舟之迢迢也,"花须"句与"试把花卜归期,才簪又重数"(辛弃疾《祝英台近·晚春》)句意相同。"啼鹃声诉"几句,积感重重,所听者唯有杜鹃耳。由此可见,此词确有缘情布景的特点:目光猝然与春景相接,因而忆及芳春送客,由送客而想到客去之后音信无凭,由音信无凭又念及当日良辰美景,而佳期难再,故托之于黄昏微雨与夫山中之杜鹃。但更可注意的,还在起结两处。开头先通过"絮花寒食路","晴丝"、"绿阴吹雾"等极富象征意义之景物,为下文芳春送客,忆昔追往等情绪的发展和流动烘托出气氛。结处则用景物收场,起到情怀绵绵,传神空际之效果。即通过"景—情—景"的反馈式结构,见出张力。因为"景—情—景"的结构造成意义上的交相切融和结构上的复沓相克,于是便有了一种内力(即艺术张力)生成。此后,每当黄昏微雨,其感伤将如何耶?真所谓才人伎俩不可测了。

以上我们试图从艺术张力的角度来分析梦窗词的艺术特色,恐多谬处,望能得方家之匡正。

化民成俗：民俗学的重大课题

（一）什么是民俗学

民俗学这一名词提出至今不过一百多年的历史，然而关于这门学问的研究对象究竟是什么这一问题，却已是众说纷纭，莫衷一是了。英国学者认为，"民俗学"是一种区别真正的民间传承和模仿的或加工的传承的一种学问。日本学者则认为，"民俗学"乃是通过对古代传流下来的传说和习俗的研究，理解人们生活之变迁的过程，用以弄明白过去文化情况的一门学问。而前苏联的学者则较偏重于民间艺术的研究。之所以会产生这些不同见解，其原因在于对"民俗学"这门学科中"民俗"的理解不同所致。例如在英国，民俗一般指一个国家或一个民族其固有的、纯粹的、未经篡改的、未为外来东西所掺杂的一代代流传下来的民间故事、习语、风俗以及民谣、民舞等。而在日本，民俗通常是指那些具有地方性和历史性的独有特点的民间生活方式和风俗。在德国，则指的是民间传统的信仰、民谣以及劝世良言、民间故事等。美国的民俗，则常让人想起那些披着长发的民间歌手，或者那些为年轻人讲述美国历史传说的满头白发的长者。[1] 由于概念的不一致，所以大家虽然似乎在谈论同一个话题，却难免南橘北枳，怎么也谈不到一起来。

为了解决这个难题，著名民俗学家阿兰·邓迪斯不惜采取分项列举的办法。他说"民俗包括神话、传说、民间故事、笑话、谚语、谜语、圣歌、符咒、祝语、诅咒词、誓言、辱骂、反驳、嬉笑怒骂、戏谑逗弄、祝酒、绕口令、问候与送别用语，也包括民间信仰、民间医药、民间器乐、民歌、方言、民间比喻等。有关

---

[1] 见张寿祺：《论民俗学的本体结构》，陈勤建编：《当代中国民俗学》，上海文艺出版社，1988。

这些相关资料即民俗,而对资料的研究即为民俗学"。[1] 这种分项列举法也许自有其意义,但其局限性却显而易见。首先,这种列举法并不能穷尽民俗的全部外延。其次,很多选项必须给予某种界定,才有讨论的意义。如谜语、反驳、誓言、民间器乐、民间医药等,并非在什么时候都属于民俗学的研究对象。一个民间乐师在演奏的时候,他更多的是考虑旋律的优美而非传承性。所以民俗学研究究竟应包括哪些内容,仍旧不甚清楚。

笔者以为,既然民俗学的确立和民俗的内容有关,那么我们就应从民俗的内涵和外延入手,先确定民俗学的研究对象。所谓民俗,应从"民"和"俗"两个方面来讨论。"民"是"俗"的发生者和主体,而"俗"是民的行为的程式化。对"民"的认识,过去很长时间内人们将之理解为乡民,或文化层次较低的下层民众,后来虽然将"民"的概念扩展至城市的普通百姓,但对于其他阶层,或知识阶层中是否有"俗"则语焉不详。其实,不仅各行业各有其俗,各阶层也自有其俗。如在古代,士大夫中间就存在投壶、联句、结社、"孵茶馆"等习俗。而帝王将相更有祭祀天地等礼俗。现代知识分子则有结社、雅集、欣赏高雅艺术等习俗。因此,"民俗"的承担者应是全体人民,民俗即人俗。

接下来谈谈民俗之"俗"的问题。过去有人认为"俗",即为现代文明社会中古文化的残存物,如古老的礼貌、习惯、仪式、迷信、歌谣等。而现代人对民俗的理解则要宽泛得多,认为文化和生活的传承过程即构成俗。美国学者甚至认为,某种技艺由一个人传给另一个人,即成为俗,日本等国的民俗学家则认为,民俗的范畴应扩展至人类社会生活的各个方面。举例来说,房屋的建造样式、捕鱼工具的结构、农作物的栽培技术都可以成为研究的对象。研究领域的扩大,本身并不是坏事。但我们也必须清醒地意识到,生产方式、生产技术本身并不是民俗,如果一种技术考虑的仅是提高效率,那它应该是科技史研究的问题。只有当这种研究并不局限于纯技术的研究,而涉及人民的

---

[1] 阿兰·邓迪斯:《什么是民俗》,《世界民俗学》,上海文艺出版社,1989。

思维习惯、文化积淀、心理机制、传承手段等层面时,它才成为俗。以传统民居为例,它称得上是传承行为的范例,但民俗学家在研究民居的时候,他看到的并不仅仅是建筑学意义上的房屋的结构特点,他还应该看到诸如信仰、观念、生活习惯等对房屋的综合性影响。例如湘西土家族的吊脚楼,全部或部分的楼体悬在空中,就地取材,冬暖夏凉,无疑符合建筑学原理,但令专家们更感兴趣的是,有相当一部分的吊脚楼临溪而建,这在汉地是不可想象的,因为这不符合古代汉地的风水学说,如此大胆的设计,必定有其地方的信仰作为依据。[1] 由此可见民俗学研究的主要对象应是文化观念的传承和演变以及其中的心理因素,而非一切社会现象。所以我们在拓宽"民俗"之"民"的同时,似应小心地对"民俗"之"俗"作一些限制。否则,民俗学将变成一门包罗万象的学科,从而失去其独立性。

（二） 民俗学研究的当务之急

一个学科,只有注重现实关怀,才会有生命力。换句话说,学问应能解决实际的问题。然而长期以来,由于学术传统的影响,很多学者热衷于形而上之思考,忘却了学术的真正使命。民俗学作为一门学科,当然也有一个应用性的问题。笔者以为,民俗学学科的当务之急,乃在于化民成俗,促进精神文明建设。这一点,自孔子以来的历代知识分子以及统治者,都有清醒的认识,并作了卓有成效的工作。古代的一些有使命感的知识分子,以道自任,为官一任,造福一方,将大文化的观念,灌输到小文化中去,并和礼俗、民俗相结合,从而化民成俗。《论语》云:"君子之德,风;小人之德,草,草上之风必偃。"(《颜渊》)孔子所提倡的礼教,其实也需以民俗为载体,所谓礼俗是也。他说:"礼云,礼云,玉帛云乎哉。乐云乐云,钟鼓云乎哉。"(《阳货》)礼乐是一种仪式,但其意义远不止于此,它通过一种不断重复的形式,来培养和强化某种观念。我国历史上的家族、亲族民俗,乡村社会的民俗,节日民俗,往往

---

[1] 参见张良皋、李玉祥:《老房子》丛书,江苏美术出版社,1993。

具有这种特点。如春节的团拜活动、祭祀礼仪、乡规民约等。在这些活动中，人们的家族观念，恭敬之心得到了强化。向来不语怪力乱神的孔子，对祭祀却非常重视。他说"祭如在，祭神如神在"。目的无非也是要培养人民的恭敬之心。儒教的这套作法是极其成功的。正由于此，才能"礼失求诸野"。当代表大传统的上层文化随着社会的动荡而遭受重大打击时，小传统中却仍保留了较多的上层文化观念，从而为文化重建及政权重建提供模板。不仅如此，即使在社会相对稳定，政治相对清明的时代，小传统也会以其业已形成的价值观，对大传统中的一些不符合规范的行为或观念的东西诸如腐败、上下失序、异端思想等进行修正，调整。所谓"上以风化下，下以风化上"是也。近日正在播出的电视连续剧《水浒》，也体现着这样的特点。表面上看来，一批不满黑暗现实的江湖义士，聚集在替天行道的大旗下，和朝廷对抗。其实宋江等人对抗的并非封建制度和皇帝，而是传统文化中的异己力量，如奸臣当道、贪污腐败等。这个"天"乃是正统观念。中国封建社会历两千多年而不毁，正与融观念于礼俗这种特点密不可分。

今天，我国的经济结构、文化形态正处于转型时期，许多价值需要重估，许多观念需要重审，而有利于社会主义发展的新道德观，新价值观一经确立，就应加以弘扬。例如在封建社会，生产行为是小范围的活动或个人行为，与之相应的民俗也就总离不开生产礼仪、生产习惯、生产禁忌等。但今天，我们从事的是社会化的大生产，不仅需要个人的认真工作，而且需要很多人精诚合作，这就有了强调职业道德和敬业精神的必要。培养职业道德，教育固然是一种手段，却也不是唯一的手段，各行各业都可以通过树立一批楷模，举办一些职业节日等活动来培养对职业的自豪感，认识职业道德的重要性。这种方法就是民俗学的方法。我国古代学子必拜孔子，木匠必敬鲁班，其实也是通过信仰礼俗来培养人们的敬业心。另外，我国目前正在大力发展商品经济，信用和契约的观念也是需要着重强调的，这同样可以运用民俗学的手段来培养。像举办评选最差活动、创立打假节等，对不讲信用的行为进行抨击，利用民俗活动培养人们的商业道德。再者,随着商品经济的发展,某些仍具有积极意义的传统道德如急公好义,助人为乐等受到冲击,出现了认钱不认人的现象,这种风气则应改造。可见,民俗学在精神文明建设方面应该是大有可为的。可喜的是,由于民俗学家的努力,民俗学的重要性已为越来越多的人所认识,而可惜的是,这种认识常常停留在经济层面上,于是有了所谓"文化搭台,经济唱戏"的说法,借民俗活动来促进商业活动。于是有了"旅游节"、"服装节"、"桂花节"等活动。另一些近年推出的较有意义的节日如教师节、敬老节,则开掘不够,未把文章作足。须知教师节并不仅仅是教师的节日,而应体现出社会对教师的关爱;重阳节也不仅仅是组织老人登高或旅游,而应培养全社会的敬老风气,其对象反而应是社会上的非老龄人口。利用民俗的社会功能来促进社会主义精神文明建设,这正是我们的努力方向。

(三) 民俗学的前景

既然民俗学可用来促进社会主义物质文明和精神文明建设,那我们就应该付诸行动,让民俗学承担起"化民成俗"的使命。其实,早在二三十年代,就有一些具有远见的学者,自觉地用民俗来为现实服务。著名学者费孝通所作的江村调查,便是一种着眼于实际的研究,为的是解决中国的农村问题。马林诺夫斯基在《江村经济》序言中对费孝通的工作作了高度评价。他说:"研究人的科学必须首先离开对所谓未开化状态的研究,而应该进入对世界上为数众多的,在经济和政治上占重要地位的民族先进文化的研究。"人类学应该真正"为人类服务",反对"好古、猎奇和不切实际"。[1]

另一位学者梁漱溟则不仅在理论上积极倡导,而且在行动上作了尝试。他有一句名言叫"认识老中国,建设新中国",可谓他的一贯主张。他一再强调,"我无意乎学问,我不是学问家,以哲学家看我非知我者。"而最愿意接受

---

[1] 费孝通:《我对自己学术的反思》,《读书》1997 年第 9 期。

社会改造运动者的称号。[1] 他认识到中国文化有融政治法律于道德礼俗之中的特点，这种文化与西方文化相比，既有长处，也有不足。西方人的公共观念、法律习惯、组织能力、法律精神都是中国人所缺乏的。因此他在农村进行了"乡治社会"的实践。从1927年起，先后在广东、山东等地进行乡治实验，创办乡村实验区，并撰写了《中国民族运动之最后觉醒》《乡村建设理论》等著作，试图将文化改造落实到实处。其具体内容包括：生产资料国家所有，分配社会化；发展农业，消灭城乡差别；社会和谐，人为主体；伦理本位；民主政治；政教合一等，不尚法律和暴力，而代之以新礼俗。新礼俗既是意识形态，又是政治规范。以今天的眼光来看，梁漱溟这一运动未能成功，一是由于他的理论缺少进一步的论证，且和世界潮流不合；二是忽视了当时中国内忧外患的现实；三是他希图全盘解决中国的问题，而不是从点滴入手，这样，他的行动就难免有理想化之嫌。但是他的热心社会改造，不好空谈的精神，却是值得敬佩的。且他从民众入手，笔者以为是极其正确的。另外，晏阳初、熊佛西等学者则从文化教育的化民成俗做出了各自的努力。

今天，国家处于大发展时期，也是经济文化的转型时期，学术之热闹已非昔日可比，民俗学的前景也充满光明。我认为民俗学要有所作为，应从大处着眼，小处着手。所谓大处着眼，是指学者应该意识到民俗学的最终目的还是服务于社会，所以要从提高整个社会的精神层次考虑。所谓小处着手，有两方面的含义，一是民俗学应研究日常生活中人民的心理特点，了解人民的民俗行为、所思所好和心理习惯，以便加以积极的引导；二是要从现实生活入手，将先进思想、精神文明的内容贯穿于民俗活动中，建立新民俗。例如，中国的饮食文化向负盛名，讲究美食当然无可厚非，但当它一旦和公款吃喝、暴饮暴食相结合，那么就有一个腐败和浪费的问题。这当然不是民俗学能够解决的，然而现象本身却有个"俗"的问题，国外也有腐败，却未必如此表现。

---

[1] 见梁漱溟：《中国文化要义》，上海人民出版社，2005。

民俗学不应该过分地关注奇风异俗、巫术迷信等东西。由于处在改革开放这样一个较为特殊的时期,因此社会上出现了这样一种情祝,一边是一些符合时代要求的新观念、新道德尚未成为人们的共识,另一边却是传统道德中某些优良传统正在逐渐丢失。研究和解决这些问题,不应仅仅是社会学家、道德教师的责任,民俗学与有责焉。这既是民俗学的重大课题,同时也是民俗学的前景所在。

理想中国的图画
——伏尔泰的《中国孤儿》

伏尔泰(1694—1778),法国启蒙时期的哲学家、史学家、文学家,本名弗朗索瓦-玛丽·阿鲁埃,一生创作了 50 多部剧作。1775 年 8 月 20 日,他的《中国孤儿》一剧由法兰西喜剧院正式公演,一时轰动了巴黎。一位剧作家甚至这样描写当时的演出盛况:"举国都来了,上演伏尔泰的这出悲剧是件国家的大事。"[1] 到了 19 世纪,该剧更是声誉卓著,演出场次高达 190 场,而在 20 世纪,又于 1918 年、1965 年两度公演,可谓一时盛事。

伏尔泰创作《中国孤儿》,非其一时兴之所至,而和他与中国的渊源有关。该剧在法国的上演,也并非偶然事件,实与当时中西文化的交流状况有关。所以我们在此有必要回顾一下此前中法文化交流的历史。

从 16 世纪中期开始到 18 世纪后期,随着新航路开辟等因素,欧洲的资本主义进入了一个新纪元。而资本主义的发展,也刺激了文化的繁荣和宗教的兴盛。东西方之间交流的条件比以往任何时候更为充分。因此,这是一个发现新世界和海外殖民、文化交流、侵略掠夺交织在一起的时代。但在这一时期,欧洲人对中国的了解,大部分应归功于传教士的工作。

16 世纪宗教改革正在欧洲发生,弘教的使命感促使传教士向欧洲以外的地区传教。新航路的开通,使这种愿望成为可能。罗马天主教会出于遏止新教扩张浪潮的需要,也产生了这种强烈的愿望,它使这个旧的教会焕发出了新生命,并促进了新式教派的问世。耶稣会即为一例,它于 1534 年由巴黎大学的一小群热心分子创办。同中世纪其他教会不同,耶稣会成员更关注拯

---

[1] 孟华:《〈中国孤儿〉批评之批评》,《天津师大学报》1990 年第 5 期。

救别人,而不是隐修生活。[1] 1540 年,罗耀拉(S·Ignatius de Loyola)等 9 名教士,在罗马觐见教皇,立誓"以护教为心,崇敬为念,苟奉谕旨,地不分遐迩,人不论文蛮,万里长征,片时无缓,此心此志,睿鉴及之",随后派人到中国传教。1552 年,沙忽略(Francois Xaviers)到广东传教,这一年被认为耶稣会到中国传教之始。之后,又有范礼安(Alexandre Valignani)和罗明坚(Michel Ruggieri)、利玛窦(Matthieu Ricci)、龙华民(Nicolas longobardi)、金尼阁(Nicolas Trigault)、邓玉函(Joanners Terrenz)、汤若望、南怀仁等来华。此外,还有方济各会、多明我会、奥斯定会、外方传教会等也派人来华传教[2]。这些传教士初来中国(皆在明清之际),无疑都会碰到文化沟通的问题。中国文化是不同于西方文化的异质文化,因而欧洲传教士在中国的传教始终遇到顽强的阻碍。这种阻力与其说来自中国人固有的夷夏之辨,或者说来自封建统治者的思想专制,不如说来自文化隔阂更为确切。因此,传教士初来中国之时,往往不得不调和天主教义与孔子学说,以寻找两者的共同点。当初利玛窦甚至儒服入京,便是这种调和的体现。一时间,传教士们研究中国学术、文化和宗教蔚为时尚。而这些研究成果,随着传教士和欧洲各教会之间的书信往来,逐渐传回欧洲,影响到欧洲的学术界对中国的认识,并形成了较早的也是影响深远的欧洲人的中国观。

在这些传教士中,最值得大书一笔的是利玛窦。他不仅进入了中国政治结构的上层,而且对中国政治、文化与社会的描写在西方产生了很大的影响。另一传教士金尼阁(1577—1628)称:"在欧洲,它(指利玛窦的著作)对文学、科学、哲学、宗教以及生活方式的影响可能比 17 世纪其他任何历史著作要大。"[3]在利玛窦的日记中,他向我们介绍了中国的政治体制:"标志着与西

---

[1] 雷蒙·道森:《中国变色龙》之三"中国与耶稣会传教士",海南时事出版社,1999。

[2] 忻剑飞:《世界的中国观》第五章"世界走向中国",学林出版社,1991。

[3] 《耶稣会士利玛窦神甫的基督教远征中国史》,转引自雷蒙·道森:《中国变色龙》。

方的一个非常引人注目的不同的另一重要事实是,整个帝国是由文人学者阶层即通常称作哲学家的人统治的。"[1]他也在书中隆重向欧洲介绍孔子和儒家经典。他说:"中国哲学家中最为有名的一位是叫做孔子的人。这位博学的伟人诞生于基督纪元前五百五十一年,享年七十余岁,他既以著作和授徒也以自己的身教激励他的同胞追求道德。他的自制力和有节制的生活方式,使他的同胞断言他远比世界各国过去所有被认为是德高望重的人更为神圣。的确,如果我们批判地研究他那些被载入史册的言行,我们就不得不承认他可以与异教哲学家相媲美,而且还超过他们中的大多数人。"[2]

　　利玛窦以后,又有很多传教士来到中国,他们继续不懈地介绍中国的情况。于是在 18 世纪,便有了所谓"三大名著"的出版。其一为《耶稣会士通信集》,这套 34 卷的巨著,由卢歌比安(Chalres Le Cobien)、杜赫尔德(Tean Baptiste Du Halde)、柏都叶(Louis Patouillet)等逐期编辑而成,于巴黎出版。该书以通信的形式,将观察到的中国政治制度,风俗习惯,历史地理,哲学、工商情况等详加报告,因而成为 18 世纪以后,许多中国学家和对中国文化感兴趣的人们的主要资料来源。其二为《中国丛刊》全集,即关于"北京教士所写的关于中国人的历史、科学、艺术和风俗习惯的札记丛刊",共出 16 卷。这部著作被认为是以耶稣会士为主的教士中国学研究的高峰。再一为《中华帝国全志》,即"关于中华帝国及满蒙地理、历史、年代、政治及物产等的记述",共 4 册,杜赫尔德主编。[3] 该书于 1735 年出版,1736 年海牙出第二版。不久,英、德、俄译本先后面世,影响极大,有"西洋中国学之金字塔"之称。而由耶稣会士马若瑟所译元人纪君祥的《赵氏孤儿》即在其中。

　　上述介绍和研究中国的资料,对中国的礼教和制度不乏溢美之词。对中

---

[1]　《耶稣会士利玛窦神甫的基督教远征中国史》,转引自雷蒙·道森:《中国变色龙》。

[2]　同上。

[3]　《外国研究中国》第 4 辑,中国社会科学院情报研究所编,转引自《世界的中国观》。

国的皇帝也颇多好评。耶稣会士这种态度固然自有他们的理由,[1]但他们的态度对欧洲的启蒙运动产生了积极影响。如赫德森说,欧洲人"找到了一个帝国,像罗马那么古老,至今仍然存在,其人口相当于整个欧洲,没有特权等级、贵族和教会,受制于一个通过一种文官官僚制度进行统治的承受天命的王权"。[2]

中国成了一些欧洲知识分子心目中的理想国。如果说,文艺复兴倡导者所借鉴的文化主要以古希腊古罗马文化为主的话,那么,18 世纪以法国文化为代表的启蒙运动的发起者与倡导者,则开始把眼光投向世界,他们希望以一种较全面的世界眼光,发展和改造欧洲文化。而此时,中国文化和制度,由于传教士们的努力介绍,这时便也成为启蒙思想家关注的焦点。其中赞扬者或批评者都非单纯的个人爱好,而和启蒙运动的进程和思想者们的政治理想有关。当时的法国,可谓弥漫着推崇中国文化的热潮,赞扬者看到了中国文化之长正可以补西方文化之短。而另有少数批评者则看到了中国文化制度、政治礼教中的弊端和局限性,从而提倡在欧洲建立合理的法制社会,反对封建专制。前者以伏尔泰为代表,后者则以孟德斯鸠和卢梭为代表。依据的是同一事实,但立论却迥异。孟德斯鸠从资本主义立法的精神出发,强调自由、平等、公正等观念,强调法律的完整性和独立性。因而对中国社会法律、风俗、礼仪、道德四者相融为一提出批评,虽然他看到正是这四者的结合,大大增强了中国文化抗同化性的抵抗力:"中国并不因为被征服而丧失它的法律,反之,改变的一向是征服者。"[3]但他仍旧对中国的这种情况提出批评。继之而起的卢梭也对中国文化提出批评。而热爱中国文化的伏尔泰则肯定中国人的道德观,肯定中国社会稳定的秩序,肯定

---

[1]　参见《中国变色龙》,作者认为传教士有美化中国以抬高传教价值的用意。

[2]　同上。

[3]　参见孟德斯鸠:《论法的精神》,商务印书馆,1981。

中国人的自然宗教。正是这两种观点的激烈交锋,直接导致了《中国孤儿》一剧的诞生。

正如一些学者和作家所指出的,在法国的思想运动中,中国常常成为辩论的焦点。那时,许多人认为,人类起源于"自然宗教",这种宗教十分单纯、合理,只信仰一个天神,并由此引出道德法则,后来由于迷信的泛滥,这种原始宗教堕落了。在 17 世纪末叶,一位名叫勒孔德(汉名李明)的耶稣会神父曾指出:中国始终保持着自然宗教的纯洁,而代表着这种原始神论,并被视为哲学启蒙思想的楷模人物便是孔夫子(Confucius)。十八世纪的哲学神论,尤其是伏尔泰的理论,标榜返朴归真。[1] 因而伏尔泰是这一观点的赞同者。他说:"这种道德,这种对法的服从,兼之于对人杰的崇拜,构成了中国的宗教,也即帝王和文人的宗教。皇帝开天辟地就是至高的教皇。他能通天,是天地之主宰。他是帝国最伟大的哲学家和说教者,他的法令几乎都是道德准则。"所以伏尔泰认为,"一种宗教可以被归结为一种道德"。中国悠久的历史,高度繁荣的文学艺术,独具一格的法治礼俗相融的政治体系,都令伏尔泰赞叹不已。在《论习俗》第一章里,他指出,中国作为一个古老的帝国,其国家体制历 4 千年而始终昌盛不衰,其法则、习俗、语言及文字、服饰始终未有明显的改变。这种高度稳定的原因就在于这个国家建立在明智的法制和道德的基础上。"子女敬重父辈是中国政府的基础,在那里,文官被视为城乡管理的父母官,而国王则是帝国之父,这种思想深深地印在人们的头脑里,使这个庞大的帝国变成了一个大家庭。"[2]

事实上,伏尔泰对中国文化的推崇,有着很强的实践意义,他是想用中国道德文化的理性宗教来批评当时欧洲的教会。他对当时基督教的分裂,宗教裁判所的专制极为不满,所以他希望用中国的自然宗教来反对天主教,用他

---

[1] [法]勒内·波莫:《〈赵氏孤儿〉的演变》,《天津师大学报》1990 年第 5 期。

[2] 参见《论习俗》第一章,梁守锵译,商务印书馆,2000。

心目中中国的德治社会作为标准来实行他的开明君主专制政治。

如果没有其他因素的刺激,伏尔泰对中国的研究可能会停留在论文和书信中。但是,卢梭的论文《论科学与艺术》的发表,却成了《中国孤儿》诞生的导火线。1750 年,卢梭的应征论文《论科学与艺术》一举获得法国第戎研究院的大奖。在这篇文章中,他强调科学与艺术的复兴无助于道德的完善。相反,它还会"窒息人们的那种天生的自由情操"。作为例子,他也列举了文艺高度发展的中国。"在亚洲一个幅员辽阔的国度里,文才出众者可以飞黄腾达。倘若科学能够净化习俗,教人为国捐躯,使人英勇无比,那么中国人应该是聪明、自由和不可战胜的。可是,种种邪恶全都与中国人有关,种种罪行无一不为中国人司空见惯。既然大臣们的睿智,所谓高明的法律以及众多的人口都未能使这个巨大的帝国免受无知而粗鲁的鞑靼人的蹂躏,贤哲们对这个国家究竟起了什么作用呢? 他们崇高的声誉为这个国家带来了什么呢? 难道就是使他的人民都成为奴才和恶人吗?"[1]

这种看法,与伏尔泰对中国的了解完全不同,自然激起了伏尔泰的义愤,对于这种言论,必须予以驳斥。这时候,伏尔泰想起了曾经在《中华帝国全志》上读到过的《赵氏孤儿》。此时,想必他更能理解这出中国悲剧的含义了。于是他将《赵氏孤儿》改编成《中国孤儿》,来体现"中国精神",同时作为对卢梭观点的回应。他在该剧初版的卷首,附刊了那封著名的给卢梭的信,反驳卢梭关于人类文明和道德之关系的看法,并引用了一个被征服的文明的中国人以道德的力量感化征服者的故事(按:一些学者认为这个故事是伏尔泰杜撰的,但类似的故事确实存在(见《世说新语》或《北史》))。从而开创性地用艺术形式作为论辩的工具。

为了更好地理解《中国孤儿》的内涵,我们有必要对原作和改编作品在

---

[1] [法]勒内·波莫:《〈赵氏孤儿〉的演变》,《天津师大学报》1990 年第 5 期。

剧情、结构、表现方法以及主题方面作一介绍。

《赵氏孤儿》全名《冤报冤赵氏孤儿》,又名《赵氏孤儿大报仇》。情节梗概是这样的:晋国大将屠岸贾与文臣赵盾不和,诬蔑赵盾为不忠不孝的欺君之人,将其满门三百口良贱诛尽杀绝,逼死晋国驸马都尉、赵盾之子赵朔。赵朔死前,给其妻腹中婴儿取名赵氏孤儿,委托门下草泽医生程婴装入药箱救出。为使保护婴儿的程婴无后顾之忧,公主自缢身亡。屠岸贾麾下的将军韩厥,原是赵盾提拔起来的,对屠岸贾残害忠良搅乱强晋非常不满。屠岸贾派他严守府门,以防有人递盗婴儿出门。程婴藏孤出门,被韩发现,韩厥放走程婴,自刎身亡。屠岸贾发现孤儿被救出府门,下令拘杀全国半岁以下婴儿。程婴保护孤儿,来到因对昏君奸臣不满而归隐太平庄的公孙杵臼家中,两人商定了救孤之策,程婴把孤儿当做亲子抚养,而把亲子当做孤儿送入公孙杵臼家,然后向屠岸贾首告公孙杵臼私藏孤儿,屠岸贾逼死公孙杵臼,残害了搜出的"孤儿",认程婴为心腹之人,将程婴所藏孤儿作为亲子。二十年后,孤儿长大,程婴给他取名程勃,教孤儿杀贼报仇。最后屠岸贾被除,忠臣得封。

《赵氏孤儿》的故事,《左传》《史记·赵世家》《新序》《说苑》中均有记载。

而《中国孤儿》的基本情节是这样的:成吉思汗带领他的铁骑征服了大片土地之后,又攻占了北京,他把中国的皇族屠戮殆尽,只有小皇子因朝臣张惕和他的妻子伊达梅的保护而逃脱。成吉思汗为免除后患,下令搜捕这个孤儿。张惕和伊达梅临危不惧,表现出大智大勇的精神,去拯救国家的法定继承人,甚至不惜用自己的孩子去顶替皇子。成吉思汗提出交换条件,也遭到严词拒绝。最后张惕夫妇用道德的力量,宁死不屈的行动感化了成吉思汗,救出了两个孩子,让征服者变成了被征服者。

整个悲剧为五幕,采用亚历山大诗体,风格类似于17世纪高乃依和拉辛模式。

许多研究者都注意到《中国孤儿》相对《赵氏孤儿》来说,已完全是一种再创造了。《中国孤儿》一剧除搜孤救孤这一段情节基本沿袭《赵氏孤儿》以外，其他如成吉思汗早年和伊达梅的爱情，成吉思汗和张惕的交锋，道德感化的结局等，完全是伏尔泰的再创造。因此，比较这两部剧作的异同，体会伏尔泰改编之用心，无疑对理解伏尔泰的中国观有较重要的意义。

首先，伏尔泰把故事发生的年代从春秋时期拉到了一千八百年后的宋朝末年。

这样就增强了作品的说服力。因为伏尔泰认为，中国的法律制度，伦常体系都是一以贯之的。早在创作《中国孤儿》之前，他因为写作《路易十四时代》最后几章，需要了解中国礼仪方面的内容，所以在 Sans-Souei 图书馆大量研究了中国儒家文献和孔子的学说，几乎"读了孔子的全部作品，且做了摘录"，[1]系统地研究了中国的政治、历史、文化和宗教，从而对"中国精神"有了较为本质的了解。孔子的文教德化主张想必对他触动很大。我们在读《中国孤儿》的时候，都会很自然地想到《论语·季氏》中的话："故远人不服，则修文德以来之，既来之，则安之。"中国儒家思想对待外来力量一向是尚德不尚力的。历史上此类故事很多。伏尔泰借伊达梅之口说出："它（中国）有着悠久的艺术和法律，有着自古以来就高尚纯洁的宗教，它几千年来的历史从未中断，真实可信，是我们民族的光荣和骄傲。"[2]儒学自孔子创立到宋末已历一千八百余年，其稳定性可想而知。而儒学所提倡的伦理体系因为和天道相结合，于是就有了宗教的意义。

另外，伏尔泰把时代定在宋末，也和他对这段历史的了解有关。像南宋儒臣文天祥、张世杰、陆秀夫等将生死置之度外，不屈不挠和元人进行斗争，拥立一个个"赵氏孤儿"的事迹，一定会深深地感染伏尔泰，使他把"宋元斗

---

[1]　孟华：《〈中国孤儿〉批评之批评》，《天津师大学报》1990 年第 5 期。

[2]　伏尔泰：《中国孤儿》第一幕，本文关于《中》剧的引文基本依据张若谷译本，商务印书馆，1945。然此处引文系根据 1990 年天津演出本，与张本略有不同。

争和原主题搜孤救孤合在一起,所以中国人与鞑靼人的斗争部分是原主题的直接发展"。[1] 改编的用心还在于巧妙地针对了卢梭的中国观。同伏尔泰一样,卢梭同样对中国历史知之甚详。中国历史上屡次遭受外族入侵的历史,想必对他触动很大,所以在他的心目中,中国虽然文艺发达,却是一个屈服于外力和平庸的国家,在他的小说《新爱罗绮丝》中,他借主人公旅行家圣普安之口,说出了这么一段话:"我看到世界上最众多最杰出的人民屈服于一小撮强盗。我近观他们,这些举世闻名的人成了奴隶,我并不感到吃惊。"所以卢梭在他的《论科学与艺术》的题头语中,自称为野蛮人,以表明他对中国等文明国家的不满。伏尔泰的这一改动则说明,不管朝代如何更替,但统治中国的精神并无改变。

由此可见,伏尔泰的这一改动,不仅增强了作品的时代感,而且强化了作品的道德力量,阐明了他的中国观。在张惕等人身上所表现出的正义感、文化使命感、保家卫国的责任感,既是出于内心的,又是一以贯之地贯穿于整个中国历史。这种精神,来自中国的文化观念、道德宗教以及伦理关系。用伊达梅的话说:"我们的国朝是建立在父权上、伦常的忠信上、正义上、荣誉上和守约的信义上,换一句话说:孝悌忠信礼义廉耻是我们立国的大本。"由此不难看出,伏尔泰对剧本改易的良苦用心。

第二个改动是情节的变动。《赵氏孤儿》的基本情节是奸臣当道,因妒贤嫉能而残杀忠良,最后正义战胜邪恶。其反面人物屠岸贾生性狡诈,残忍无道,是恶的典型代表,而赵盾、程婴、公孙杵臼等人则是正义的化身。这种主题在中国传统文艺作品中是司空见惯的。所谓"正邪自古同冰炭,毁誉而今判伪真"。这是"一种恶人造成的悲剧"(叔本华语)。经过伏尔泰改造后的《中国孤儿》,展现了他的文明能够战胜野蛮,秩序可以代替无序,道德能

---

[1] 范希衡:《从〈赵氏孤儿〉到〈中国孤儿〉》,转引自孟华:《〈中国孤儿〉批评之批评》,《天津师大学报》1990年第5期。

够产生勇气的思想。

在作品中,成吉思汗是一个野蛮人,但同时又是一个可以被感化的人。这正暗合于儒家教化理论的基本前提:"口之于味,有同嗜焉;耳之于声,有同听焉;目之于色,有同美焉;至于心,独无所同然乎;心之所同然者何也? 谓理也,义也。"(《孟子·告子上》)剧中写成吉思汗曾在年轻时到过中国,并和汉族姑娘伊达梅有过一段交往。伊达梅说:"当初我也曾经私下转过一个念头,想用我们中国文化的力量,把这一只野心勃勃的狮子收服过来。用我们的道德礼教感化这个野蛮人,让他归化中国,同时也可以使他受到我们的尊敬。"但在求婚遭拒后,成吉思汗觉得受了侮辱,认为中国人看不起他,于是怀着强烈的报复心希望征服世界,使人不敢再蔑视他。但他并不是一个嗜血成性的暴君,当他看到中国宏伟的建筑和文化遗产时,不由得生起敬意,而当他看到张惕夫妇的护孤义举时,他说出了这么一段话:"我虽然要用武器对付他,但是我却崇拜他的人格,我极愿把他们的行为做天下人的榜样。我看见了一种古代的、勤劳的、人口众多的民族,他们历代帝王都是智勇双全地统治着他们,他们的邻邦也都尊敬、服从他们的立法制度,他们并没有征伐的武勋,而依照传统习惯统治天下。"[1]最后,当张惕夫妇面对威胁,以"士可杀而不可辱"的气节最终将他感化后,他甚至说出了:"请用理性、公正和习俗教化百官,让被征服的民族统治征服者,以他们的智慧统帅勇气,将国家治理。"[2]

所以,成吉思汗对中国的折服,首先是对人格的折服,继而是对造就这种人格的文化精神的折服。因此,正是这种改编,将伏尔泰对中国文化的看法,如道德的一贯性,道德与宗教的结合(儒学的伦常体系因受统治者的推崇,将之和自然法则相结合,因而有了宗教的意义),制度与人心的结合等表达

---

[1]　张若谷译:《中国孤儿》,商务印书馆,1945。

[2]　同上。

出来。

当然,最大的改动来自对伊达梅这个人物的设置。在《赵氏孤儿》中,并无女主角,唯一的女角色公主在救儿以后便自缢身亡。据说伏尔泰原来也并不想设置女主角,担心爱情场面会冲淡悲剧效果。但在当时的巴黎,古典主义美学观盛行。没有女主角,没有爱情的戏是不可想象的。这样,情感这条线索成了围绕文明与野蛮斗争的另一条重要线索。但也正是伏尔泰的这一改动,将18世纪欧洲戏剧的最高成就体现出来,也使其中国观得到了艺术化的完美表现。

首先,爱情矛盾的设置使成吉思汗的转变有了合理的基础。令成吉思汗折服的,是中国文化,但中国文化并不是一个抽象的概念。这个具体概念,最初是由伊达梅传达出来的。作为一个男人,成吉思汗自然有对女性的迷恋,但他爱的不是蒙古女人,却偏偏爱上了伊达梅。伊达梅既是女性温柔贤淑的体现,又是高雅文化的代表。这就难怪成吉思汗会对她一见钟情:"在我们住惯的北方,我从没有见过像她那样动人的美人,她像一种毒药一直攻进我的心府。伊达梅有一双温和的眼睛,她的说话,她的容貌,没有一样不讨人喜欢。"因此,当他占领北京,下令屠杀王族,消灭反抗者,而当违令者恰是他的昔日偶像时,他内心的矛盾就显得异常合理了。一方面,"我的光荣已受到了侮辱,我的命令受到了蔑视,我的权力也受到了轻贱。凡是胆敢违背我命令的人,都该治罪,你是早已下了计策有意要凌辱我,我所要报复的不只是今天的耻辱"。但另一方面,他又实在难以下手,"我究竟为了什么胡思乱想,心不定? 为了什么长吁短叹常忧愁? 他又靠了什么神力的保护,会对我说出那样的话来。不知是她的美貌呢还是她的德行,使我竟不由自主"。[1]

正是这种两难处境,也才使他的命令没有得到贯彻,才使情节得以继续展开。渐渐地,成吉思汗心中善的一方逐渐萌生。对文明的敬仰之心逐渐取

[1]　张若谷译:《中国孤儿》,商务印书馆,1945。

代了野蛮的屠戮心。所以伏尔泰在他的戏剧中,将理念纳入到合情合理的情节之中,纳入到复杂的人性变化过程之中,纳入到一种人物性格发展的必然逻辑之中,从而使形象真实可信,使理念得到了形象化的传示。

其次,女性形象的设置,在舞台上充分展示了人性的丰富性。张惕是一个大丈夫,是正义的象征,在危急关头表现出白刃可蹈的气概是自然的。伊达梅作为张惕的妻子,中华文化与精神的象征,危急关头和丈夫并肩作战,视死如归,也是完全合乎情理的,但她同时又是一个女性、一个母亲,因此当张惕牺牲自己的孩子去救孤时,伊达梅出于一种强烈的母爱而道出实情,也是合乎人物性格的发展逻辑的。这种处理,既使人物性格丰富多彩,也让人们觉得真实可信。

再次,伏尔泰设置的女性形象,也和他的西方背景有关。一方面,伊达梅的温柔娴淑与成吉思汗的蛮横粗鲁恰成对比,构成文明中国与野蛮之族的鲜明对照。同时伊达梅的母性形象也似乎预示着道德的天然合理性。这种形象更宜为受过文艺复兴思潮熏陶的西方观众接受。另一方面,中国文化巨大的包容性与顺适性也常让人想到母性的宽容、随和与感化力量。中国文化本身非常强调柔弱胜刚强,老子曰:"知其雄,守其雌,为天下溪","天下之至柔,驰骋天下之至坚","天下莫柔弱于水,而攻坚强者莫之能胜之,以其无以易之。"《易》传云:"坤厚载物,德合无疆","地势坤,君子以厚德载物?"用女性来代表生生不息的中国文化,也符合中国文化的固有特点。

如果从审美角度来分析《中国孤儿》,伏尔泰的改编也具有很高的艺术价值。

《中国孤儿》中的人物,性格都是发展的。成吉思汗从野蛮到文明的转变,伊达梅从柔弱到坚强的变化,都是随着剧情的逐步展开而体现出来的。人物的思想性格随着事件的展开而逐渐丰满起来,这种表现的手法是西方文学的一个特点。文学作品不仅交代一个故事,而且要树立典型形象。相比之下,《赵氏孤儿》虽具有较强的故事性,但人物性格较为单一。程婴和公孙杵臼是大忠大义的代表,而屠岸贾则是十恶不赦的典型。因而忠奸之辨,正义与邪恶的较量便成为作品的主旋律,人物性格的挖掘显得不足。

此外,《中国孤儿》的画面设计也颇有深意。《赵氏孤儿》展现的是忠奸之争,虽然正义最终战胜了邪恶,但无论是屠岸贾的迫害忠良,还是程勃(即赵氏孤儿)的最后复仇,血腥味都很重。这显然不符合伏尔泰心中文质彬彬的中国形象。所以他大刀阔斧地改造故事,其中虽然也有血流成河,城池为墟的描写,但这些结果的造成者应该是野蛮人。而伟大的文化,崇高的道德,美好的亲情,稳定的法律则正是理想中国的图画。

综上,《赵》剧通过忠与奸、正与邪的冲突,表现出道德与责任等命题,反映出中国人文化精神的一个方面。而伏尔泰则试图直接展示中国人的精神。从这个意义上说,伏尔泰的再创作不仅没有背离中国文化,而且较真实地展现了中国文化优秀的一面。当然,我们也应看到,伏尔泰在赞美中国文化的同时,却过高地估计了道德的作用,甚至认为中国人的道德有扭转国家命运的力量,则不免有理想化之嫌。

贝托鲁齐的东方观

一、一个关于中国的寓言

1988 年 4 月 12 日,贝托鲁齐的第十部剧情长片《末代皇帝》在美国电影艺术学院年度颁奖典礼上大出风头,荣获奥斯卡九项金奖。随即,在他的祖国意大利,他被誉为民族英雄。这对当年因拍摄《巴黎最后的探戈》而被迫远走他乡的贝托鲁齐来说,无疑具有幽默色彩。同时也可见这部电影反响之大。贝托鲁齐自 1983 年开始阅读《我的前半生》,到 1986 年正式开镜,准备工作前后历时三年,不可谓不长。最初,促使其产生拍摄东方题材的兴趣的原因,与其说是对东方文化的了解,不如说是对西方电影(尤其是意大利电影)的失望。"我不知道意大利电影的方向在哪里,因为我不知道意大利社会会走向何方……我想走得远远的,越远越好。我一度走向远西,却走不远,似乎我终究得掉头走向远东才合逻辑。"[1]在《我的前半生》一书中,一个人从皇帝到平民的故事,激起了他的灵感。他从这个故事中发现了一个关于道德的和政治的寓言。而作为一个艺术方面的探索者,他自己也有一个希望新生的渴望,这在后面将会谈到。溥仪从黑暗到光明的旅程也对贝氏的启示良多。这便是拍摄《末代皇帝》的由来。

但作为一个西方导演,他首先会面临一个怎样对待东方题材的问题。很多西方导演、西方评论家都习惯于以西方的眼光或以西方人常用的批判武器驾轻就熟地来剖析中国问题。这样,东方就成了他们影片中的道具或观念的

---

[1] 《贝托鲁齐如是说》,远流出版社,1992。

注解。贝氏倒是较早意识此种视点于事无补的,他也想做得客观一些,对中国文化有更多的了解,甚而接受中国的价值体系。他说"刚开始,我们都会把西方文化的观念套用到中国目前的现实上,这是最糟糕的一件事;你必须学习接受一整套新的文化和哲学的体系……所以在过去这十八个月内,我和伙伴们历经了一次彻头彻尾的学习过程,我们仿佛落在另一个星球上,一切都得从头开始"。[1]

虽然如此,贝氏不可能像一个中国导演那样思考问题,也不可能像一个中国历史学家那样来对待历史。他必定只能用一个西方人的眼睛来看中国,也只能用他那一套熟悉的切入方法、批判武器来解释东方。而作为一个导演,他不可能去费力地描写一段历史,他的兴趣显然也不在此,而只能是借历史的折光来诉说一个故事,一个西方人爱听、善讲的寓言。"如果我必须不忠于历史,我知道这么做并非是傲慢或无知,而是因为我了解自己必须如此。"[2]因此我们可以这样认为,《末代皇帝》是一个"关于中国"的故事。

《末代皇帝》的主题是展现一个皇帝怎样变为平民的故事。用贝氏的话来说,是一个从黑暗到光明的故事(这里有相当多的自喻成分)。它根据的底本是爱新觉罗·溥仪的自传《我的前半生》,(而就在贝氏拍摄《末代皇帝》的前后,国内的电视台也正在拍摄电视连续剧《末代皇帝》和《末代皇后》。)如果我们能够稍微比较一下原作者和再创作者,东方电影人和西方电影人对事件的取舍态度、他们看问题的不同角度、他们各自所关心的命题,也许我们更能够理解一个西方人是怎样看中国的。

虽然贝氏所感兴趣的是一个道德或政治的寓言,或者是他个人的某种感悟。但一旦他借历史来做载体的话,他就不得不面对怎样看待历史的问题,亦即意识形态问题,尤其是这一时期又正是中国历史上风云变幻,经历着

---

[1] 《贝托鲁齐如是说》,远流出版社,1992。

[2] 同上。

三千年来未有之大变动的时期,中国社会内部的矛盾,西方列强的粉墨登场,都集中在这一时期。因此,电影中如何反映这一时期,便代表了一个西方人眼中的这段历史。

我们拟从几个方面来分析。

第一,溥仪和庄士敦师徒关系所体现的象征意义。

在传记《我的前半生》中,庄士敦的出现,一半是溥仪学英语的需要,一半是清廷要一个有影响的外国人作靠山。在此之前,由于溥仪从未见过外国人,因此他眼中的外国人是一种漫画形象,嘴上八字胡、腿僵直、手拿文明棍。所以溥仪在初见这个叫雷湛奈尔德·约翰·弗莱明·庄士敦的苏格兰人的时候,还是比较拘束的。书中是这样描写的:

"我的父亲和中国师傅们'引见'雷湛奈尔德·约翰·弗莱明·庄士敦先生的日子,是一九一九年三月四日,地点在毓庆宫。首先,按照接见外臣的仪式,我坐在宝座上,他向我行鞠躬礼,我起立和他行握手礼,他又行一鞠躬礼,退出门外。然后,他再进来,我向他鞠个躬,这算是拜师之礼。这些礼都完了,在朱益藩师傅陪坐下,开始给我讲课。"

"他的腰板很直,我甚至怀疑过他衣服里面有什么铁架子撑着。虽然他没有什么八字胡和文明棍,他的腿也能打弯,但总给我一种硬邦邦的感觉。特别是他那双蓝眼睛和淡黄带白的头发,看着很不舒服。"[1]

庄士敦最感兴趣的,是把溥仪培养成一个绅士,培养成一个在衣食住行方面循规蹈矩、处处体现英国贵族风格的"皇上"。在溥仪笔下,庄士敦有很多优点,诸如知识渊博、和蔼可亲、办事干练、热爱中国文化等。但他也有很多缺点,他很看重皇室(溥仪)的赏赐。他也一样参与宫廷内部的权力斗争,和遗老们争宠等。所有这一切,都是历史面貌的展示。

---

[1] 爱新觉罗·溥仪:《我的前半生》,群众出版社,1963。

但在影片《末代皇帝》中,庄士敦是一种西方理想人格的化身,溥仪几乎和他是一见如故的。在他们的交往中,他不断地教育溥仪做一个真正的人。他既教溥仪做人的道理,如"一个绅士应该说话算话",应该"抬起头,向前看"。又以行动来实践他的主张,他送给溥仪自行车,是一种隐喻,是为了让溥仪自己找准方向,把握自己,认清自己的路应该自己走。他在贵族遗老们的一片反对声中,以辞职为代价,坚持要为溥仪配一副眼镜,这其实暗示西方人带给古老中国一种新的眼光,一种新的文化视角。而影片所精心设置的屋顶救驾一场戏,则更无疑地强化了这种观点。一个西方老师救了一个中国皇帝,其中的喻义不说自明,西方文化带给东方文化一次机遇。贝氏的这种看法很自然地让我们联想到泛滥于五六十年代的欧美汉学家中间的"挑战——回应"模式。

"挑战——回应"模式原是英国历史学家阿诺德·汤应比的"文明生长论"的重要命题。汤因比的文明定义包括几方面的内容:(1)文明就是若干个同类民族国家构成的社会整体,每个民族国家都是某个文明的一个组成部分;(2)每一个文明都是由三个因素即政治、经济、文化构成,其中文化是文明的核心,而在文化中,最基本的东西是宗教,因此,文明最深厚的基础是宗教;(3)文明是一种以文化为基础的历史形态,或者说是历史形态化了的文化。[1] 根据他对文明的见解,他提出了文明形态的理论,即任何文明都有发生——发展——衰亡的过程,并且反复流转,而文明的各个阶段都与相应的挑战和应战有关。特别是文明的发展(生长)更是挑战和应战、平衡、新挑战、新应战、新平衡的结果。挑战主要来自两方面,外部的和内部的。如果一种文明、一个民族对于一种挑战进行了合理、积极的应战,那么文明就会得到发展,一种新的平衡便继续成长。反之,若文明对于各种挑战缺乏应战的手段,那么文明就可能由此走向衰落。

---

[1] 《汤因比的文明生长论》,见《文明的祈盼——影响人类的十大文明理论》,江西人民出版社,1998。

　　由于汤因比的"文明生长理论"在学术界的影响很大,因此从 50 年代开始,海外汉学界广泛地运用这种模式来理解中国近代史,特别是以费正清为代表的美国汉学家。由于这一学派和传统汉学研究不同,主要目的在于研究实际问题,偏重于中国的政治、经济、文化、意识形态等领域,而非传统学术领域,因而直接影响了西方国家朝野对中国的看法。

　　费正清建立了近现代中国研究的基本框架和模式。他的学术框架便是人们熟悉的"冲击——回应"模式。这种以西方为中心的模式在美国汉学界成为一种学术规范。这是一种带有偏见的研究模式,它假设西方资本主义社会是一个动态的近代社会,而中国社会则是一个处于长期停滞状态的社会,缺乏自身发展的内在动力,只有经过西方的冲击,中国传统社会才有可能摆脱困境,获得发展。[1]

　　"……中国是一个人口最多的大一统国家,又有着最悠久的绵延不断的历史,她在过去百年中遭受西方蹂躏就必然产生连续不断、汹涌澎湃的思想革命,对这场革命我们至今看不到尽头……在充满'不平等条约'的整整一个世纪中,中国这一古代社会和当时居于统治地区、不断扩张的西欧与美国社会接触日益频繁。在工业革命的推动下,这种接触对古老的中国社会产生了灾难深重的影响。在社会活动的各个领域,一系列复杂的历史进程——对古老秩序进行挑战,展开进攻,削弱它的基础,乃至把它制服。中国国内的这些进程,是由一个更加强大的外来社会的入侵所推动的。"[2]

　　持相同观点的并不止费正清一人,保罗·H.克莱德(Parl H. Clyda)与伯顿·F.比尔斯(Burturd F. Beers)在其合著的《远东:西方冲击与东方回应之历史》(*The Far East: A History of the Western Impact and the Eastern Response*)中认

---

[1]　侯且岸:《费正清与中国学》,见《国际汉学漫步》,河北教育出版社,1997。

[2]　John King Fairbank:《China's response to the west》:A Documentary Servey 1839－1923,转引自侯且岸:《费正清与中国学》。

为:"过去时 50 年来,东亚一直是一个革命的舞台,西方文化生气勃勃地向中亚与东亚的古老传统社会全面扩展,这个运动从 9 世纪初开始,通称'西方之冲击'。到了 20 世纪中叶出现了一个崭新的东亚。"[1]

不难看出,费正清等对这种解释模式的发挥,远远超过了他的始作俑者汤因比,本来汤因比在他的理论框架中,这一模式是适合于世界上任何一个文明的,而且在他的挑战——应战理论中,内部因素始终是主要的因素。他说:"对于一系列挑战的某一系列胜利的应战,如果在这个过程当中,它的行动从外部的物质环境或人为环境转移到了内部的人格或文明的生长,那么这一系列应战就可以解释为生长现象。只要这个现象生长和不断地生长,那么外部力量的挑战和对于外部方面应战的必要性,就要逐渐减少它的重要性,而在它的内部,在它对它自己之间的挑战作用就越来越大。生长的意义是说,在生长中人格或文明的趋势是逐渐变成它自己的环境,它自己的挑战者和它自己的行动场所。换一句话说,生长衡量就是走向自觉的速度……[2]也就是说,在汤因比的理论中,在社会进步发展的原因中,内因始终是第一位的。而在费正清等汉学家那里,中国的近代史只能是西方文化影响的产物,而忽视中国社会内部历史、文化、政治、经济、宗教等因素自身的发展变化,看不到中国封建社会自身的内部矛盾对社会发展所起的积极作用,便成为一种偏见。特别是,这种基于西方中心观的研究,根本上掩盖了帝国主义在近代对中国的侵略,而把百年来中国人民反帝反封建的斗争,简单地解释为两种文明的冲突。有时更把帝国主义等同于西方文明而作为"文明使者"来看待。[3] 这种中国观的流行,在西方意识形态领域造成很大的影响,甚至影响到文化艺术领域。不管意识到否,贝托鲁齐在电影《末代皇帝》中表现出的

[1]　侯且岸:《费正清与中国学》,见《国际汉学漫步》,河北教育出版社,1997。

[2]　汤因比:《历史研究》上,第 267 页,上海人民出版社,1966。

[3]　侯且岸:《费正清与中国学》,见《国际汉学漫步》,河北教育出版社,1997。

这种思想,也正是此种思潮的反应。庄士敦这个人物,不管他对于中国文化如何热爱,据《我的前半生》所述,他经常摇头晃脑地读唐诗,通晓中国历史,熟悉各地的风土人情,自己的住宅也布置得像个遗老,但他毕竟是英国政府派遣的官员,他在入宫之前,便是英国租借地威海卫的行政长官。如同很多类似的官员,他并非旅游者,而是具有政治使命。另外在电影中看不到火烧圆明园,看不到八国联军镇压义和团,看不到中国人民反对帝国主义的激烈斗争,也看不到庚子赔款给中国人民带来的沉重负担(这笔赔款同样也加速了清政府的灭亡,这和李翰翔拍的《火烧圆明园》取材完全不同)。如果贝氏不是故意在回避这类问题,只能解释为他的认识就是如此。而他作为一个电影人,通过大众媒体,又必然把这种观念传达给大众(东方的和西方的),其影响是很大的。贝氏曾说过,"我想中国人看了我的电影以后会笑起来。"但我想如果我们真的认识到这一点,我们未必会笑,更多地可能是反思。我们谴责有些人故意篡改历史,相比之下,一些西方艺术家歪曲历史有时并非故意,而和他们的学术传统以及文化基准、价值标准有关。

第二,溥仪经历的象征意蕴。

如果说传记《我的前半生》是想描述一段历史,那么根据《我的前半生》改编的电视连续剧《末代皇帝》同样如此。长达二十八集的电视连续剧从溥仪入宫之前拍到二次登基,一直说到新中国成立以后经教育获得特赦,成为普通公民。共五十年的历程,场面宏大、情节曲折、人物众多,结构是卷本式的。一个又一个角色粉墨登场,其目的在于要尽可能真切地表现中华大地惊心动魄的沉浮变迁,并突出反封建的命题。而电影《末代皇帝》似乎更想讲一个关于"人"的故事。溥仪在还是一个三岁孩童时,就由于某种权力斗争的需要,被安放在了皇帝的宝座上,于是一个人就和统治秩序联系起来,成为统治秩序、统治制度的象征与代言人。而作为一个自然意义上的人便从此消失。用福柯的话来说,即个人被纳入权力结构之中。皇宫中阴冷的气氛与小溥仪天真无邪的神态举止形成鲜明的对比。进宫之后,作为一个普通孩子所具有的一切亲情关系也离他而去,作为大国之君,他应该是一个国家的"父亲",这样,在影片中,他自己的父亲便隐退于幕后,他的父亲在一个特定结构中的角色是帝国的大臣,他的母亲在电影中仅出现过一次,家庭中天然的亲密关系已不可能,父与子、母与子的关系,只是制度中的一种关系。在他的整个孩童时期,奶妈便成为母亲的替代,当奶妈也被从这种结构中赶出后,小溥仪事实上已变成国家最高秩序的象征。而像其他孩子一样地玩耍、娱乐则更是不现实的,但天性难抑,电影中他和溥杰的玩耍、豢养小鼠等,反映出一个孩子的心态。同时太监们不断强化的权力意识也对他产生了影响,命太监喝墨和关于衣服颜色的争论,反映出统治意识开始对人产生影响。当被告知皇帝想干什么就可以干什么时,他将洗澡水泼向太监,这里既表现出儿童的天真顽皮,也暗示逐渐萌发的唯我独尊的权力意识,两者被捏合到一起,反映出人与社会的冲突。

这种情况一直到庄士敦的出现才改变,这一部分也是影片中拍得最为明快的部分。庄士敦强化了他的自我意识,诸如一个绅士要说话算数,要看清自己的道路,自己的路要自己走,所有这些都促使小皇帝个人自我意识的觉醒,于是他剪掉辫子、整顿内务府、遣散太监,这使他更像一个现代意义上的个人,他的这些行为和祖制不合,因此也是反体制的。标志着自然的个人对于既定社会的一种反抗。

但不管怎样,小皇帝仍旧走不出象征皇权结构的宫墙——紫禁城,他的自由相当局限。冯玉祥将溥仪赶出皇宫,应该是一种解脱。所以影片中溥仪的心态是矛盾的,其中既有对革命军的愤慨,也有一种解脱了的感觉(这当然和事实不符,在传记中,溥仪出宫后,复辟之心可谓与日俱增。他出资拉拢奉系军阀和各种地方势力,准备待机而动。这些行为是符合他的政治身份和阶级地位的)。所以当溥仪来到天津张园后,过起寓公生活,他的生活就像一个自由自在的阔少。有场戏是他在舞厅唱《我是否忧郁》(*Am I Blue*),

这场戏是贝氏的得意之作。那种甜美的音调赋予人物一种境界,一种美好而又知足的境界。但孙殿英的突发事件、东陵盗墓,又把溥仪抛向了体制社会。他发誓要为他的祖宗雪耻,因而接受日本人的要求,到满洲国称帝(这也与事实不符)。他想利用日本人,结果成了日本人的傀儡;他希望实现他的自我,结果成了一种更异化的体制中的一个"他者"。影片中有一场戏,他试图阐明满洲国和日本国的平等地位,结果遭到全体退场的羞辱。在这里,着重强调了个人摆脱强权的无力,影片中反复出现的门的意象,则突出了个人的荒谬感。门在这里代表着界限,个人的自由意志走不出既定的社会角色。

日本投降,溥仪再次面临抉择,他并不愿意回到一个对他来说仍然是"陌生"的环境,因而在火车上割腕自杀,但自杀未遂,结果还是来到抚顺监狱,监狱高墙林立,仔细的观众一定会发现高墙在影片中已数次出现。紫禁城、伪满皇宫、监狱,这当然是一种象征,即外在力量对个人的限制,当溥仪不得不再次面对这种"异己力量"时,他在心理上根本否认这种外在力量能和自己的意志融为一体。因此,他对一个努力改造自己的战犯说,"你在装假,你假装被改造好了,但你还是你。"他不相信个人能被改造,能和外在体制融为一体。

但溥仪最终却是被改造好了,并成为植物园里一名自食其力的花匠。溥仪何以会在另一种社会强制力量面前改造好,这得益于监狱长的功劳,有人说这个监狱长(英若诚饰)是皇帝的第二任父亲(第一任是庄士敦),他不仅教会溥仪怎样穿鞋带,怎样小便才不会发出声响而影响别人,而且教溥仪认识自己,认清罪与非罪、对与错等,做一个诚实的人。这一次,溥仪是真正被改造了。何以共产主义能够改造人,何以能从黑暗到光明,这一点在贝氏的解释中是似是而非的,甚至是理想主义的:"然后才会领悟到每个中国女人男人都代表了其他百万个男男女女。也许因为他们是那么一个悠久的民族……就像中国式的特殊效果。他们对个人与群体的关系与我们相去甚远。""中国的小孩接触的第一本书《三字经》中就有'人之初,性本善'的话,这句话和共产主义思想是相通的,因此溥仪的被改造过程,就是一股强迫驱力所带来重温孩童时无所不能的感觉。"显然,他认识到在中国个人和社会的关系不同于西方。

中国的社会,从本质上说是家族关系和伦理关系的延伸,因而至少在理论上个人和社会并不矛盾,从上古伏羲氏的观象于天、观法于地来治理国家,一直到孔孟的君臣父子的政治理想,都在追求一种天道与人道、社会与个人和谐相处的境界。在这种社会中,个人并非世界的中心,他是渺小的,但同时他又是和整个世界融和无间的,因而又是自由的(因此,在贝氏眼里,共产主义其实就是一种实现了的古代理想)。所以,溥仪的被改造,其实是回到和谐状态而已。这样我们不难发现贝氏的矛盾:一方面,他借中国题材来反映西方命题,即个人和社会矛盾的命题;另一方面,解决这一困难的方法又是儒家理想,是共产主义背后的孔教伦理,这不能不让我们感慨。据载,饰演庄士敦的彼德·奥图是一个中国文化迷,一个儒学研究者,他的思想给予贝氏很多影响,影片拍竣后,他去孔子的出生地作了一次朝圣之旅。但我们仍应看到,虽然创作组的人对中国的传统文化可能有一种美好的体验,然贝氏的主旨仍是撷取中国近代史的一个片断,来作他的文化观和意识形态的一个注解。这从贝氏的很多电影中,如《荒谬人的悲剧》《巴黎最后的探戈》等对现存制度的反抗、亵渎可以获得证明。贝氏本人也把电影比作教科书。

贝氏另有一处神来之笔是对结尾的处理,溥仪被赦后,成了植物园的一名园丁,影片出现了这样一个镜头:一大群骑车的人,包括溥仪,拥在一个十字路口,等待绿灯变红灯,这个镜头暗示溥仪已经融入了群体,不再具有抗争者的姿态,遵守那个时代"红灯行、绿灯停"的荒谬规则。[1] 他在大街上遇到了一群红卫兵游斗监狱长,这个时候,溥仪勇敢地上前,为监狱长开脱,说他们一定搞错了,因为监狱长是个好人,但当即遭到红卫兵小将的驳斥。

---

[1]　廖世奇:《末代皇帝:一个意识形态的隐喻》,《当代电影》1988 年第 5 期。

最后主人公来到皇宫宝座下面,取出罐子,里面的蟋蟀竟还活着。这一段戏令我国很多评论家不解,他们认为这是随意编造故事。溥仪力争,近乎异想天开;而蟋蟀活了几十年更是一种荒诞手法。其实这正是贝氏的用意所在。这次溥仪是真的糊涂了,如果这个将自己从剥削者改造成平民的人是坏人,那么谁又是好人呢?如果他已经认同了的价值又是错的,那么哪一种价值是对的呢?几十年的蟋蟀则可以让人想起西方人对中国历史的看法。长期以来,在西方学术界就喜欢用静止和变化来考察文化及文明形态。如赫尔德(Herder)认为,西方文明是有活力的、不断演进的,而像中国这样的文明却是缺少活力的、无变化的静态文明,从他之后,黑格尔至当代的魏特夫都作如是观。黑格尔把中国文化看作是缺少开拓精神的平原文化,缺少追求无限豪情和大智大勇的诱因,因而是一种幼年文化。"占有这些耕地的人民既然闭关自守,并没有分享海洋所赋予的文明(无论如何,他们的文明刚在成长文化的时期内),既然他们的航海——不管这种航海发展到怎样的程度,没有影响他们的文化,所以他们和世界历史其他部分的历史的关系,完全只由于其他民族把它们找寻和研究出来。"[1]这种观点对中国人也产生过重大影响,激进的如陈独秀、李大钊,保守的如梁漱溟,都视中国文明为静态文明。美国学者芮马丽(M.Wright)、勒沃森可作代表,她们一则强调儒家文化对于中国近代化的阻碍作用,二则强调中国文化持续不变的稳定物质。因此,蟋蟀象征着中国的静态文化。此外,它还表明了贝托鲁齐对文革的看法,即中国仿佛又回到了过去的专制社会。然而贝托鲁齐又说,"共产主义的观念从西方世界来到中国,并且的的确确地正在对于中国社会施加着影响,因而那种认为中国能吸收(同化)一切的旧说法应当一劳永逸地消除。"

　　如果在这种背景下看《末代皇帝》的最后一段,那么我们似乎便不难理解贝氏的用意。那种使溥仪异化的体制似乎已成过去,他本人也认同了他的

---

[1]　黑格尔:《历史哲学》,转引自忻剑飞:《世界的中国观》,学林出版社,1991。

平民身份,并与现存的社会系统文化结构达成了一致。但街头的闹剧好像又令他想起过去的价值体系和传统。这的的确确令他困惑了,难道历史又重复了? 对照贝氏自己关于《末代皇帝》的谈话,相信这样的理解不是唐突的。"众所周知,中国的革命总是进两步退一步,这是纯粹的列宁主义。"不过,当被问及改革开放后的中国会不会全盘接受西方的影响时,他说:"不会的,中国人有他们凌驾一切的实用主义这种无边的功德。他们已建立了确定的方向、确定的目标,并企图以一套固定的次序来完成。"[1]看来,贝托鲁齐对东方文化的独特性与固有生命力是充满信心的。

二、寻找心中的佛

如果说《末代皇帝》体现了贝氏对中国政治、历史的理解,那么,影片《小活佛》则体现着他对东方佛教文化的体认过程。《小活佛》的故事情节很简单,准备圆寂的诺布喇嘛为了了却自己的一桩心事,寻找他的老师都查喇嘛的转世灵童,从不丹出发,根据梦的启示,踏上了西行之路,来到了美国的西雅图。在另一喇嘛的指引下,他找到了建筑师丹(西方理性文化的象征)的家,试图向建筑师夫妇说明佛教的世界观和灵童转世的观念,并说明其子可能是灵童。这对正处于危机中的夫妇开始以为是一个荒谬剧,但最后父亲同意陪孩子一起去一趟印度。在印度和不丹,他逐渐了解了悉达多的生平,在对东方宗教有了新感悟后,他回到了西方,而他们一度出现的婚姻危机也随之消除。

西方人对佛教的认识,可以追溯到传教士时代,但真正开始大规模研究佛学,应该在 20 世纪。50 年代出现了一大批关于佛教的研究成果,它们使得西方人对整个中国文化的理解有新突破。著名代表有白乐日(Etienne Balazs)、法国的戴密微(Parl Demieville)和谢和耐(Jacques Gernet)。

---

[1] 《贝托鲁齐如是说》,远流出版社,1992。

西方人对佛教的兴趣,有远近两因。文艺复兴后科学观念对西方宗教观念的冲击较大,一些人开始信仰佛教;近因为西方社会随着人的压力的增大,贪婪、怨恨等欲望的膨胀,造成人的心理危机,为了解脱这些心理危机,西方人除了用精神分析的方法来应对外,佛教的方法尤其是禅宗的方法,在战后经由日本一些禅师的介绍后风靡欧洲。[1]

所以,贝托鲁齐说:"活佛总是吸引着西方人,令其神往。自阿瑟·肖彭豪尔始到杰克·艾罗艾克,从理查德·瓦格纳到贝特莱斯,这种崇拜与热爱贯穿于我们的哲学、我们的音乐、我们的文化之中,同时也贯穿于我们的电影之中。"[2]

贝氏拍摄此片,或许是为了解脱他对于现状的痛苦不安,摆脱个人的心灵危机。而他第一次受到文化冲击,对佛教感兴趣是因为在 20 年前和中国有了接触后,他"很惊讶地"看到在那里英雄的个人主义被消除了。这很自然地把他引向佛教,开始一个反思的过程。

现在,我们不妨来看看贝氏对东方佛教的感悟过程。

影片一开始,便向人们展示了一种行善的智慧和慈悲的感情,诺布喇嘛正在给他的学生讲故事,关于在祭台上的羊和祭师的故事。这头羊在临刑前,忽然笑了,祭师问它为何发笑,它说,在经历了无数次的轮回后,它终于要投生为人了。然后它又大哭起来,祭师问它为何而哭,它说它记起很多很多年以前,它的前生也是一个祭师,因为屠戮,所以世世为羊。祭师听到这儿,立即放下屠刀,请求宽恕。

这个故事中,包含着佛教关于六道轮回、慈悲行善等基本命题。这些命题,对于西方人来说或许是陌生的。佛教认为,世间众生,分为六种,各由其

---

[1] 参见陈健民:《佛教禅定》,宗教文化出版社,1997。铃木大拙等:《禅宗与精神分析》,贵州人民出版社,1998。
[2] 意大利导演贝托鲁齐谈:《小活佛》,《世界电影信息》1994 年第 4 期。

道,故曰六道,六道是地狱、饿鬼、旁生(畜生)、天、人、阿修罗。根据生前的善恶行为而轮回转生。祭师不明其理,所以屠戮生灵,造成恶报,而所以如此,是不明十二因缘之故。所谓十二因缘,是说明众生三世因果相续不断的道理。所从起者曰因,所依附者曰缘,共有十二。而修习佛教的最终目的,在于摆脱十二因缘之束缚,跳出三世轮回的范围,也即进入"涅槃"。

《小活佛》在对佛学的基本概念作了解释后,便跟诺布喇嘛开始踏上赴美之路,他的老师都查喇嘛生前为了教化西人,定居美国,死去已有九年,其转世灵童却一直未能找到。而诺布已老,所以根据梦的指引,来到西雅图寻找灵童(其实也是说明佛性不分东西,无所不在)。他们来到一个建筑师的家,诺布喇嘛费了一番口舌,才让他们明白灵童转世、肉体和精神等观念。其间,他们的孩子长耳朵杰西和喇嘛成为朋友,而父亲也由于商场失利,愿意陪喇嘛和独生子去印度、不丹。在诺布喇嘛的开导下,影片逐渐展现了佛祖成道的过程。年轻的乔达摩·悉达多从小生活在王宫里,是印度古国迦毗罗卫的王子,纯洁而善良,从不知人间有苦难和悲伤,而在某一天,由于突然听到了一段悲伤的音乐,使他产生了走出王宫,看看外面的世界的愿望。当他目睹了人生的生、老、病、死种种苦难后,便发誓要为解救众生而修道。影片专注于身体和环境的细节,从形式上,就让人感到震撼,揭示出一种痛苦无所不在和对众生怜悯的大慈悲精神,从而将佛教的四谛、五蕴、六道、十二因缘的观念逐渐展开。佛教认为人生是苦,共有八苦,而人之所以会遭受到此八苦,乃是因为罪业和迷惑。而如果能将"业"和"惑"灭除干净,则苦恼消灭。"彼云何苦尽谛,所谓尽谛者,欲爱永尽无余,不复更造,是谓苦尽谛。"[1]而灭除烦恼的方法即为"道",共有八种方法。佛说四谛,就是要令闻者知"苦"、断"集"、慕"灭"、修"道"。影片在展现这一过程用的是金黄色,而展现现代社会则用的是冷色(蓝色)。其中穿插现代人寻找活佛的过程,美国—印度—不丹。

[1] 《四谛品第二十五》,任继愈:《佛教经籍选编》,第11页,中国社会科学出版社,1985。

其实,佛就在人的心中,释迦牟尼成佛的最后过程向我们展示了这点。悉达多坐于菩提树下,看见电火相激,千军万马奔拥而来,而悉达多能照见这些都是幻象,幻由心生,所以幻象皆告消退。最后悉达多终于战胜障碍佛道的魔鬼(魔也自心生),他看到了自己的清净本性,终于成佛。这一段介绍了佛教的观点,即人本心清净,只是因为"惑"与"业"的缘故,才遮蔽了人的本性。所以每个人只要返修、内证,用智慧破除迷妄,即可照见本性。《舍利弗阿毗昙论》云:"心性本净,为客尘染。凡夫未闻故,不能如实知见,亦无修心。圣人闻故,如实知见,亦有修心。"众生皆有佛性,不过为知见客尘所障而已。《坛经》也说,要"于自心中,常开佛之知见","勿开众生知见",不要"愚迷造罪,口善心恶,贪嗔嫉妒,谄佞我慢,侵人害物,则能常生智慧,观照自心"。而对于贝氏来说,他试图通过影片来反映这样一种理解。真正的恶神在我们心中,即是"利己",所以他设计了这样一句台词,"建筑师,我终于找到你了,不要再修造你的家了。"这里的建筑师是用自己在水中的倒影来表示,这很容易让人联想到佛教的著名的三界火宅的寓言,房子是自我的象征,一个人逃出着火的房子意味着摆脱我执。同时,这也是一个西方人的心路历程。显然贝氏并不想学佛,他也不想成为佛教徒。[1] 不过作为一个西方人,他理所当然会有感于西方的精神危机,二十多年的东方热情似乎是他自己的一个寻找过程,他曾借用一位佛教徒的话,这样答复记者:"所有的人都认为佛教是清心寡欲,淡泊人生的。可实际上并不是这样,佛教不过是能够摆脱自我对欲念的极度放纵。西藏佛教尤甚。"[2]我们或许对他的佛教观不认同,但也无须认同,他本来就并不是在研究历史或做学问,他不过是想解决一个西方人自己的问题,一个西方人对东方佛学的思考。

另外,影片还展示了一种"无常"的氛围。二位僧人和杰西的父亲带着

[1] 意大利导演贝托鲁齐谈《小活佛》,《世界电影信息》1994 年第 4 期。
[2] 同上。

三个孩子来到位于不丹的寺院，只见僧侣们正用心地以沙子堆造美丽的建筑图案，可以想象，只要一阵风吹过，图案即刻不复存在，这里是要展示无常的观念，即世界处于永恒的变化之中，刹那不住。另外，诺布喇嘛在圆寂后，念诵着"观自在菩萨行深般若蜜多时，照见五蕴皆空，度一切苦厄……是诸法空相，不生不灭，不垢不净，不增不减，是故空中无色，无受想行识，无眼耳鼻舌身意，无色声香味触法，无眼界乃至无意识界……"。《心经》本是观自在菩萨的修行心得，是大乘佛教的重要经典，在当今世界影响极大。它讲的是彻底超脱我执和法执，到达觉行圆满的境界的体验，也是一个由人向佛的修证过程。而在贝氏看来，这是"最美妙最神秘的诗中的一首"。带来一种心灵的震颤。也可见，贝氏并不在证佛，而是希望找到一种解救心灵的方法。他坦言，他不会做佛教徒，但他也一直在尝试"一些独特、超凡的祈祷，仅仅是为了保养精神"。[1]

如果我们对中国禅宗在西方的传播影响过程有所了解的话，那么不难看出，贝氏电影中的印度也好，不丹也好，西藏也好，都只是一种背景。他在电影中所要表达的，是西方人所要理解的禅宗哲学。中国的禅宗，在经历了唐宋的兴盛后，宋代开始传向日本，并形成了相当的规模。和佛教其他宗派相比，禅宗更强调"自心"，迷在自心，悟在自心，苦乐在自心，解脱在自心。《坛经》云："不悟即佛是众生，一念悟时，众生是佛。故知万法皆在自心，何不从自心中，顿见真如本性。"二战后，经由铃木大拙等学者的介绍，禅宗开始影响欧洲，禅宗的人生目标、解脱方法都激起了欧洲人浓厚的兴趣。铃木大拙认为：禅是了解人的存在之本性的艺术；它是从束缚到自由的道路；它解放了我们的自然能力；它使我们免于疯狂或残废；它促使我们表现出对幸福和爱的追求能力。[2] 一些著名的精神分析学家、哲学家，如荣格、弗洛姆等人

---

[1] 意大利导演贝托鲁齐谈《小活佛》，《世界电影信息》1994 年第 4 期。

[2] 见铃木大拙、弗洛姆：《禅宗与精神分析》，贵州人民出版社，1998。

都对禅宗表现出极大的兴趣。他们认为禅和精神分析有很多共同点。弗洛姆很喜欢用心理学术语来表达禅宗的观念,他在谈到"悟"的时候说:"它是人与外在的及内在的实在完全协调一致的状态,是人充分觉察到实在,把握实在的状态。"在谈到"开悟"的方法时说:"这种对人自性的洞察不是理智的、外在的,而是体验的、内在的,理智的知识和体验的知识之不同对于禅宗来说是重要的。"因此,在追求精神自由,解放自然能力方面,精神分析学家看到了他们与禅宗的相似,而在反对贪婪和过度的欲望等方面,他们看到了两者在伦理定向上的一致。[1] 贝托鲁齐关心的是心灵自由的问题,所以他的影片中有较浓的禅宗色彩。这就是为什么《小活佛》虽以西藏喇嘛为主角,却几乎没有出现藏传佛教的仪规场面的道理。

最后,影片和我们开了一个玩笑,转世的灵童找到了,但却不是一个而是三个。分别代表着都查喇嘛的身、意、言。佛教认为,人的身心活动,可分为三业,即身(行动)、语(言语)、意(思想活动)三业。三业,应该是一体而不可分的。《大毗婆沙论》卷首一十三:"三业者,谓身业、语业、意业……若自性者,应惟一业。"[2]一般人由于思见惑而造成三种意恶。但在《小活佛》中,都查喇嘛的意、语、身三个种子分别转到三个不同地方的孩子身上,于是便有了三个灵童。我们无须用佛学的观点去苛求贝托鲁齐,贝氏想借这个结尾说明的,是人性的共通以及解脱之法的普适性。无论一个人是中国人、美国人,还是印度人、不丹人,他都可以通过努力去除迷茫,找到获得心灵宁静的方法。

"我们每个人心中都有一尊小活佛。"也许贝托鲁齐所要讲述的正是一个人的故事,这个人应该摆脱盲目性,看到真实的人类世界。这其实与他在《末代皇帝》中所表现的思想是一脉相承的。《末代皇帝》看到了人和社会的

[1] 见铃木大拙、弗洛姆:《禅宗与精神分析》,贵州人民出版社,1998。
[2] 见《宗教辞典》,第 282 页,上海辞书出版社,1981。

对立,而解决的途径是儒家学说中的孔教伦理,《小活佛》则讨论了怎样去除迷妄,解除束缚的问题,其途径是佛法。可见,贝托鲁齐关心的东方问题,始终是人的自由的问题。

西方人对宗教,一向具有热情,汤因比说:"我也认为各种文明形态,就是此种文明所固有的宗教的反映。还有,使各种文明产生使其延续下来的生机源泉,也在宗教。"所谓宗教,他又进一步解释,"我在这里所说的宗教,指的是对人生的态度,在这种意义上鼓舞人们战胜人生中各种艰难的信念。"[1]从这个意义上说,研究宗教,其实也是在研究人生。我们对贝托鲁齐似乎也应作如是观。

---

[1]　汤因比、池田大作:《展望二十一世纪》,第 351 页,国际文化出版社,1997。

中国传统节日功能的形成和
现代转化
——以清明节为例

一、清明节的起源与原始功能

在中国人的社会生活中,传统节日曾经是一个很重要的部分,对国人的思想行为发生过重要影响。今天,传统节日的影响力虽已大不如前,却依然有其文化价值。本文以清明节为例,对中国传统节日功能的形成和现代转化作一分析。

作为节日的清明,由节气清明演化而来。清明处在春分和谷雨之间,日期固定在公历 4 月 5 日前后。《岁时百问》云:"万物生长此时,皆清洁而明净。故谓之清明。"作为节气的清明,在安排农事活动上有很多指导意义。

但是,清明作为一个节日,来源和功能都要复杂得多,清明节的主要功能为扫墓和踏青,很大程度上是融合了寒食节以及上巳节的习俗而来。寒食节一般在清明之前几天,期间禁止生火,只吃冷食。汉代以前,寒食禁火时间有长达一月者。至汉代,确定寒食节为清明前三天。南朝《荆楚岁时记》称:"去冬节一百五日,即有疾风甚雨,谓之寒食,禁火三日,造饧大麦粥。"唐代寒食仍然是一个重要的节日,唐以后式微,其节令食俗并入清明节的习俗。

对于寒食禁火习俗的起源,一般认为与上古仲春时节的改换新火仪式有关。《周礼·秋官·司烜氏》载:"司烜氏掌以夫遂取明火于日……中春以木铎修火禁于国中。"郑注曰:"为季春将出火也。"

这段话记录了周代由司烜氏在仲春之时执木铎通知国中人禁火,然后到春末再采日光之火的习俗,由于这一习俗的发生时间和寒食接近,后人便把它跟寒食联系起来。而据法国人类学家列维-斯特劳斯研究，春天熄灭救火和重燃新火的仪式曾广泛存在于世界早期的先民中，代表一种重复开始的观念。[1]

汉代开始，人们把寒食节禁火冷食与纪念介之推广泛联系起来，则可以看出人文思想对原始思维的改造。

传统寒食节另一更为重要的活动就是扫墓和祭祀祖先了。墓祭、拜扫之俗，可以追溯到很早，一般认为战国墓祭已较普遍。但是墓祭的日期直到唐代才正式确定为寒食节。开元二十年（公元732年），唐玄宗下诏把寒食上墓编入五礼，永为常式，将民间行为用诏令的形式确定了下来。由于寒食节的时间和清明节接近，逐渐被清明节合并，墓祭习俗成了清明节最具代表性的活动。

寒食节上墓之所以能"成俗"，就不得不提到上巳节。上巳原指的是三月的第一个巳日，每年都不固定，魏晋之后就固定以三月三为节。

先民以三月为万物萌生的月份，如《吕氏春秋·季春纪》云："是月也，生气方盛，阳气发泄，生者毕出，萌者尽达。"在春天举行迎接生命之神复活的庆典，本是具有世界普同性的古老文化现象，文化人类学家称此种类型的庆典为"阿都尼斯"仪式。举行此类仪式的节日都有着相似的复活节性质，这在中国上古时期最好的对应就是上巳节。这个节日以迎接生命之神复活为核心，展开了沐浴祓禊、招魂续魄、祭祀社神、祈年求福、跳傩驱疫、男女春嬉等一系列的节庆活动。后因其中的性放纵色彩与礼俗不合，不断加以整束，在汉族中渐只剩下曲水流觞、郊游踏青、招魂续魄等相对文雅的习俗。[2] 又因其与寒食、清明在日期上的接近，上巳节的踏青游玩和因鬼神复活而来的祭祀之俗，逐渐为寒食节和清明节整合。

[1] 克劳德·列维-斯特劳斯：《神话学：从蜂蜜到烟灰》，中国人民大学出版社2007版，序言。

[2] 参见张君：《神秘的节俗》，广西人民出版社2004版，第五章。

因为融合了寒食节和上巳节的习俗和意义，清明节成了一个在告别过去中重新开始、悲伤和欢乐并存的节日。

二、清明节功能转化的思考

在清明节内容的整合发展过程中，先民原始思维支配下的原始思维和鬼神崇拜意识越来越淡，代之以更符合世俗伦常和道德诉求的情感表达，后世清明节的主要内容是祭祀扫墓和踏青游春。祭祀的指向为人群自己逝去的祖先，注重的是报本返始的人文意义，淡化了招魂续魄的巫术色彩。游春的目的则更多是生者的娱乐和健身。其功能之转化，传统礼文化起着很大的作用。

西周时期，礼乐文化一度规范着个体日常生活和社会的方方面面，作为一种文化，礼并非凭空产生的外在框架，礼的基础，来自人情："礼义之经也，非从天降也，非从地出也，人情而已矣。"（《礼记·问丧》）也就是说，礼产生于人类生活的实际需要，它须符合人情，但礼同时又是规范，"故圣人修义之柄，礼之序，以治人情。"（礼记·礼运）所以，礼包含两个方面，一面以人情为本，一面以节仪为文，"无本不立，无文不行。"（《礼记·礼器》）通过礼，才能让人的情欲得到合理的实现，同时培养人形成和谐的情感。

春秋以降，礼崩乐坏，礼教的精神和仪式在一定程度上遭到破坏，然民间社会仍然保留着较多的礼文化因子，正所谓"礼失求诸野"。另外，统治阶级的大传统一直在有意识地向民间渗透，在传统节日的定型过程中，很多带有原始巫术性质的习俗，渐渐被改造成有利于人群和乐、社会稳定的行为。比如由于《兰亭集序》而广为人知、体现文人雅致情怀之典范的曲水流觞，即是由原始的水滨祓禊演化而来。清明有些地方吃青团和熟鸡蛋等习俗，就由寒食节冷食演化而来。而清明踏青游春，则与早期社会的男女春会、自由恋爱的风俗有着关系。

清明节最重要的仪式内容是扫墓祭祖，这和中国传统礼文化极重祭祀有关,《礼记·祭统》开篇就说"凡治人之道,莫急于礼;礼有五经,莫重于祭" "祭有四时:春祭曰礿,夏祭曰禘,秋祭曰尝,冬祭曰烝"。而该篇接下来的大量记述则说明,礼文化中的祭,已经脱离了原始祭祀中的鬼神观念,变为对人间伦理纲常和忠孝节义的重视。如:

> 祭者,所以追养继孝也。孝者,畜也。顺于道,不逆于伦,是之谓畜。
> 是故孝子之事亲也,有三道焉:生则养,没则丧,丧毕则祭。
> 夫祭有十伦焉:见事鬼神之道焉,见君臣之义焉,见父子之伦焉,见贵贱之等焉,见亲疏之杀焉,见爵赏之施焉,见夫妇之别焉,见政事之均焉,见长幼之序焉,见上下之际焉。此之谓十伦。(《礼记·祭统》)

这其中提到的鬼神,已不同于原始信仰中的神秘概念,而是如《礼记·祭义》所云:"气也者,神之盛也。魄也者,鬼之盛也。"这就消除了鬼神的神秘性质,而且接着又说:"合鬼与神,教之至也。"把鬼神的概念纳入了礼仪教化的规范。

随着雅文化与民间文化的合流,礼教重视报本反始的传统和祭祀仪式与民间发自自然的孝敬思念行为结合起来,以墓祭的形式在清明(寒食)中固定下来。公元732年,唐玄宗颁布敕令将民间寒食扫墓编入礼典,"世庶有不合庙享,何以用展孝思,宜许上墓,用拜扫礼。……仍编入礼典,永为程式。"(《唐会要》卷二三)这样作为后世清明节最具标志性的活动,祭祀之俗实现了由原始招魂到祭神最后到祭祖的转变。

所以,后世寒食清明上墓多为追思先祖、父母,柳宗元《与许京兆孟容》谈到寒食墓祭的情况:"近世礼重拜扫……想田野道路,士女遍满,卑隶佣丐皆得上父母丘墓。"可见当时对此的重视程度及其景况之盛。

由此可见,清明习俗的形成,受到礼文化的熏染,并在礼教式微之后继续承载着礼的精神。

三、今日清明节功能之开发

通过考察历史上清明功能与内涵的变化,可以发现礼文乐化的价值和形式逐渐转化原始信仰和仪式,是节日得以不断发展新生的重要原因。而随着墓祭成为清明的主要内容,相伴祭祀仪式而来的孝亲文化也得以延伸。

笔者以为,节日的存在是人类心灵需要,民俗节庆中留存了大量的传统文化因子,在时代变迁,节日原有意义渐失的今天,重新开发节庆功能,事实上是在进行文化重建的工作,意义重大。但是,任何文化重建,都不可能是向空杜撰,闭门造车,而应重视挖掘已有的资源,尊重传统的社会心理,清明节的重建工作也应如是。

对此,笔者提出开发清明节功能和价值的一些思路,这些也适合于其他节日。笔者以为可从几方面入手:

第一是情感涵养。

今天,就清明活动之一远足踏青而言,其风俗虽还存在,参与者却已大不如前,有鉴于此,有学者提倡恢复清明时节的野外活动。不过受制于当前社会生活的特点,恢复清明时节的踏青游春活动已经是一个较难实现的奢望,仅仅扫墓已让交通系统不堪重负。相对而言,重视传统扫墓祭祀活动中的情感涵养意义,也许更有价值。中华民族向有慎终追远、报本反始的报恩传统。过去儒家之所以重视祭祀,是因为通过祭祀过程中"事死如事生,事亡如事存"的庄重仪式,最易培养人们对祖先诚挚的感恩心理和对父母长者敬顺厚养的态度。这种情感,在老人社会提早到来而社会保障体系尚不完善的今天,依然有其现实价值。

因此,笔者以为首先应该补上情感涵养这一课。在清明期间,可在大中小学,开展和清明相关的活动与仪式,比如写作纪念祖先功德的文章,阅读学习中国传统的祭祀文化,组织观看祭祀文化先贤的视频等。也有学者提议清明进行吟诵会,吟诵前辈的感人故事,怀念祖先的范围可推广至乡贤前辈甚至民族文化的古圣先贤,通过这些活动,可培养起年轻一代的敬老尊贤意识,在全社会弘扬孝道。

第二是仪式建设。

仪式方面,则可考虑从歌乐入手。现在很多学者都注意到仪式音乐建设的问题,其中也包括祭祀音乐的重建课题,笔者以为清明仪式建设的较简略的做法可从歌曲出发。早年田汉、聂耳所创作的毕业歌,风靡一时,大家耳熟能详,至今影响深广,当今一些学子在面临毕业或生日聚会等重要场合时,也能找到几首相应的歌曲来寄托感情。可以说,在生命的一些重要节点,艺术家们确实创作出了一些优秀的歌曲,但还远远不够。以清明为例,它既是一个重要的时令节点,也是中国人的一个特殊的心灵节点,却一直没有合适的歌曲可供传唱,甚至也较少具有时代特征的佳作可供朗诵。在这方面,文艺工作者应有较强的使命感,可以在这方面发挥更大的作用。

第三是诗意营造。

清明节,一直是一个诗意盎然的节日,悲喜交织,春光明媚,情意生动,古人往往在这一天远足踏青,并创作了大量的诗文。节日具备了一种审美上的诗意,就会予人美好的感觉,其调整身心的功能就能较好的发挥。今天,当清明来临,我们理应搁下手头繁忙的工作,放松身心,或吟诵,或漫步,体会天人交融的惬意。

现在全社会都在讨论中华文化的复兴问题,也都关注文化认同问题,从清明等仍然具有生命力且又历史悠久的节日入手进行精神文化建设,应该是一条见效较快的途径。

（本文与王曙轮合作）

从斗争到和谐：端午民俗行为的
演变轨迹及其现代启示

摘要：论文首先考察了端午节一系列民俗活动的共同结构,认为争斗和竞争行为是其主要方面,此种行为来源于原始巫术镇压及禳解思维。接着分析了后来纪念活动和食粽习俗何以会成为节日的主要内容,提出了阴阳思想的兴起和人文礼乐精神的传播对节日内涵的影响,得出了端午节的主要功能逐渐完成了从争斗到和谐之转化的结论。今天我们的文化建设,仍然可以注重发挥民俗节日的社会功用,在了解节日发生内在机制的基础上,积极赋予节日活动以新的时代精神和内容。

关键词：原始思维　竞争　和谐　人文精神　文化建设

一、"端午"节日功能的成型

端午节在中国是一个古老的节日,时当农历仲夏五月五日。它的成型,说法较多。一般认为最迟至西晋,端午已成节俗,根据是周处《风土记》曾记载:"仲夏端午,烹鹜角黍。注云:端,始也,谓五月初五也。"又有"端午造百索系臂"、"端午采艾,悬于户上"等说法。[1] 而其最早的习俗,如五月浴兰之类,甚至可上溯至战国以前。[2] 同时端午又是一个重要的节日,其影响力可和清明、中秋相提并论,三节和春节一起被称为中国传统四大节日。端午节在历史上有很多称谓,如端五、重五、端阳、天中节、浴兰节、蒲节、女儿节、

---

[1]　见陈连山:《话说端午》第 3 页,上海世纪出版集团,2008。
[2]　《大戴礼记·夏小正》云:"(五月)蓄兰,为沐浴也。"《夏小正》相传为夏代遗书。参见王聘珍:《大戴礼记解诂》,第 31 页,1983。

五月节等。仅从称呼之多,也不难想见端午节之影响力。

关于端午节的起源和早期功能,此又是一个聚讼纷纭而又难有定论的问题。总起来说,有纪念屈原(伍子胥、曹娥)说,辟邪说,古代越人新年说、祭祀龙图腾说、效仿勾践操演水师说以及综合起源说等等[1]。其中,"纪念屈原说"流传最广,影响最大,但也最受现代学者怀疑。相对来说学者们往往更倾向于辟邪说或综合起源说。根据现有的资料,笔者也赞同这一观点。由于讨论端午的起源并非本文的目的,所以我们在此并不详论。令笔者感兴趣的问题是:1. 为何较晚起的纪念说和食粽习俗会最终成为端午节的主流观念和重要习俗? 2. 众多的端午起源说有没有共同事项(基因或原型)? 如果有,又是什么? 3. 根据以上两点可得出什么结论? 此结论是否能反映民俗文化尤其是节日文化发展演变的某种规律。下面从两个方面谈谈笔者对这些问题的思考。

1. 端午节民俗活动的共同结构

端午节有很多民俗活动,称之为节俗。代表性的有吃粽子(角黍)、赛龙舟、射柳、饮雄黄酒、斗百草、配五色印(或带五色缕)、挂蒲剑、采艾悬户等。这些看似无关的民俗中,其实有着共同的思维特点,即竞赛和争斗。

赛龙舟又称竞渡,是历史悠久而广泛开展的端午民俗活动,无江河的地方则有旱龙船的习俗,后人认为起源也和屈原相关,[2]宗懔《荆楚岁时记》云:

> 是日(五月五日)竞渡。按五月五日竞渡,俗谓屈原投汨罗日,人伤其死,故并命舟揖以拯之。至今竞渡,是其遗俗。……杜(公瞻)注:"邯

---

[1] 此方面的讨论,可参考杨琳:《中国节日文化》"端午节",宗教文化出版社,2000;黄石:《端午礼俗考》,台北鼎文书局,1979;刘晓峰:《端午》,生活·读书·新知三联书店,2010。

[2] 参《钦定古今图书集成·历象汇·岁功典》卷五十一,第49页,中华书局影印本,1934—1940。

> 郸淳曹娥碑云：五月五日时迎伍君逆涛而上，为水所淹，斯又东吴之俗，
> 事在子胥，不关屈平也。越地传云，起于越王勾践，不可详矣。"[1]

这里提到竞渡（后来演变为"赛龙舟"）的多种起源，事实上，各地不同的起源传说，正说明了竞渡风俗发生的广泛性。这一风俗，流传至今。

竞渡为参赛双方的竞赛，这毫无疑义。民间为竞胜而至有互殴者，唐代张建封的《竞渡歌》就为我们描绘了一幅唐代的风俗画。

五月五日天晴明，杨花绕江啼晓莺。

使君未出郡斋外，江上早闻齐和声。

……

鼓声三下红旗开，两龙跃出浮水来。

棹影斡波飞万剑，鼓声劈浪鸣千雷。

鼓声渐急标将近，两龙望标目如瞬。

坡上人呼霹雳惊，竿头彩挂虹蜺晕。

前船抢水已得标，后船失势空挥桡。

疮眉血首争不定，输岸一朋心似烧。

只将输赢分罚赏，两岸十舟五来往。

须臾戏罢各东西，竞脱文身请书上。

这次竞渡比赛，最终演变成了斗殴。在这种竞渡民俗活动的背后，其实反映了古人原始仪式中的辟邪厌胜习俗，是另一形式的争斗。《武陵竞渡略》载："今俗说禳灾，于划船将毕，具牲酒黄纸钱，直趋下流，焚酹诅咒疵疠夭札，尽随流去，谓之'送标'。然后不旗不鼓，密划船归，拖置高岸，搭阁苫盖，以待

---

[1]　宗懔：《荆楚岁时记》，第48页，宋金龙校注，山西人民出版社，1987。

明年,即今年事讫矣。尔时民间设醮预压火灾,或有疾患,皆为纸船,如其所属龙船之色,于水次烧之,此本韩愈送穷,具车与船之意,亦非苟作。"[1]《武林竞渡略》又说龙船竞渡中有抛桃符兵罐的行为,"桃符兵罐二物,船人临赛掷之以祈胜,非也,桃符能杀百鬼,乃禳灾之具。"可知最初五月划龙船和厌胜辟邪相关,而此种行为用了原始思维中的镇压思维,江绍原先生论之甚详。据江先生分析,最初的五月放舟可能是单纯的禳灾巫术,并非一定须两舟或数舟比赛,后来逐渐演变为竞渡风俗,[2]但从赛前双方互请巫师作法的举动,则仍有原始巫术的痕迹,竞渡的胜方应被认为是很吉利的。

辟邪和镇压巫术,在上古世界各地的人群中,是比较普遍的仪式行为。古人之所以选择五月来禳解,是和古人以 5 月 5 日为恶日的观念相关的。《后汉书·礼仪志》云:"仲夏之月,万物方盛。日夏至,阴气萌作,恐物不茂……故以五月五日,朱索五色印为门户饰,以难止恶气。"[3]《荆楚岁时记》也云:"五月俗称恶月,多禁忌曝床荐席及忌盖屋。""五月五日四民并踏百草,又有斗百草之戏,采艾以为人,悬门户上,以禳毒气。"[4]有恶气恶鬼自然要祛除禳解,这和龙船竞渡的原始思维是一样的。

除了赛龙舟,端午的斗百草和射柳等,也和争斗相关。《荆楚岁时记》已有五月五日四民斗百草的记载,《事物原始》载通州端午节男女于郊原采百草相斗赌赢。《隋唐嘉话》记载,唐中宗朝安乐公主为赢得斗草之胜利,竟派

---

[1] 《钦定古今图书集成·历象汇·岁功典》卷五十一,第 19 册,第 46 页,中华书局影印本,1934—1940。部分文字参考江绍原:《端午竞渡本意考》,苑利主编:《二十世纪中国民俗学经典·社会民俗卷》,第 8 页,社会科学文献出版社,2002。

[2] 江绍原:《端午竞渡本意考》,苑利主编:《二十世纪中国民俗学经典·社会民俗卷》,第 8 页,社会科学文献出版社,2002。

[3] 《钦定古今图书集成·历象汇·岁功典》卷五十一,第 19 册,第 46 页,中华书局影印本,1934—1940。另见《汉书·礼仪志》中,国学导航网站。

[4] 宗懔:《荆楚岁时记》,第 47 页,宋金龙校注,山西人民出版社,1987。

人到南海祈洹寺割取维摩诘塑像上的胡须,而此胡须原是谢灵运的,谢临刑行前将自己的美须布施给了该寺供塑像用。可见唐代斗草游戏非常流行。[1] 文学上最有名的斗草作品大概要算晏殊的《破阵子》词:"巧笑东邻女伴,采香径里逢迎。疑怪昨宵春梦好,原是今朝斗草赢,笑从双脸生。"斗草有两种玩法,可称文斗和武斗。文斗是女孩各自采来花草,互相比赛所拥有的花草和名字,红楼梦第六十二回写香菱、芳官等人斗百草可为代表。武斗则是将草叶之茎互相拉扯以比试强度。不管是哪种玩法,都和争斗相关则无异。

射柳的起源较晚,主要流行于北方,庞元英《文昌杂录》载唐代端午这天要"足藉柳",有人认为即是射柳。又说这天军士要"笼鸟于旗杆,走马用射"。[2] 又《开元天宝遗事》:"宫中每到端午节,造粉团角黍贮于金盘中,以小角造弓子,纤妙可爱,架箭射盘中粉团,中者得食。盖粉团滑腻而难射也。都中盛行此戏。"又有些地方流行射葫芦之竞技。[3] 这些都说明唐代以后端午有以射为戏的习俗。清朱彝尊《日下旧闻》述射柳之法云:"今因辽俗。重五日,插柳球场为两行,当射者以尊卑序,各以帕识其枝,去地约数寸,削其皮而白之。先以一人驰马前导,后驰马以无羽横镞箭射之。既断柳又以手接而驰去者为上,断而不能接去者次之。或断其青处及中而不能断与不能中者为负。每射,必伐鼓以助其气。"[4]辽金尚武,故有此俗,一如南人竞渡之划船比赛。直到清代,北京犹有射柳、决射之俗,潘荣陛《帝京岁时纪胜》、项维帧《燕台笔录》等均有记载。

———————————

[1] 刘𫗧:《隋唐嘉话》,第52页,中华书局,1979。

[2] 《钦定古今图书集成·历象汇·岁功典》卷五十一,第19册,第54页,中华书局影印本,1934—1940。

[3] 《钦定古今图书集成·历象汇·岁功典》卷五十一,第19册,第54页、第48页,中华书局影印本,1934—1940。

[4] 于敏中等:《日下旧闻考》,北京古籍出版社,第2356页,1985。

此外，端午还有采药和铸镜习俗，药是用来疗疾的，铜镜在中国古人的思维中有辟邪的功能。显而易见，端午采药和铸镜有辟邪镇压的意识在。

再者，端午的一些食俗如饮端午酒（包括雄黄酒、菖蒲酒）之类，也有同样的辟病驱虫功能。高廉《遵生八笺》云："五日午时饮菖蒲雄黄酒，辟除百病，而禁百虫。"

在这些端午起源说法的背后，有一个共同的结构，即竞争或争斗的行为和思维。这也是很多现代学者不认同端午节直接源于屈原，而倾向于辟邪说或多种起源说的原因。

2. 端午节日功能的转化

历史上的文本，大多都认为端午节因拯救或纪念屈原而来，今天民间说到端午节，仍然首先提到的是屈原。媒体的推波助澜，也加深了这种观念。其实此种认识的由来，源远流长。成书于南朝梁代吴均的《续齐谐记》云："屈原五月五日投汨罗而死，楚人哀之。每至此日，竹筒储米，投水祭之。汉建武中，长沙区回，见人自称三闾大夫，谓回曰：'尝见祭甚善，但常患蛟龙所窃，今若有惠，当以楝树叶塞其上，以五彩丝缚之，此二物蛟龙所惮也。'回依言，后乃复见感之，今人五日作粽子，带五色丝及楝叶，皆是汨罗之遗风也。"[1]前面所引南朝宗懔的《荆楚岁时记》和《武陵竞渡略》，也都是把端午节与屈原联系在一起。

据以上资料可知，大约从魏晋开始，人们已经将端午的一些节俗如竞渡及食粽等行为和屈原联系起来，其联系的根据是民间传说屈原5月5日投江，而端午的正好在5月5日，竞渡正为营救屈原。人民同情屈原，认为像他这样的贤人不该有这样的结局，所以大家纷纷划着小船去营救。唐代刘禹锡《竞渡曲》云："竞渡始武陵（今湖南常德市），至今举楫相和之音咸呼'何

---

[1] 李昉：《太平预览》卷三十一，国学导航网站。

在',斯招屈之义也。"[1]没能拯救屈原,便开始了民间祭祀,以纪念其不屈的灵魂,这可以说很顺理成章的。由此,端午的一些节俗,如吃粽子、缠五色丝等,也和屈原发生了关系,竹筒贮米(粽子的另一形式)是为了保证食物为屈原所得而不为蛟龙所食,五色丝和楝叶塞其上也是为了驱龙。这样,原来的风俗经过新的解释,就获得了新的意义。

在另外的一些地区,端午祭祀的不是屈原,而是伍子胥或曹娥。前面所引《荆楚岁时记》杜公瞻的注:概括了竞渡由来三种版本,即吴地纪念伍子胥和越地纪念曹娥以及越王勾践操练水军的演化。可见其中纪念说的影响甚广,今天江浙地区的端午民俗中,有些地方就有纪念伍子胥和曹娥的活动。伍子胥事见《左传》《史记》等,他助吴伐楚、助吴伐越,均大胜之,是一个忠臣。因受到越国的离间和奸臣伯嚭的谗言陷害,最终被吴王夫差赐死,死后被扔进钱塘江。伍子胥不屈的灵魂化作钱塘江的涛神,每月准时而来,民间传说涌潮时能看见伍子胥白马素车站于涛头之上。张煌言诗有"他日素车东渐路,怒涛岂必属鸱夷",以子胥自比,表达不屈的抗清斗志。曹娥则是因为父亲死于迎接涛神伍子胥的冲浪(弄潮)活动,投江寻找父亲尸体而死的孝女。

在这一礼俗的演变轨迹中,争斗的痕迹犹清晰可辨,"竞渡"仍然是一种竞争,但整个内涵却已悄然发生了某种变化,将前述主要带有巫术色彩的厌胜禳解的仪式过程,转变成了正义与邪恶的较量,并逐渐形成为以见贤思齐为主的纪念活动。在这一转变的背后,弘扬正义,鞭挞丑恶的思想赫然显现其中。这种转变的背后,其实是人文教化对原始巫术思维的取代。虽说是取代,但仍保存了争斗的痕迹。其他一些节俗的演化,同样反映出这样的一个特点,例如端午食俗的变化,即可见一斑:

---

[1]《钦定古今图书集成·历象汇·岁功典》卷五十一,第19册,第46页,中华书局影印本,1934—1940。

端午食粽，是保存至今的端午习俗，前引《续齐谐记》就认为和祭祀屈原有关，然据一些等学者考证，粽最早乃北方食物，其俗与屈原未必有关。《玉烛宝典》引周处《风土记》：先此二节（夏至、端午）一日，又以菰叶裹黏米。杂以粟，以淳浓灰汁煮之令熟，二节日所尚啖也。裹黏米一名粽，一曰角黍，盖取阴阳尚包裹未散之象也。[1] 又《齐民要术》引《风土记》注云："俗先以二节一日，用菰叶裹黍米，以淳浓灰汁煮之，令烂熟，于五月五日、夏至啖之。粘黍，一名粽，一名角黍，盖取阴阳尚相裹未分散之时象也。"[2]可见晋代已有食粽习俗。此两处所引内容基本相同，只是第一则给人的感觉是以黏米和粟为阴阳，而第二则以菰叶和黍米相裹为阴阳。

《玉烛宝典》又载："又煮肥龟令极熟，名曰俎龟黏米，擘择去骨，加盐豉、苦酒、苏蓼，名为菹龟，并以薤荠，用为朝食。龟骨表肉裹，外阳内阴之形，皆所以依像而放，将气养和，辅赞时节也。"[3]此则以龟和米为作为阴阳，同时龟的骨肉又外阳内阴。

以上食粽和龟的记载，都提到了阴阳，阴阳在古代本为矛盾对立之物的总称，自然包含竞争之义，但这里"未散"、"养和"似乎都在强调统一，已暗示出一些信息。

节俗里反映出的阴阳相争到阴阳和谐的变化，是有思想文化上的根据的。古人认为五月是个阴阳相争的月份，成书于秦代的《吕氏春秋》有"是月也，日长至，阴阳争，死生分"的说法，透露出古人认为五月为"阴阳相争，死生相分"的时段。并进一步说："君子斋戒，处必掩身，毋躁；止声色，毋或进；薄滋味，毋致和。"认为君子在这个月中宜静不宜动，食物要清淡，不要追求五味调和。这里体现的还是防和抗的思想。但这一思想和儒家主流的和谐

---

[1] 杜台卿：《玉烛宝典》卷五，第227页，中华书局1985年影印本。

[2] 贾思勰撰：《齐民要术》卷九粽壹法，第370页，北京团结出版社，1996。

[3] 杜台卿：《玉烛宝典》卷五，第227页，中华书局1985年影印本。

思想是有所不同的。根据《周易》阴阳盈虚的理论,有月卦概念的提出,即把每一月对应于十二辟卦之一卦。十二辟卦的来源甚早,商代之易《归藏》中已有提及,自西汉孟喜、京房以后,影响更大。根据月卦,五月属一阴五阳之姤卦(☰),地下的阴气已起,而且将逐渐增长取得控制权,在这样的情况下,单纯地强调阳胜阴或阴胜阳并不符合《周易》阴阳互根、与时偕行的道理,相反阴阳既对立又和谐的观念也许更为合理。另外周易之二十四方位图将后天八卦和干支相配,离卦正与五月(午)相配,而离卦则是二阳夹一阴之象☲。《周易》的和谐思想,随着儒家思想在汉以后的广泛传播,取代原始的巫术思想中的斗争思维就很自然了。明白了这个道理,对理解端午的其他习俗如铸镜,就很有帮助了。

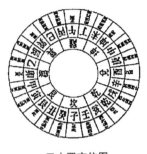

二十四方位图

古代端午之铸镜习俗,据学者考证,唐代以前通常在五月丙午日,比如有一面汉镜的铭文是这样的:"天兴元年五月丙午日天大赦,广汉造作尚方明竟,幽涷三商,周得无极,世得光明。……"此外,还有五月十五丙午日等等造镜的记载。[1] 铜镜在民间思维中有镇压辟邪的功能,因此常被用来作为镇宅之物。由于古代以干支计时,丙午日并非每年五月都有,再加上"午"与"五"通,端午节本身也经历了一个从五月午日到五月五日的演变过程。故据张勃博士研究,唐代以后,铸镜时间已主要在五月五日。[2]

之所以要在五月丙午铸镜,刘晓峰先生以为在古人的观念中,五月丙午日午时,一年的阳气会达到极致,能在五月丙午日午时获得天地纯阳之火铸器,就具备了阳的力量。这种观点是有根据的,五月本属夏中,在《周易》后天八卦中,夏至所在的五月属于"离"卦,"离"为火,为日。丙午又属火周易

---

[1] 刘晓峰:《端午》,第97页,生活·读书·新知三联书店,2010。

[2] 张勃:《唐代节日研究》,第254页,中国社会科学出版社,2013。

的观念奇数为阳,五月五日属于两阳相重,也代表阳气的旺盛。但这里有一个问题值得注意,即文献中经常提到的江心铸镜的例子,白居易《百炼镜》云:"百炼镜,镕范非常规,日辰处所灵且祈。江心波上舟中铸,五月五日日午时。琼粉金膏磨莹已,化为一片秋潭水……"另《唐国史补》记载:"扬州旧贡江心镜,五月五日扬子江中所铸也。或言无有百炼者,或至六七十炼则已,易破难成,往往有自鸣者。"[1]这些记载都将铸镜地点指向水中——江心,如果说丙午或五日代表阳,则江水当为阴,应可理解。前面提到五月是个阴阳相争的月份,同时也是一个阴阳转换的时节,这是一个自然的过程,铜镜要具有辟邪的功能,仅具备阳刚的力量恐怕是不够的,所谓"一阴一阳之谓道"。因此五月铸镜,可能是要取其阴阳调和义。只有水火相济,才能符合和谐之道而无往不胜。这是中国古代哲学的基本思想。

这样,上古的巫术镇压禳解思维,逐渐演变为阴阳的对立和谐思想,[2]并与纪念正直高尚,不与黑暗势力合作的贤人的精神合流,端午节的内涵就逐渐丰富起来,教育功能和娱乐功能都得到了加强。

从端午节俗的变化中,我们可以得出如下结论:其一,端午的仪式功能经历了从争斗到逐渐和谐的转化,当然这种和谐并非为和而和,而是来自阴阳观念的对立统一,是既对立又和谐。其二,仪式功能背后的思维经历了原始巫术思维到人文教化(如纪念屈原或其他先贤的高风亮节,正义战胜邪恶的信仰等)的转化。如果我们再考察清明和重阳等节日,这第二点具有共同性。清明经历了从被褉到缅怀的转化,而重阳则经历了辟邪到敬老的转化。

产生这一演变的原因,除了前述阴阳既对立又和谐思想的影响外,还和古代思想文化的演变密切相关,德国哲学家雅斯贝尔斯认为世界文化都经历

---

[1] 李肇:《唐国史补》,第64页,古典文学出版社,1957。

[2] 端午与和谐理念的讨论,可参考何星亮:《从传统节日看古代中国人的和谐理念——以端午节俗为例》,载《民族研究》2008年第3期。

过一个轴心时代,这是一个文化觉醒和突破的时代。这个时代,古希腊出现了柏拉图、亚里士多德,古印度出现了释迦牟尼,中国出现了老子、孔子等哲人。从中国的情况看,商周之交往往被一些学者看作某种分水岭。商以前,为巫觋时代。商代比较重视祭祀,而所祭之帝则被理解为本族的保护神,所以商人认为受命于天,故纣王灭亡时会有"我生不有命在天?"(《西伯戡黎》)的疑问。周代则人文思想勃兴,故有"皇天无亲,惟德是辅"(《左传·僖公五年》)之说。周朝初年,周公制礼作乐,春秋时代,已发展为礼乐时代。[1] 从巫觋到礼乐,恐怖与神秘的意识越来越淡,道德人文的成分越来越浓厚。特别自孔子以后,士大夫有"不语怪力乱神"的传统。那些原始的观念被大量整合到儒家经典如《周易》《礼记》中而加以理性的解释。秦汉统一后,士大夫和官员的化民成俗的自觉文化意识,又不断地进入民间小传统。这样在节庆仪式中,便既有大小传统杂糅的各种观念,也有了上述讨论的节日内涵明显的转化痕迹。

二、端午节日功能的现代转化

今天的社会已进入信息时代,人们的生活方式与过去农业社会时代相比已经有了巨大的差别,但重建节日文化,仍应考察传统社会节日演变的文化轨迹,重视历史遗产,这是因为文化心理的影响是长期的。这其中,娱乐性和人文性始终不可或缺。以笔者愚见,对传统节日中一些仍有积极意义的内容,应充分挖掘其内涵并赋予新的意义。

一些人类学家认为,原始思维和现科学思维并非截然相反的两种思维方式,它们往往共存于人类的大脑当中,[2]瑞士心理学家荣格则提出集体无意

---

[1] 参看徐复观:《中国人性论史》(先秦篇)第二、三章,上海三联书店,2001;陈来:《古代宗教与伦理》导言,生活·读书·新知·三联书店,2009。

[2] 参见王铭铭主编:《西方人类学名著提要》(克劳德·列维—斯特劳斯"野性的思维"),第383—384页,江西人民出版社,2006;列维·布留尔:《原始思维》俄文版序言,商务印书馆,1981。

识说，认为人类的同类型经验会在人的心理深处作为种族记忆而保存。作为人类文化积淀之固化形式之节日事项也应该具有这样的特点，所以完全不顾历史资源而试图创设全新的节日内涵及形式并不可行。就端午节俗而言，既然集体的仪式中隐含着竞赛争斗的心理，那么传统的赛龙舟等节俗就应予保留。赛龙舟活动前可根据不同的地方历史，增加纪念先贤和乡贤的仪式，而并不一定要局限于纪念屈原或伍子胥等，以使这一传统民俗既具有现代的体育价值，又具有饮水思源、重视文化传承的教育意义。另外，射柳这一传统体育项目，也可考虑在公园等游乐场所恢复开展。一方面现代人生活压力大，工作节奏快，因时因地开展体育运动，有益于身心健康。作为一种劳动工作后的调整，平静流逝的日子中的短暂宴乐，节日的娱乐和休闲功能是必不可少的。现在虽有射击射箭俱乐部，但属于白领运动，价格昂贵，局限性大。另外古代射礼中的价值观也可以借鉴，《礼记·射义》云："射求正诸己，己正而后发，发而不中，则不怨胜己者，反求诸己而已矣。"这是指出君子在面对问题时，应该首先寻找主观原因，而不是借口客观环境。孔子云："君子无所争，必也射乎，揖让而升，下而饮，其争也君子。"这是提倡君子之间的文明竞争。对这些思想加以现代阐释，如合法有序竞争、诚信经营、提高专业水准、提升自我内涵等，是建设社会主义新文化的一种很好手段。此外，端午节的一些卫生观念如喝雄黄酒、炙艾草等，虽然在现代医学发达的今天，已显得落伍。但在这一天普及医学知识，强调中国古代的养生智慧，却是有利无害的。不妨在这节日增添养生普及的内容，提醒大家关注一下自己的身体。现在一方面看病难、就医贵依然困扰着很多人，另一方面则有相当一部分人为了事业"成功"不顾身体顽强"拼搏"。在这一天多关心一下自己的身体，反思一下人生意义，应该也是必要的。

最后再强调一下，包括端午在内的传统节日建设必须注重实践层面的工作。笔者以为，首先可从文艺先行，如端午节的传统文艺应景活动有"关公戏"和"钟馗戏"等，关羽是忠义的化身，钟馗则是疾恶如仇的正义的象征，都具有扶正祛邪的正能量。这些戏曲在诚信、正义普遍缺失的今天可开发出有益的价值。因此,政府部门和国家媒体首先应该担当起积极引导的责任来;其次,有远见的教育家和社会实践家、公益爱好者们可尽力利用学校和社会资源来做传统现代化的普及工作,有责任感的民间力量也可主动开展这一工作。此外众多的艺术家及民间艺术爱好者也可积极地利用网络多媒体技术,以动漫、视频等形式进行节日文化的创意工作,这样的作品成本低,普及率高,群众性强。笔者所在的学校曾和有社会责任感的艺术家们合作,在上海青浦金泽地区政府的支持下,搞了一块仪式教育的实验场所,以重建节日形式和田野戏剧为载体,尝试学院教育与民间文化的对接互动,组织本科一个院系的同学和乡民共同演习传统节庆仪式,取得了很好的效果,学生和乡民彼此都有收获。这就是传统节日实践文化重建的一种有益尝试。另外笔者所居住的社区,也在街道组织下年年搞端午的节日文化活动,民众的参与度比较高。但怎样让这一活动更具可持续性和民间自发性,仍是值得研究的问题。总之,随着文化建设的深入,理论建设依然重要,然而实践方面的工作也变得越来越紧迫。这一点,需要逐渐形成社会的共识。

关于"七夕"与文化建设的思考

摘要：本文简单回顾了"七夕"节日的由来、习俗及仪式,认为在"七夕"节的发生演变过程中,节俗慢慢由晒衣晒书等内容演变固定为祭拜牛郎织女、讲说牛郎织女故事和女子向织女乞巧。这些节俗,在农业社会的存在有着较为合理的思想基础,也有着审美教化功能,起到了调节离别情绪、安慰人心和崇尚劳动、尊重手艺等作用。在实体工业发展越来越受到重视和社会人群频繁迁徙的今日中国,传统节俗中的美好价值观和人生观仍然有着积极的意义,例如表现在"七夕"节中的古代正确的婚姻观和兢兢业业的工匠精神,就是一笔宝贵的遗产。因此,将这些传统节俗功能予以创造性的转化,对今天的社会主义核心价值观建设是有帮助的。

关键词："七夕"乞巧　婚姻观　工匠精神　创造性转化

农历 7 月 7 日的晚上,是中国人的传统民俗节日"七夕"。传说这一天晚上是牛郎织女一年一度相会的日子,其节俗包括女子向织女乞巧(祈求高超的手艺)、祭拜牛郎织女、饮宴、求子等内容。据南朝宗懔《荆楚岁时记》记载:

> 七月七日,为牵牛、织女聚会之日。
>
> 是夕,人家妇人结彩缕,穿七孔针,或以金、银、金俞石为针。陈几筵、酒、脯、瓜果、菜于庭中以乞巧,有喜子(蜘蛛)网于瓜上,则以为符应。

宋代时,这一节俗内容就变得丰富了,南宋吴自牧《梦粱录》载:

> 七月七日,谓之"七夕节"。其日晚晴时,倾城儿童女子,不论贫富,皆着新衣。富贵之家,于高楼危榭,安排筵会,以赏节序,又于广庭中设香案及酒果,遂令女郎望月,瞻斗列拜,次乞巧于女、牛。或取小蜘蛛,以金银小盒儿盛之,次早观其网丝圆正,名曰"得巧"。内庭与贵宅皆塑卖"磨喝乐",又名"摩睺罗",孩儿悉以土木雕,更以造彩装座,用碧纱罩笼之,下以桌面架之,用青绿销金桌衣围护,或以金玉珠翠装饰尤佳。

乞巧、祭拜、饮宴等节俗已多具备,"磨喝乐"为一种小孩玩的土偶,可能是古代生殖崇拜的遗留,与求子有关。

明清两代犹是如此,明刘侗、于奕正的《帝京景物略》说:

> 七月七日之午丢巧针。妇女曝盎水日中,顷之,水膜生面,绣针投之则浮,看水底针影。有成云物、花头、鸟兽影者,有成鞋及剪刀、水茄影者,谓乞得巧;其影粗如锤、细如丝、直如轴蜡,此拙征矣。

意思是说在七月七日的中午女子就开始乞巧了,《中国地方志民俗资料汇编·华北卷·顺天府志》也有类似记载:

> 七夕,女子以碗水暴月下,各自投小针浮之水面,徐视水底月影,或散如花、动如云、细如线、粗如椎,因以卜女之巧。

由此我们可知七夕的节俗,大多和牵牛织女之星传说有关。

其实牵牛织女星的故事,在历史上的文学作品中很早就出现了。《诗经·小雅·大东》云:

> 维天有汉,监亦有光。跂彼织女,终日七襄。
>
> 虽则七襄,不成报章。睆彼牵牛,不以服箱。

诗中用象征手法,批评了那些名不副实的统治者。其中提到了银河(汉)、织女星和牵牛星,并提到了织女在天上织布的情节。东汉末年的《古诗十九首》(迢迢牵牛星)也吟咏过牵牛星和织女星:

> 迢迢牵牛星,皎皎河汉女。纤纤擢素手,札札弄机杼。
>
> 终日不成章,泣涕零如雨。河汉清且浅,相去复几许。
>
> 盈盈一水间,脉脉不得语。

另外曹丕的《燕歌行》中"牵牛织女遥相望,尔独何辜限河梁"的句子,也非常著名。

上述的诗歌都提到了天上的牵牛星和织女星,是后来牛郎织女传说的基础,可是在这些诗歌里,还没有后来牛郎织女鹊桥相会的传说,也没有确定的时间七月七日。据杨琳先生考证,最早提及的牛女七夕相会的是晋人傅玄的《拟天问》中的"七月七日,牵牛织女会天河"的说法。[1]

但是,在早期的节俗中,也有些内容后来逐渐淡化了。东汉崔寔的《四民月令》"七月"条:

> 七日遂作曲。及磨。是日也,可和药丸及蜀漆丸,曝经书及衣裳;作干糗;采蓍耳也。

晒衣晒书的习俗,曾经是七夕的主要内容,其中晒衣习俗,以《世说新语·任

---

[1] 参见杨琳:《中国传统节日文化》,第 290 页,宗教文化出版社,2000。

诞》中的故事最为有名:

> 阮仲容步兵居道南,诸阮居道北;北阮皆富,南阮贫。七月七日,北阮盛晒衣,皆纱罗锦绮;仲容以竿挂大布犊鼻裈于中庭。人或怪之,答曰:"未能免俗,聊复尔耳!"

没有好衣服晒,晒晒短裤也算是与节俗相应。晒衣晒书是为了防止书本生虫腐烂,明代高濂《遵生八笺》引"云笈七签"曰:"七日曝皮裘可以辟蛀。"安徽《建平县志》:"七月七夕,日中曝书辟蠹。"[1]但这种习俗在近代的"七夕"节中已很少见了。少见的原因,推测可能与科技的进步,纸质书的大量普及有关,一般人家中未必有很多书,拥有大量书籍的藏书家又不可能一一晒书。晒衣仅在七月七日也不合理,特别在江南地区,经历了夏天梅雨季节后,出就得赶紧晾晒,怎可等到七月七日,真如此,东西早就霉变了。

还有前面提到的塑卖"摩睺罗","摩睺罗"是一种用泥或蜡等塑造的儿童模型,古人或以为又称"化生"习俗,唐王建《宫词》:"七月七日长生殿,水柏银盘弄化生。"《古今图书集成》《中华全国风俗志》等典记载历史上全国各地都有七夕塑卖赏玩"摩睺罗"的习俗。学者杨琳和张君都以为和生殖巫术与祈子习俗相关。[2]

但为何这个过去较为流传的仪式在今天不多见了?笔者以为一是随着社会的发展,这种带有巫术色彩的仪式不符合人的理性思想和科学思想,二是七夕求子的内容和中秋的节俗的相关内容是重叠的,中秋节俗中有拜月习俗,月亮中的兔子、蟾蜍都是生育能力很强的动物,月宫的桂树砍了又长,具

---

[1] 见《古今图书集成》"历象汇编岁功典"第六十五卷"七夕部"。

[2] 参见杨琳:《中国传统节日文化》,宗教文化出版社,2000。张君:《神秘的节俗》,广西人民出版社,1994。

有很强的生命力,这些动物和植物的原始象征意义,都可以看作是上古生殖崇拜思想的反映。因此拜月习俗中有部分内涵是和祈子思想相关的,此外还有"摸秋"习俗,即在中秋夜晚去人家瓜田偷瓜,送给没有生育的妇女,这也是祈子巫术的一种表现。所以,很有可能七夕祈子的习俗因和中秋习俗重叠,而逐渐被人遗忘。在中国,早期不同的节日之间,一些相同或不同的节俗,在流变发展中,会发生整合归并的现象。例如清明节就整合了寒食和上巳节的内容,祭祖和踏青(青年男女游玩和自由恋爱)的内容在三月三上巳节已经有了,寒食不吃熟食则可在一些地方的清明吃青团习俗中看到痕迹。这些习俗被归并到清明后,这两个节日反而逐渐被人遗忘。因此,七夕求子的内容,也很有可能因中秋具有相同的习俗,而逐渐淡化并被归并到中秋节俗之中。

因此七夕节俗的形成是有个过程的,在我国,每逢单月,月与日数字相重的日子往往是重大节日,如正月初一新年、三月三日上巳节、五月五日端午节、九月九日重阳节。依此类推,七月七日成为节日也很合理。但为何将此日和牛郎织女结合起来,并无很合理的解释,《大戴礼记》之《夏小正》云:

> 七月:汉案户。汉也者,河也。案户也者,直户也。言正南北也。……初昏,织女正东向。[1]

也就是说七月初昏时,银河自南而北,织女星朝向东方。而在河对岸,此时和织女星遥遥相对的一颗星,就是牵牛星。

另外,也有学者注意到"七"这个数字的神秘色彩及与七夕的关系。"七"在世界许多民族中和宗教中,都含有神秘意味。基督教、佛教、伊斯兰

---

[1] 王聘珍:《大戴礼记解诂》,第 41 页,中华书局,1983。

教和中国本土的道教都有重视"七"的内容。[1] 例如《旧约》之《创世记》上帝要求诺亚在方舟上带上七公七母的畜类和飞鸟作为种子。

在我国,除了道家以外,儒家的经典也同样重视七的神秘性,《周易·复卦》"彖辞"云:

> 反复其道,七日来复,天行也……复,其见天地之心乎。

即以为大自然的运行规律是七日为一个周期,而天地之心,即为天地生养万物之心。[2] 生命的产生是阴阳互动的结果,因此《周易》非常强调阴阳互动、阴阳和谐的思想,这表现在人类社会即是夫妇关系的稳定。《序卦传》云:

> 有天地然后有万物,有万物然后有男女,有男女然后有夫妇,有夫妇然后有父子,有父子然后有君臣,有君臣然后有上下,有上下然后礼义有所措。夫妇之道不可以不久也,故受之以"恒"。

再根据《周易》十二辟卦与季节相配之例,与七月对应的为"否"卦,上乾下坤,乃是天地不交而万物不通之象征。但其覆卦,则为天地交泰之"泰"卦。从"否"卦到"泰"卦,正好相隔七位。

另外,根据中国古代医书《黄帝内经》,女子以七为生长周期。《黄帝内经·素问·上古天真》论:

---

[1] 叶舒宪、田大宪:中国古代神秘数字,第 132 页,陕西人民出版社,2011。

[2] 黄寿祺、张善文:《周易译注》,第 191 页,上海古籍出版社,2004。

> 岐伯曰：女子七岁肾气盛，齿更发长。二七而天癸至，任脉通，太冲脉盛，月事以时下，故有子。……男不过尽八八，女不过尽七七，而天地之精气皆竭矣。

相对来说，在民间的牛郎织女传说中，织女的地位是仙，牛郎是凡人，织女地位应高于牛郎，而从节俗内容来看，女性的重要性高于男性，乞巧主要是女性的活动。因此在七月七日这个特殊日子，结合某种天象，将其演变为牛郎织女夫妻相会之日，就很合理了。

由是，原来已有的牵牛织女遥遥相望的主题就演变成了牛郎织女夫妻相会的传说，而牵牛，则不再仅仅是遥不可及、无法亲近的牵牛星，而变成了地上勤劳农夫的化身牛郎。另外各种人物与故事情节也随之附加上去了。故事中出现的王母娘娘等神仙，不过是各种分离因素的象征，而牛郎、织女及喜鹊等，则代表着冲破隔离，团圆相守的愿望。加上织女善于织布，而古代社会男耕女织，从事织布和女红等手艺是女性的基本工作，因此女性向织女乞巧就很正常了，这反映了古人对生产技能的重视。晋葛洪《西京杂记》云："汉彩女常以七月七日穿七孔针于开襟楼，人俱习之。"大概是最早的关于七夕乞巧习艺的记载。这样，牛女相会的主题就逐渐与乞巧的主题在节俗中合流了。鉴于以上各点，祝福牛女相会，以寄托自己的理想，希望自己能够夫妇长期相守；同时女性向织女乞巧，祝福自己能成为心灵手巧的女子，就成为七夕节俗的主要内容了。后周王仁裕《开元天宝遗事》记载：

> 明皇与贵妃七夕宴华清宫，列酒果于庭，求恩于牛女星。各提蜘蛛，闭小宫中，至晓，以丝网细密为巧候。至今士女效之。

这里既有向牛郎织女祈求婚姻久长的仪式，又有观蜘蛛结网乞巧的内容。至于白居易《长恨歌》中更有祈求夫妇恩爱长久的直接反映：

七月七日长生殿,夜半无人私语时。在天愿做比翼鸟,在地愿为连理枝。

七夕的这些节俗,经由文学作品的推广,因而带上了一层浓浓的诗意,显得非常美好。又如权德舆《七夕》诗云:"今日云骈渡鹊桥,应非脉脉与迢迢。家人竞喜开妆镜,月下穿针拜九宵。"这包含了仰望牛女相会和乞巧的仪式。宋代词人秦观的《鹊桥仙》更是脍炙人口的名篇,反映出对牛郎织女的美好祝愿:

纤云弄巧,飞星传恨,银汉迢迢暗度。金风玉露一相逢,便胜却人间无数。

柔情似水,佳期如梦,忍顾鹊桥归路。两情若是久长时,又岂在朝朝暮暮。

考察传统节日七夕,可见其在历史上曾起过以下的积极作用:

首先,是一种诗意的人生观。就人生而言,事事圆满是不现实的,所谓不如意事常八九,夫妻长相厮守虽是人人期望的美好理想,但古人也会为追求更好的生活或迫于生计,游学行商、仕宦从军,加上古代交通不便,所以夫妻恋人离别的情况也是经常发生的,这也是为什么中国古代诗歌中"游子思妇"会成为一个重要母题的原因。在现存数量众多的"七夕"诗文中,有的表达了对人间团圆的向往,有的给予分离的夫妇以心理安慰。上述秦观的《鹊桥仙》就表达了"两情若是久长时,又岂在朝朝暮暮"的达观思想。就当时的社会条件而言,这是一种很正确的爱情观。

其次,这种积极作用还表现在通过乞巧仪式,表现了女性对劳动技艺的重视,而这一点是不分贵贱等级的。

古代社会以男耕女织为基本的生活方式,因此对劳动技能的重视可以想见。古代社会对女性的手艺也有基本的要求("妇工"),剔除其封建性的内容,掌握一定的生活技艺是生活的必需,就像男子必须熟练掌握一门谋生手艺一样。因此乞巧的节俗反映出古人对于劳动和手艺的尊重。

  时至今天,七夕仍然是一个重要的节日,然而,随着时代的变迁,其内涵正暗暗地发生变化,过去乞巧的内容不见了,祝福牛郎织女的内容也淡化了。商家以中国情人节的名义,暗中促销,一些媒体对节俗缺乏了解,客观上也起了推波助澜的作用。这些现象,笔者以为很不妥。节俗的改变,不应该是任意的,需要对历史的尊重;即使想创新,也应是在传承基础上的创新。

  现代社会,社会生活节奏越来越快,今天的中国,又遇上了大迁移的时代背景。为了更好地发展,很多人抛妇别雏、背井离乡,这对于稳定的家庭关系形成了巨大的冲击。另外,及时行乐的思想,"不在乎天长地久,只在乎曾经拥有"等观念,也对家庭稳定造成影响。家庭是社会的细胞,和谐稳定的家庭是和谐社会的基础。因此,面对这样一个时代,怎样借鉴优秀传统文化的审美教化功能,予以创造性的转化,是值得研究的。在这方面,政府的基层组织,民间力量、公益组织应该有所作为。一方面,基层组织,特别是一些较老的社区,人员结构相对复杂,外来人口较多,可以组织一些诸如七夕会之类的活动,内容包括诗歌吟诵、文艺表演、手艺比赛等,通过文艺和仪式的展演,让外来群体在心理上多一点认同感,对家庭稳定和美满婚姻之间的关系多一点共识,对美好生活多一点向往。另一方面,政府对民间进步力量,公益团体、学校等组织开展此类活动,也应抱着同情之理解的态度,予以方便和支持,不应抱有种种成见和顾虑。

  还有,中国社会和经济经历改革开放后的大规模发展后,逐渐进入一个瓶颈阶段,尤其表现在制造业方面。作为一个制造业大国,我们却缺少大量兢兢业业有专业技术的工人。这是我国和现代发达国家的差距之一,制约了我国生产力的进一步发展。现在整个社会虽然已经意识到这一点,从上到下都在提倡工匠精神,但人们意识深处还未必真正重视"工匠",政策制度也未体现对"工匠"应有的尊敬。其实在历史上,我国的农业和手工业曾长期领先于西方,中国的手工制造工艺对世界做出过巨大贡献,因此并不缺少工匠和所谓"工匠精神"。农业社会中,农业和手工业是基本的生产方式,很多劳动者在精益求精,心手合一的手艺中,逐渐体悟出生活的意义。所谓工匠精神,一方面是对所从事工作的尊重,也即是敬业精神;另一方面则必须有手艺的存在。西方人事事讲究自己动手(DIY),故工匠精神的安放就有基础。

在笔者少年时,一般的成年男性都会修理自行车、鼓捣日常生活器具,装修居室等;女人则家中烹调料理、缝补浆洗,无所不通。在今天,则一切都外包了。而在学校应试教育体系中,科技小组或手工制作课程往往只是点缀。一个从小忽视手艺的民族,又何谈工匠精神呢?此所谓皮之不存,毛将焉附?有鉴于此,在七夕这一天,学校开展一些手工竞赛活动,从而体现对手艺和技术的尊重,也是乞巧仪式的一种现代转化,民俗学者有所谓民间仪式的国家在场的说法[1],这有点言重了。但通过一定的节俗活动,提倡一种合理的价值观和生活方式,应该是有意义的。

总之,怎样利用民间传统节日的原有内涵与功能,进行创造性的转化,从而对整个社会的和谐进步起一些作用,应该是值得研究的。

---

[1] 高丙中:《民间仪式与国家的在场》,北京大学学报,2001年第1期。

避难—登高—尊高年与诗意人生
——关于重阳节俗文化创新的思考

摘要：本文从"重阳节的起源及早期原型"、"重阳节敬老活动的历史内涵"、"今日重阳文化创新"和"重阳文化总体建设思路"四个方面，讨论今天重阳节庆文化建设的意义和重建路径。文章认为：传统重阳文化的形成，和中国人天人合一的观念及早期原始信仰有关，重阳文化在其历史发展流变过程中，又被赋予了新的内涵与功能，尤其是在和礼文化结合后，报本反始的敬老功能得以在节日中深化。此外，传统重阳节又是一个诗意和休闲的节日，无数文人雅士构筑起的重阳诗性文化，代表着中国人闲逸旷达的人生观。这一特点与春节文化、清明文化或端午文化之功能均有所不同。今天重建重阳等节日文化，必须注重原有的历史资源。文章还着重论述了今天重建重阳文化的社会价值、文化价值、经济价值及具体的开发建设思路。

关键词：重阳节　避难　登高　敬老　菊文化　内涵创新　文化建设

一、重阳节的起源及早期原型

在传统节日中，重阳节的民俗特征较为特殊。历史上的这一天，人们通常都要外出登高游乐、佩茱萸、饮菊酒、食重阳糕、求长寿等。重阳习俗的起源很早，有战国起源说、汉代起源说等说法。《西京杂记》记载：汉高祖戚夫人侍儿贾佩兰说，以前在宫内时，"九月九日佩茱萸、食蓬饵、饮菊花酒，令人长寿。"[1] 可

---

[1]　葛洪辑：《西京杂记》外二十一种卷三，《四库笔记小说丛书》，上海古籍出版社，1993。

见后世节俗中的一些主要内涵汉代已都有了。史载后来一些地方还有食菊花糕和菊茶的习俗,南朝《太清记》载:"九月九日采菊花与茯苓松脂,久服令人不老。"[1]唐代皎然《九日与陆处士羽饮茶》云:"九日山僧院,东篱菊也黄。俗人多泛酒,谁解助茶香。"

重阳节为何要举行这些活动呢?这是和古人对此节日的理解有关。

"重阳"的名称一般认为来源于《易经》,易以阳爻为九,将九定为阳数,两九相重为重九,日月并阳为重阳,故名重阳。

据南朝吴均《续齐谐记》载:

> 汝南桓景,随费长房游学累年。长房谓之曰:"九月九日,汝南当有大灾厄,宜急令家人缝绛囊、盛茱萸系臂上,登山饮菊酒,此祸可免。"景如言,举家登山,夕还,见鸡犬牛羊一时暴毙。长房闻之曰:"此可代也"。今世人每至九日登山饮菊花酒,妇人带茱囊,是也。[2]

这一传说虽未必可信,但有一点值得注意,即它揭示出登高饮菊酒习俗来之于对灾难的恐惧以及由此产生的逃避死亡和灾难的活动。更深一层说,它或许反映了远古人民对于某种灾难的记忆。有学者从《夏小正》"九月内火",即"大火星不见了"的描述中,认为古人的神秘思维是,火星的休眠自然地与万物的死亡联系起来,因而存在着一种隐层结构(三月三——复活节,九月九——死亡节)并认为这种重阳登高活动是上古洪水灾难的反映。[3]也有人认为登高是为避火灾[4]。

---

[1] 王韵之:《太清记》,见《古今图书集成·历象汇编·岁功典》,上海书店,1936。

[2] 宗懔:《荆楚岁时记》,第127页,中华书局,1987。

[3] 参见张君:"九九重阳节——中国传统的死亡节、升仙求寿节和酒神节",《求索》1993年第5期。

[4] 丁世良、赵放主编:《中国地方志民俗资料汇编·华北卷》,第590页:"九日饮菊酒,佩茱萸,登高,以为避火灾。"火属阳,故以阳九日避火灾。书目文献出版社,1989。

事实上,九月在我国先民的心目中是一个神秘的月令。先民们仰则观象于天,俯则观法于地,很早就用八卦来比附天地万物,季节历律当然也在其中。古人用十二辟卦来指代十二个月份,九月属剥卦,其卦象为五阴一阳(☶),除上九为阳爻外,其他五爻均为阴爻,象征阴盛阳衰,万物逐渐凋零。到了十月,则是坤卦在位(☷),全阴之象了。所以九月是阳气在高处仅存,自然生机似已潜藏,一年应进入休眠状态。另外,从数字上说,九为至阳之数,重阳为两九相重,已到极盛之地,物极必反,预示着向反面转化。因此古人在这一天避灾,是有其心理根据的。但根据《易经》的道理,任何事物都有可能转化,假如能够出死入生,则"剥"的反卦是代表一阳发动的复卦(☷),代表生命力的回归。[1] 从这个意义上说,重阳似乎也能解释为重新焕发阳气。故周历建子,即以今天的夏历的十一月(卦象为复)为正月,确有一定的道理。这样,古人逢重阳必登高,其深层心理机制主要就是被禊辟灾。

而古人重阳之所以要佩茱萸、食菊花,开始也是因为菊花与茱萸都有辟邪延寿的功能,如西晋周处《风土记》载:

> 汉俗九日饮菊花酒,以被除不详。九月九日,律中无射而数九,俗尚此日折茱萸以插头,言辟除恶气,而御初寒。[2]

宋人吴自牧《梦粱录》云:

> 今世人以菊花、茱萸,浮于酒饮之,盖茱萸名"避邪翁",菊花为"延寿客",故假此两物服之,以消阳九之厄。[3]

---

[1] 参见南怀瑾:《道家、密宗与东方神秘学》"十二辟卦",第113页,复旦大学出版社,1998。

[2] 《古今图书集成·历象汇编·岁功典》卷七十六,上海书店,1936。

[3] 吴自牧:《梦粱录》,第55页,三秦出版社,2004。

其实,茱萸和菊花都可以入药。茱萸又名"越椒"或"艾子",香味浓烈,可以驱蚊杀虫,而菊花久服则"利血气,令人轻身耐劳延年"。具有养生延命功能,即可得高寿。

不过,随着这一习俗的节日化,重阳日避灾祛邪的神秘意识逐渐淡化,而渐渐演变成了人们祈求长寿、强身健体、祝福儿女、欣赏美食及外出野游等寻求美好生活的民俗活动了。例如后世有重阳吃菊花糕的习俗,"糕"即"高"的谐音,据明代高濂《遵生八笺》记载:九月九日,人们把菊花糕切成薄片,搭在未成年人额头上,祝福道:"愿儿百事俱高!"由此可知食菊的含义已由辟邪,求寿高而引申为"百事俱高",这与其原始意义相去甚远。又如可能由登高演变而来的野宴,也是重阳的一大景观,在南梁宗懔的《荆楚岁时记》中也有记载:"九月九日,四民并籍野饮宴。"隋杜公瞻注云:"九月九日宴会,未知起于何代,然自汉世来未改。"[1]宋代孟元老《东京梦华录》云:"都人多出郊外登高,如仓王庙、四里桥、愁台、梁王城、砚台、毛驼岗、独乐岗等处宴聚。"[2]清代潘荣陛《帝京岁时纪胜》云:重九"都人结伴呼从,于西山一带看红叶,或于汤泉坐汤,谓菊花水可以却疾。又有治肴携酌、于各门郊外痛饮终日之俗,谓之'辞青'"[3]。伴随着登高和野宴的,还有插茱萸、赏菊花、饮酒、赋诗等活动,这就使得重阳节完全变成了一个全民游赏性的节日了。

由于士大夫的广泛参与,有些活动,尤其是由爱菊、赏菊而形成的菊文化,逐渐成为重阳节的重要载体,大大丰富了重阳节的内涵,使得重阳节又具有了思乡念亲、抒发怀抱、修身养性等内涵和身心调节的功能。唐寅的《菊花》诗云:"多少天涯未归客,尽借篱落看秋风。"即属于思乡念亲的主题;而杜牧的《九日齐山登高》:"江涵秋影雁初飞,与客携壶上翠微。尘世难逢开

---

[1] 宗懔:《荆楚岁时记》,第 127 页,山西人民出版社,1987。

[2] 孟元老:《东京梦华录》卷八,重阳,第 216 页,中华书局,1982。

[3] 潘荣陛:《帝京岁时记》,第 32 页,北京古籍出版社,1981。

口笑,菊花须插满头归。"则告诉了我们重阳登高赏菊还有心理调节的功能;苏轼"荷尽已无擎雨盖,菊残犹有傲霜枝"和郑谷的"露湿秋香满池岸,由来不羡瓦松高"等名句,则抒发了志士仁人的怀抱;至于陶渊明《饮酒》中"采菊东篱下,悠然见南山"之句,则体现出隐逸者独善其身的理想。这样,重阳节的内涵便愈来愈丰富了。

由重阳节的演变可知,正是人文因素的兴起和雅文化的渗入,使得重阳逐渐摆脱了原始思维和早期信仰的形态,内容更加丰富,格调更加高雅。

二、重阳节敬老活动的历史内涵

今天,重阳节仍是一个重要的节日。二十多年前,政府将重阳正式定为老人节,从而让这一节日的内涵有了进一步的拓展。从历史的角度来说,这一行为可以说是有根据的。在我们的传统语言中,就有"松菊延年"、"杞菊延年"等祝寿语,因为菊花是重阳的时令花卉,又是重阳文化的重要载体。更重要的是,历史上农历八、九月的秋季,就是传统的敬老时间。

史书上有关秋季敬老的记载较早见于《礼记·月令》。该篇记载,先秦时期每年的仲秋之月,天子都要"养衰老,授几杖,行糜粥饮食"[1]。这里的"几",为"古人凭坐者"(《说文》),即几案;"杖",手杖、拐杖。意思就是说天子对于年老力衰的老人,要授以几、杖,赐以饮食。关于授杖,史书中常称"高年授王杖"。因所授之杖,乃当朝皇帝所赐故称王杖。这个王杖的杖头饰鸠,故又称王杖为鸠杖,象征着老人饮食如鸠,咽而不噎,这是一种健康长寿的祝福。这些都是敬老的国家仪式。

西汉初年,开国皇帝汉高祖刘邦颁布了敬老养老诏令,凡八十岁以上老人均可享受"养衰老、授几杖,行糜粥饮食"的待遇。建始元年九月,汉成帝刘骜即位。在当年所颁布的王杖诏书内,提到七十岁以上的老人,"人所尊

---

[1]　杨天宇:《礼记译注》,第 274 页,上海古籍出版社,1997。

敬也";问候八十岁以上的老人"生日久乎?"将享受这种法定待遇的老人最低年龄降到了七十岁。每年秋天,由地方政府普查人口,对高龄老人进行登记造册,举行隆重的授杖仪式。如《后汉书·礼仪志》中记载:"仲秋之月,县、道皆案户比民,年始七十者,授之以玉杖,哺之糜粥。八十、九十,礼有加赐。玉杖长尺,端以鸠饰。鸠者,不噎之鸟也,欲老人不噎。"

唐开元二年(714)九月,唐玄宗在长安大明宫含元殿,大宴京城父老,并举行了隆重的授几杖敬老仪式。此次赐几杖遍及全国八十岁以上的所有老人,成为我国古代规模最大、最隆重的一次赐几杖仪式。[1]

另外据载,开元二十四年(736)八月初五,为唐玄宗五十一岁生日,他遂将此日定为千秋节,赐宴父老并赐礼物。诏曰:

> 今兹节日,谷稼有成,倾年以来,不及今岁。百姓既足,朕实多欢。故于此时,与父老同宴,自朝及野,福庆同之。并宜坐食。食讫乐饮。兼赐少物,宴讫领取。(《全唐文》:玄宗《千秋节赐父老宴饮敕》)[2]

从以上这些史料中,可以发现历史上国家敬老行为常发生在八九月间,这应该和秋季对应于人生的晚年相关,但八月的节日较多,如中秋、迎潮神等。且中秋是个大节,本身已有祭月拜月、家人团聚、庆丰收等内涵,而九月重阳却不同,正好有着延年益寿的祈愿。所以现在国家将敬老作为重阳节俗的重要内容固定下来,这样有所取舍,应该是较为合理的。

以上这些秋季养老敬老的国家行为,无疑和我国古代的尊老传统有关,而尊老的礼仪则是传统礼乐文化的一部分。先秦儒家认为礼是维持人伦日

---

[1] 《全唐文》卷二十六,转引自谢元鲁、王定璋:《中国古代敬老养老风俗》,第59页,山西人民出版社,2004。

[2] 《全唐文》卷二十六,转引自谢元鲁、王定璋:《中国古代敬老养老风俗》,第77页,山西人民出版社,2004。

用、社会规范的有效手段,"礼者养也"。儒家提倡孝道,敬老的内容在礼文化中也有大量的规定,《礼记·乡饮酒义》有云:

> 乡饮酒之礼,六十者坐,五十者立侍,以听政役,所以明尊长也。六十者三豆,七十者四豆,八十者五豆,九十者六豆,所以明养老也。

另据《礼记》的《王制》《内则》篇记载,远古时代,舜每年用"燕礼",禹用"飨礼",殷商时则用"食礼"款待老人。周则兼而有之,分别宴请"国老"(有爵位和有德行的老年现任或退休官员)和"庶老"(庶民中的老者),并且"既养老而后乞言",在敬老宴会上还要请老人们对国政发表意见。除了设宴敬老,当时还有很多具体的养老措施。

这些都构成了重阳节敬老的历史资源。

三、今日重阳节与文化创新

笔者以为,民俗节庆中留存了大量的传统文化因子,而在时代变迁,节庆观念趋淡,节日原义渐失的今天,重新开发节庆功能,事实上是在进行文化重建的工作。但是,任何文化重建,都不可能是向空杜撰,闭门造车,而应重视挖掘已有的资源,重阳节的重建工作也应如是。

从功能上讲,重阳节自古至今有一个演变的过程,即从最初的祛灾避难之登高逐渐演化为祈求长寿和敬老,它的吉祥物"茱萸"和"菊花"就曾被人们广泛地称为"避邪翁"和"延寿客"。皇帝赐予年老的臣子和百姓中的寿星手杖或衣食物品则是敬老行为的仪式化。

从文化上讲,由于文人爱菊的缘故,屈原、陶渊明、李白、杜甫、孟浩然、苏东坡、陆游、李清照……数不清的骚客文人留下了数不清的重阳诗文,从中反映出的人文精神是非常深厚的,也是其他传统节日难以企及的。

因此,重阳节的文化重建与文化创新,可以从以下几个方面展开。

第一，重阳敬老内涵需要深化。在今天政府已将之正式定义为敬老节并取得广泛社会共识的情况下，重阳节的主要内涵已变成尊敬老人和关心老人。这样，它的主要功能就指向已超过 2 亿的 60 岁以上的老人、占全国人口 15.5% 比例的一个银发社会。既然是一个全民敬老的节日，就需要创造一个全民表达敬老、爱老情感的环境和条件，但就多年来的现状而言，重阳节"特殊"的节日功能并没有收到很好的效果。

据调查显示，过半的年轻人不知道重阳节在哪天，不知道重阳节是传统节日，更不知道"重阳节"与"敬老日"同为一天。而知道重阳节的除了将其与"敬老日"简单划等号以外，绝大多数又并不知道重阳节还有什么特殊意义。

调查还显示，绝大多数报纸传媒在重阳节那天报道的中心话题是"工会"、"领导"、"送温暖"、"看望孤老献爱心"。而大部分老年人对重阳节的期待仅仅是单位的"慰问"。这其实是一种"别无选择"。重阳节也仅仅成为单位退管会一年一度的"一项工作"。这与封建时代的慰劳模式相比，实在有着天壤之别。

我们认为，在重阳节到来之际，其实地方基层政府、公益组织、社区民众、居委会等有很多工作可做，完全可以营造一种年轻人尊老，政府与社会敬老，老年人安老的氛围。例如政府及民间组织可以在重阳前后（逢双休日），举办游艺民俗和文艺演出活动，提倡祖孙三代共同参与，强化祖孙隔代之间的感情，增强报本反始的感恩意识。也可以在重阳节那天，在中小学举行一些手工制作和新媒体创意设计，作为礼物送给家中的老人。此外，大学或研究机构的专家学者，平时应多去社区举办讲座。在秋日重阳时节，则宜涉及晚境的主题，毕竟，人生的有些美好，要到晚年才能体会。医务工作者也可在重阳时期进行公益养生讲座，以应对老年社会的健康需要。

应该说，近年来的中国，由于经济的发展，有相当数量的老年人依然保持着积极投入生活的热情，他们有的走出国门，有的继续学习，有的仍在工作。

但也应看到,还有相当数量的老年人缺乏生活的热情,总是被动地并习惯地等待着他人的关爱。因此,营造重阳节的假日气氛,丰富重阳的文化内涵,设计一些普适老人的文化活动,通过一些特定的仪式彰显人生晚年的价值,客观上能够激发起千百万的中国老人热爱生活、珍惜生活、享受生活的美好情怀;焕发他们的青春、活力、"稚气";重新启迪他们的心智、勇气、力量。总之,鼓励老年人共同参与构建和谐社会,体验美好人生,同圆中国梦,这也是重阳的另一种解释吧!

因此,从以人为本、老有所乐、老有所为和建构敬老文化的角度而言,深化重阳节的节日功能自有其"特殊"意义。

第二,重阳登高与文化提升。重阳节之特殊性,可表现在与清明、端午、中秋诸节的对比上。

以传统形式而言,春节、中秋是讲究亲情团圆、以小家为核心的家庭回归型的传统节日;清明、端午等是以祭悼缅怀为主的个人或公祭型的节日;而重阳节的特点却是外出休闲型的登高游乐,这一点比较符合现代社会人们对生活质量的要求,符合现代人放松心情的需要,但是今天,登高旅游却普遍较难实现。一方面,重阳节并不放假;另一方面,现在城际交通已经很拥堵,大量出行势必更给交通添堵。因此,如何将这一传统模式转化,就显得很重要。笔者以为,历史上登高可以有几重含义,既可以是外出登高,也可以是祝福老人高寿,还有祝福儿女快快长大等意义。故今天我们也可以将登高引申转化为文化水平与文化境界的提高,例如祝贺孩子升入高一等级学习,祝贺自己或他人达到某种新境界,反思自己在价值追求上有没有年年进步等等。

从具体内容上讲,重阳节除了传统的外出登高外,民间老百姓还普遍保留着赏菊活动。"待到重阳日,还来就菊花",是家喻户晓的千古名句,也是人们心中对美好生活的向往;"菊花如端人,独立凌冰霜",则是陆游颂扬的人格,也是中华民族的格言;面对"东篱",人们自然而然地就会忆起"南山",就有望精神脱俗一番。有关部门和民间机构、学校、社区及个人均可在重阳办菊展。因为在传统菊文化中,有着思乡念亲、君子人格、回归自然、赞颂生命等多个主题,因此可以结合不同的主题办菊展,通过普及文化知识来提升人们的精神境界;还可举办重阳诗会和文化讲座等等。

进入 21 世纪后,很多人在谈文化创意产业,但文化是有其符号性和象征性的,文化创意产业只有在充分了解文化特征的基础上才有可能取得成功。在确定各个节日的文化符号和文化象征方面,我们做得并不够。通过对邻国的民俗文化考察可知,他们在重阳节及其相关的文化遗产的传承方面做得比我们好。例如从节日的象征性符号来说,重阳节自古有着它"特殊"的物质载体:菊花酒、重阳糕。可惜这一节日载体偏偏被我们遗忘了,很多人不知道重阳节该吃什么!倒是我们的邻国韩国还延续着这千年的节令食品。这些也可以成为重阳经济乃至创意文化的一部分。从这个角度讲,一些重阳食物如菊花酒、重阳糕等完全可以重新研究开发。

所以,重阳节与其他传统节日相比,并不缺少可以推陈出新、古为今用的地方;同时,它也更符合现代假日的理念。可以这样说,当代重阳节是一个各方面最能体现节日要素、并被赋予积极意义的传统节日。

第三,对重阳节列为国定假日的建议。重提将重阳节列为国定假日的建议,是因为不在周六、周日的重阳节,人们是不可能请假去看望父母、祖父母的。以笔者为例,也不可能不上课去探望父母亲,当然更谈不上在这一天陪同父母外出走走。所谓登高望远,赏菊秋游,也总是一个不太可能实现的美好愿望。

笔者认为,要使今日之重阳节真正实现其作为一个有"特殊"意义的节日,突出其历史内涵,彰显其文化功能,就在于将重阳节列为"国定假日"——在重阳节到来的这一天,全民放假,使儿女能够放下工作探望父母,儿孙可以暂停学习问候爷爷,邻家的孩子可以知道楼下的阿婆要过节了。人们也可以放下手中的活计,放飞心情,提升思想文化水平。这其实都有助于家庭的和谐、邻里的和谐、社区的和谐乃至整个社会的和谐。

倘若重阳节作为国定节日,就有机会与周末相接,形成一个三天的小假期,特别适合探亲访友,或作短途旅游。而重阳节外出登高游乐的传统节日特点,也正是现代旅游的最基本的要素,

从假日的时间分配上来看,春节(加上除夕、元宵)、清明、端午,都集中在上半年,下半年只有中秋,而中秋还可能与国庆重合。因此增加一个重阳节,也显得均衡;从假日经济拉动国民消费,特别是文化创意产业的角度出发,显然也是利大于弊。有时机才会有商机。

现在,政府已将传统节日清明、端午、中秋定为国家法定假日,但却将"重阳节"遗漏了,致使目前的重阳节仍是一个亟待关注而又缺乏关注、冠之以美名而又缺少内涵、流于形式的节日。其实,当重阳节被赋予一个现代节日的"特殊"内涵后,是一个完全可以做到精神文明与物质文明"双赢"的节日。当代重阳节在推陈出新、传承文化、弘扬民族精神方面,符合现代社会的发展、具有得天独厚的发展优势。

此外,重阳节在国外也是一个有影响力的节日,日韩东南亚,至今还或多或少地保留着一些民风古迹,倘若某日某国再来一个重阳"申遗",教我们愧对祖先愧对子孙。"端午"之争是前车之鉴,重阳节列入国定假日的建议,理应引起我国政府的重视与早日实施。

四、重阳节庆文化的开发建设思路

最后以重阳节为例,总结一下节庆文化建设的总体思路。

第一是提升人气。得益于数年前出台的"法定假日"政策,清明、端午、中秋等传统节日迅速聚集了人气,尤其是在年轻人中提升了知名度。相比之下,重阳节就很寒酸了。数年前我们曾在重阳节前后调查过大学一年级学生"最近有什么节日?"学生多半不知,有的回答"万圣节"(万圣节在 10 月 31日)。凑巧问到一个刚毕业参加工作的文科博士,竟也不知哪天是重阳节!缺少了年轻人的参与,文化传承就是一句空话。重阳节是中华民族创造的文

化财富,如果先设为国定假日,就可能让年轻人记住这个特殊节日并积极参与到这个节日中来。一味指责年轻人"崇洋节"是不客观的。

第二是突出符号。端午的节日符号是粽子、赛龙舟等,其指向是怀念先贤的内涵;中秋节的节日符号之一是月饼,其指向是团圆平等的理念。重阳节的节日符号是什么?也许有人会说"重阳糕",可这一天有几人在吃重阳糕?此糕与平日我们所吃的糕有何区别?古代的重阳糕,有"狮蛮栗糕"、"春兰秋菊"、"食禄糕"、"菊花糕"等多种,别具含义。除了重阳糕,重阳节还有别的节日符号吗?这些符号和重阳的文化内涵有何关系?这些都值得我们重点把握以便突出。

第三是强调仪式。但凡节日,必有仪式。重阳节的传统仪式是登高远游和敬老祝寿。但就今日而言,与春节等传统节日仪式相比,重阳之仪式已经被国人淡忘得差不多了。且不说登高远游对绝大多数人而言是难以实现的奢望,就是由单位、机构的"工会"、"领导"向老人"送温暖"、"献爱心"而完成的仪式,也是一种别无选择的仪式,已经沦落为一种"形式",与我们大多数人无关。

第四是重建功能。重阳节之功能除了突出"敬老"之外,还应重建其他功能。例如我们每个人都可以祈求平安健康,每个未成年人都可以接受父母赐予的"愿儿百事俱高",每个已出嫁的女儿都可以回家食糕谓之"归宁"。又如怎样发扬传统菊文化抒发君子怀抱的正能量,挖掘调节身心健康的功能等,同样也值得我们研究。历史上的重阳节早就演化成了一个多功能的传统节日。

第五是积极创新。当代中国社会面临人群的大迁移,试问月圆之夜,一句"但愿人长久,千里共婵娟"能否扛起几千万打工仔、农民工千里之外的思念之情?如果这是中秋文化功能的创新问题,那么面对老龄社会的到来,重阳节之"敬老",就应围绕老年人的需要开发老年文化和老年经济等创意产业,共同构建和谐的老年社会。

第六是享受诗意。既是节日，本该不同于平日的琐碎与匆忙，尤其是重阳这样原本就充满了诗意的节日：登高、赏菊、饮酒、赋诗、看望父母，还有插茱萸、吃重阳糕等等。孟浩然的"待到重阳日，还来就菊花"，每每把我们带到古人对重阳赏菊的无限憧憬和期待的意境中，"儿童共道先生醉，折得黄花插满头"，更是叫我们领略了古人在重阳那天的浪漫与诗情画意！可是今天的我们像完成任务似的过节。在这个动辄奢言创意的时代，笔者却以为就节日而言，真正的创意应来自诗意，而诗意的出现需要闲暇的心情和高雅的文化。

（本文与秦惠兰合作）

乡土文化"重建"的意义和启示
——胡项城先生重建水乡的文化理念和实践

摘要： 本文介绍了艺术家胡项城先生复兴乡土文化的理念和实践，并在此基础上阐述了仪式重建的重要意义和对艺术活动的启示。胡项城先生认为乡土文化是中国文明的根基所在，乡土文化复兴要从五个方面加以展开：乡土建设理论研究，行为与礼仪的重建，传统造物工艺的制作，自然、有机农业和手工业的开展，以及乡镇社区建设。其中传统礼仪的重建有着特别重要的意义，因为礼仪不仅协调规范着个人的情感和行为，还是集体和社会形成群体认同的重要手段。面对当下生活中礼仪普遍缺失的现状，进行这方面的仪式重建有其紧迫性。此外，仪式活动和艺术活动的互动、原生态环境和艺术教育的结合，对艺术活动和艺术教育也有良性推动作用，艺术院校应加强这方面的理论思考和教育实践。

关键词： 乡土文化重建　仪式　艺术活动　艺术教育

2010 年 10 月 19 日到 24 日，第三届中欧文化对话年会在上海光大会展成功举行。在会议上，上海双年展主要发起人、上海戏剧学院客座教授、著名艺术家胡项城先生的发言引起了广泛的关注。胡先生认为，中国文明和乡村文化之间的联系异常紧密，应该有人从乡村切入进行文化重建，保留乡土文明，复兴乡土文化。难能可贵的是，胡先生已经摸索着进行了很长时间的实践，以位于上海西郊的青浦区金泽镇为试点，和一批志同道合者开展了一个试图恢复江南水乡文化的项目。

一、胡项城先生重建乡土文化的基本思路

胡项城先生是成绩斐然的艺术家,早在学生时期就已是广受赞誉的新秀,作品与师辈合录出版。后来胡先生不断开拓自己的艺术领域,先后执教于上海戏剧学院和西藏大学,并于 20 世纪 80 年代中期旅居日本,在创作同时继续学习,主攻现代艺术、造型学、民间工艺学、民俗造型学等。胡先生还曾游历非洲、欧美各地,考察各民族的民间艺术和文化。丰富的经历让胡先生的作品得以跨越传统和现代之间的隔阂,在传统民间工艺和现代艺术之间架起桥梁。

作为一个艺术家,胡先生的艺术观带有很强的社会责任感和使命感。他认为,在艺术家追求的真、善、美三者中,善应该是第一位的,艺术家不能只关注自己的心灵,也要承担起相应的社会责任和历史使命。在西方,现代艺术一直以挑战、破坏传统为重要目标,中国艺术的发展道路不能完全照搬这种模式,中国自身的传统在近代已饱受冲击,并不像西方那样有完好的传统和体系,所以更应该重视传统的保护和体系的重建。因此,胡先生不仅在艺术创作上借鉴传统的民间工艺,还积极响应艺术家应该参与社会实践的主张,进行了很多社会实务工作。尤其在游历日本和欧美诸国之后,胡先生对这些先发国家在传统保护上所取得的成就印象深刻,愈发感受到保护中国传统文化的迫切性。回国后,胡先生就以极大的热情投身到乡土文化的保护和重建工作中。

大致上说,胡先生关于乡土文化建设的内容分为五个方面:乡土建设理论研究,行为与礼仪的重建,传统造物工艺的制作,自然、有机农业和手工业的开展,以及乡镇社区建设。这五个方面互为依托,缺一不可。理论研究的重要性自不待言,在农村人口大量流失、产业结构急剧变迁的背景下,恢复传统的村镇文化困难重重。如果没有理论上的宏观把握和深入分析,具体的工作很难有效地展开。实践方面,行为与礼仪的重建已经在逐步进行中,特别

是针对岁时节庆和婚丧嫁娶等人生仪礼,胡先生进行了多次复原传统习俗的操作。

无论是行住坐卧、鞠躬礼拜等日常行为,还是与岁时节令、人生仪礼有关的各种习俗,其背后本来都有完整的文化内涵。比如清明、端午、重阳等传统岁时节日,一方面具有鲜明的农业文化特色,一方面又带有浓厚的伦理观念和人情意味。相关的仪式和习俗,如祭拜、赛龙舟、登高等,一直作为追忆先辈和驱邪祓禊等文化内容的载体而存在。尽管在发展过程中节日的形式和意涵都经历着各种变化,但在和谐情感、稳定社会秩序以及形成民族认同感方面一直有其积极意义。如今随着商业时代的到来,传统节日与人生礼仪的观念越来越淡化,形式越来越简单。观念淡化的背后是某些生活意义和有效价值的失落。要恢复这些意义和价值却并不容易,这涉及如何进行改良操作,如何使其与现代生活妥善融合以寄托人的情感等多方面的问题。相比之下,习俗中程序和形式方面的恢复可以先行一步,然后在实践中慢慢进行调整和拓展。这方面,胡先生已做了卓有成效的努力,他主持建设于青浦区金泽镇的占地三千多平方米的大院嘉礼堂,不仅重建了众多江南古建筑,而且是人生仪式和节日庆典的实践演习场所。

另外,胡先生长期研习民间工艺,因此也特别重视造物工艺在传统生活中的作用。在他看来,民间工艺制品不仅有实用功能和装饰价值,还是整个传统文化和生活的重要组成部分。像传统造物的实践过程,就是生活完整性的重要体现。随着技艺的发展,工艺制作出现了心手分离的情况,尤其是在机器大规模运用之后,制造过程渐渐从人的日常生活中脱离出来,也就丧失了其本来具有的文化意义。因此,恢复部分的传统工艺制作,理应成为乡土文化复归的题中之意。这也是把艺术放回到大众文化生活中的一个重要途径。为了保留生活的完整性并促使手脑的重新合一,胡先生建立了工艺馆,在物品收集上,不仅收集传统家具和工艺美术作品,也收集过去日常生活中的各类普通生活用品。

　　当然,要全面重建乡土文化,光有一些概念是不够的,还必须考虑到周边的产业布局、就业机会、自然环境、社区建设等方面的内容。要真正实现文化的重建,不能只靠几个有识之士的努力,还应让更多的人尤其是周围的民众都参与进来。但是,农村人口大量流入城市已是长期以来的趋势,在这种背景下要留住人并且吸引人,必须在当地建立起良好的乡村社区和生活工作环境,因为乡村是农业文明的最根本载体,如何发展新的农业生产模式就成了复原乡土文化的重中之重。这必然需要有关部门和各相关学科的共同努力。这方面,胡先生作出了较多的努力,已经跟政府部门和各学科专家建立了密切的合作关系,比如跟复旦大学国土资源经济研究中心以及世界自然基金会(WWF)合作,在金泽镇及其周边开展湿地和生态保护的项目,此项目已进入了实施阶段。此外,胡先生还租用了当地130亩土地,以作为尝试农业生产新模式的准备。

　　胡先生的努力让人想起20世纪二三十年代的乡村建设运动。在当时内忧外患的环境中,一些知识分子来到乡村开展了一系列试图通过农村建设来振兴国家的活动,其中尤以梁漱溟先生的实践最为著名。梁漱溟先生在山东邹平成立了乡村建设研究院,意图通过建设新伦理,传播新知识,一步步改良中国文化和社会结构。[1] 两相比较,胡先生同样是把乡村当作中国文化的根基所在,但情况又有所不同。如今已不是把传统看成现代化障碍的时代了,相反,传统的消失倒成了新的危机,因此传统的保护和重建自然就成了新的关注点。在乡村建设的努力中,我们可以看出中国知识分子一脉相承的历史使命感。但与此同时,我们也应该正视这一实践的艰难性,包括梁漱溟先生在内的很多实践者,都没能最终实现自己的目标。

　　要把传统保护这项工作持续、深入地开展下去,接下来的任务会越来越重。进一步的发展,需要知识界的介入、社会需求的扩大、传媒宣传等很多外

---

[1]　参见梁漱溟:《乡村建设理论》,上海人民出版社,2006。

部因素,也需要在村镇和城市之间形成合理的互动。但不管怎样,只要行动了,就有成功的可能。

二、人生礼仪重建的重要意义

在社会生活尤其是传统的社会生活中,典礼仪式构成了重要的方面,儒家文化对礼仪一向非常重视。孔子和荀子都非常注重礼乐。孔子曰:"兴于诗,立于礼,成于乐。"(《论语·泰伯》)"夫礼,先王以承天之道,以治人之情,故失之者死,得之者生。"(《礼记·礼运》)荀子曰:"礼乐之统,管乎人心矣。"(《荀子·礼论》)而仪式是礼乐的重要内涵,《乐记》云:"故钟鼓管磬,羽籥干戚,乐之器也;屈伸俯仰,缀兆舒疾,乐之文也。簠簋俎豆,制度文章,礼之器也;升降上下,周还裼袭,礼之文也。"因此中国人重礼的背后,也就有对仪式的重视。

对于个人来说,仪式尤其人生仪礼是必不可少的生命过程,大至诞生礼、成年礼、婚礼和葬礼,小至每年的生日聚会,这些在人生节点举行的典礼都包含一定的程序仪式,是我们理解、确认生命进程的重要手段。民俗学家把生命仪式通称为"过渡仪式":"它们标志着每个人在一生的周期中所经历的各道关口:从某一阶段进入另一阶段;从一种社会角色或社会地位进入另一种角色、地位;它将生物定数如降生、繁殖后代与死亡和人类及文化体验统一起来。"[1]在过渡仪式中,人生完成一个又一个的阶段转换,先与过去分离,经过仪式的洗礼后再融入新的生活阶段。在成人礼仪的基础上,礼仪又向社会生活各方面延伸,起到调节社会心理,稳定社会秩序的作用。"夫礼始于冠,本于昏,重于丧、祭,尊于朝、聘,和以射、乡:此礼之大体也。"(《礼记·昏义》)

---

[1] [美]巴巴拉·梅厄霍夫:《过渡仪式:过程与矛盾》,第138页,[美]维克多·特纳等:《庆典》,上海文艺出版社,1993。

　　比如成年礼,其主要的作用就是让年轻人告别原来孩童的特性和依赖感,得以取得成年人的资格,担负起成人的责任,奉行孝、弟、忠、顺等品格,成为合格的社会成员。汉族历史上有男子二十行冠礼,女子十五行笄礼的习俗,不同形态的帽子和簪子(即笄)都是仪式中饱含象征意义的事物,冠礼有很多程序。冠礼后的男子开始参与社会事务,笄礼后的女子则被允许出嫁。礼仪标志着未成年人向成年人的转变,对社会来说,则是一个自然人向社会人的转换。个体通过成人仪式成为稳定的文化集体的一分子,集体的生活经验、社会规范、组织结构和宗教信仰等则据此得以维系和扩展。再比如在婚礼的仪式氛围中,男女双方的责任和义务能得到规定和强化,这也是社会文化的重要部分。此外,人们也在仪式中寄寓个人的美好愿望,如古时多于婚后进行求子仪式,向神灵祈盼早日生子,七夕女孩向嫦娥乞巧,以及今天的生日许愿等习惯,依然可以见到共通的情感诉求。

　　不过,今天在大多数地方,具有明确形式和内容的成年礼之类的仪式都已不复存在。这也是一个世界性的问题。针对现代社会强调自我、礼仪等传统文化衰退的现状,很多学者都表示过忧虑。神话学家约瑟夫·坎贝尔的话很有代表性:

> 　　……在进步的社会中,仪式、道德和艺术等人类的古老遗产的每一最后遗迹,都正在全面衰落。……那时,具有全部意义的是群体,是那些巨大的、无名的存在形式,而自我表现的个人则毫无意义可言;在今天,群体不具有任何意义——世界也没有任何意义:只有个人才具有全部的意义。但这意义是绝对无意识的。一个人不知道行动的目标是什么,也不知道是什么推动他前进。[1]

---

[1]　[美]约瑟夫·坎贝尔:《千面英雄》,第 397 页,上海文艺出版社,2000。

坎贝尔的话也许说得过于极端，但是仪式的衰退确实造成了很多问题，不仅仅是对个人的精神和谐而言，因为仪式还是集体与社会塑造心理文化认同的重要手段。仪式既是生活的重要组成部分，又跟日常生活有一定程度的脱离。中国自周代以后礼乐文化兴起后的礼仪尤其具有这一特点。在仪式中，人经常有一种从日常桎梏中解脱出来的超越感，其中蕴藏着无限新的可能。所以团体、宗族，乃至民族和国家，都不断通过仪式的"阈限"来把固有的文化观念加诸个体，把个体塑造成社会所要求的样子。[1] 比如在国庆典礼中，阅兵、游行等仪式引发的崇高感和神圣感就很能加强民众对国家的认同心理。

在最近由胡先生主办的一次婚礼中，胡先生按照传统的习俗安排了婚礼的程式，试图找回传统婚礼对于个人和集体的意义。中国传统的婚礼习俗形态繁多，不同民族和地区之间有着种种差异，但有一些流传较广的习俗为更多的人所知晓，也在发展过程中渐渐形成了一套相对固定的形式。比如结婚当天，新郎、新娘通常要在各自家中挑选长者为自己梳头，俗称"上头"。新娘还要"开脸"，即修整面部妆容。新房床上习惯撒上果品如红枣、花生、桂圆、莲子等，取谐音寄寓"早生贵子"的祝愿。重头戏始于用花轿接亲，途中有乐队伴奏，同时鞭炮齐鸣，营造喜庆气氛。最后是夫妻拜堂以及闹洞房，其中具体的细节和习俗林林总总，各有特色。在这次婚礼中，胡先生基本还原了这样一个传统的程序。他在金泽镇下塘街 1 号利用那里的仿古建筑，让新郎从嘉礼堂出发，把新娘接回嘉礼堂进行拜堂。虽然有些参与者对其中的仪式行为的含义并不完全了解，比如花轿抬新娘出来为何要在院前转三圈，但传统婚礼整体的仪式程序所营造的气氛还是感染了在场的每一个人，传统婚俗重视家庭伦理和代际承续的文化意义也能显示出来。

上述例子是在自觉地复原传统仪式，而现实中也有很多民众自发的仪式

---

[1] 参见［美］维克多·特纳：《仪式过程》，中国人民大学出版社，2006。

行为,像 2010 年 11 月 15 日上海胶州路的火灾之后民众的悼念活动。特别是在火灾之后的"头七",大量的民众自发前往事故现场,为死者献花、祭拜。这是礼仪需要的绝佳实例。人在生命转折点上的情感波动需要宣泄和转化,需要在集体行为中得到抚慰,这本来就是仪式的根基。一方面传统仪式的重建需要长期的努力,但另一方面从根基上看,人们本来也是有这个需求,甚至是非常迫切的需求的。比如火灾后民众的行为就对祭礼提出了要求,若能把传统的祭礼习俗有选择地融入现代生活,可以更好地归置人的情感。所以,在自觉的仪式复原和自发的情感诉求之间,完全可以找到一个好的契合点,使之妥善地融合在一起。

三、仪式与今日艺术活动、艺术教育

在仪式的举行过程中,艺术手段的加入可以更好地达到想要的效果。艺术可以渲染气氛,加强应有的仪式感,也能打动人心,调动人的情感。古代"礼乐"合称,"礼"强调道德规范与责任,"乐"则用艺术的手段来和谐情感,达到精神认同,所谓"生民之道,乐为大焉"(《乐记》)。在前面所举的婚礼中,婚庆音乐就是整个传统仪式不可或缺的部分。而且不光接亲时传统民乐队营造了热闹的婚庆氛围,到了婚宴宾客入席就餐之后,主办者也安排了很多音乐表演。其中有传统的古筝、古琴表演,也有由新娘亲自弹奏的钢琴表演,把婚宴气氛带上了一个小高潮。音乐在这样的场合里可以胜过很多话语,成为表达、连结情感的重要手段。但是,正如一位参与演出的年轻表演者所说,《高山流水》这样的古琴曲甚至多数古琴表演,其实并不适合在婚礼上演出。因为古琴过于淡雅、轻柔,跟婚礼的气氛并不十分契合。相反,二胡、笛子这样音色相对透亮的乐器,倒更适合放到传统婚宴上演出。这说明仪式音乐需要改良和重建。在重建传统仪式的过程中,如何重建既能符合仪式形态,又能符合现代人欣赏习惯的仪式音乐,应该是一个非常重要的环节。其实,今天我们参加重要仪式却无特定之乐可奏的困境,也对创作适合文化情境的仪式音乐提出了迫切的要求。

作为工艺美术方面造诣颇深的艺术家,胡先生对民间艺术和社会生活的关系方面也有其思考。跟音乐一样,工艺制品乃至建筑形式,都能承载人的情感,是传统文化生活必不可少的部分。恢复造物工艺可唤回人的生活情感和美感,让生活多一点艺术化。胡先生的这一理念跟 19 世纪末英国工艺美术运动的倡导者有几分相似。当时面对工业化机器大生产对传统生活和审美感觉的冲击,以拉斯金和莫里斯为代表的一批艺术家和批评家,"对机械和工业资本主义有着共同的不信任感,认为这些东西令工人脱离自己的本性。于是,他们倡导另一种艺术——'人造、人享、制造者与使用者同乐。'"[1]这场运动影响了美国和日本等地,工艺美术成了人们维持生活方式和身份认同的一个象征。工艺美术运动在两个不同面向上提供了重要的启示,一是要让艺术回到生活,让艺术具备足够的生活内容;二是要让生活趋向艺术,让日常生活场景和景物具备美和艺术感。与后一点相对的是当时艺术正在走向独立的历史背景,在西方,十九世纪的艺术史渐渐成为"少数孤独者的历史"[2],与所谓的官方艺术和公共艺术分离开来,艺术家的创作开始越来越从生活中脱离出来。以拉斯金为代表的学者针对这种情况,强烈反对过分强调艺术家个人感觉的唯美主义倾向。[3]

从历史上看,艺术本来就是生活的一部分,在生活中具有种种实际的功能。十九世纪以前的西方绘画,大多一直都具有现实功能,或描绘于教堂里宣说教义,或陈列在住所显示主人的艺术修养。戏剧和音乐等形式也是如此,戏剧最初是集体参与的盛大仪式,与巫术和宗教有着紧密的联系,从亚里士多德到尼采,都曾经揭示过戏剧的神话和仪式源头。"剑桥学派"更是坚

---

[1] [美] 弗雷德·S.克莱纳等:《加德纳世界艺术史》,第 931 页,中国青年出版社,2008。

[2] [英] 贡布里希:《艺术发展史》,第 283 页,天津人民美术出版社,2006。

[3] 标志性事件是拉斯金和惠斯勒的诉讼案,拉斯金批评惠斯勒的唯美主义画作是"当面嘲弄公众",后者控告其诽谤。参见[英] 贡布里希:《艺术发展史》,第 298 页,天津人民美术出版社,2006。

定地认为,艺术与仪式"这两个分了家的产物本出一源;去掉一个,另一个便无法了解。一开始,人们去教堂和上剧院是出于同一个动力"。[1] 中国戏曲也是起源于宗教祭祀仪式,王国维云:"是则灵之为职,或偃蹇以像神,或婆娑以乐神,盖后世戏剧之萌芽,已有存焉者矣。"[2]而且最初诗、歌、舞、乐浑然一体,都和巫仪或祭仪相关,如《尚书·尧典》载:"帝曰:夔! 命女典乐,教胄子。……诗言志,歌永言,声依永,律和声,八音克谐,无相夺伦,神人以和。夔曰:於,予击石拊石,百兽率舞。"[3]一些学者认为百兽舞为古代的图腾舞。又如楚辞中有《九歌》,根据闻一多先生的考证,"传说中的九歌本是天乐",与韶舞一体,并且"《九歌》韶舞是夏人的盛乐,或许只郊祭上帝时方能使用"。[4] 总之,长期以来,艺术并不是独立存在的。

随着艺术的发展,艺术独立的态势越来越明显。造型艺术开始进入博物馆,可以不再承担现实功能。戏剧和音乐也渐渐变成纯欣赏的活动,不再允许受众积极参与进去。随之而来的是现代一整套艺术创作和教育体系的建立,这套体系延续至今,规约着人们理解和讲授艺术的基本方式。

因此,有些学者提倡艺术回到生活中去,并进而倡导原生态艺术、强调艺术的仪式性也就可以理解了。笔者以为,虽然艺术的起源和原始宗教等仪式相关,但回到生活并不是简单回到仪式,特别是早期的宗教仪式往往带有强烈的情感和集体性幻想,与需要理性参与、情理交融的艺术并不完全同构。因此强调仪式感应该是和原生态生活仪式的互动,特别是和经过礼乐化后的人生礼仪与岁时民俗礼仪互动,因为这些礼仪形式产生发展于中华文化的土壤之上,具有情理合一,和谐圆融的特点,既有庄严的仪式感,又有亲和的世

[1] [英]J.E.赫丽生:《艺术与仪式》,叶舒宪选编:《神话-原型批评》,第68页,陕西师范大学出版社,1987。

[2] 王国维:《宋元戏曲史》,第3页,上海古籍出版社,2008。

[3] 郭绍虞、王文生:《中国历代文论选》,第1页,上海古籍出版社,1979。

[4] 闻一多:《什么是九歌》,《神话与诗》,第224页,湖南人民出版社,2010。

俗性,长期以来起着社会调节器和减压阀的作用,可谓艺术化的生活。艺术与生活仪礼互动,对艺术的发展无疑是有益的。也由于此,仪式建设就显得意义重大。

另外,当代艺术过分强调独立性,这在给艺术创作带来极大自由的同时,也产生了一些问题。其中最大的问题即是艺术跟生活相脱离,容易导致艺术作品形式上的怪异和内容上的空洞。这一点在艺术教育上也所表现,比如现在一些艺术院校的教学模式,过于重视专业技巧训练,而忽略文化学习和社会生活体验,因而创作出来的作品越来越小众。改变这一困境,乡土文化建设的实践也能提供一定的帮助和较多的思考:一方面,原生态的乡土文化可以培养活的艺术观,让学生向生活学习,而不仅仅是身体训练或技巧训练,这样艺术学习便接通了更广大的生活本源;另一方面,艺术回归生活,回归大众,而观众就不再是被动的欣赏者,集体参与性就会加强,表演的效果也会更好。在具体操作上,学院教育和乡村建设可以进行很多有益的互动,比如让学习戏曲舞蹈的学生参与乡村民俗节庆活动的演出,让学习戏剧表演的学生参与传统仪式的表演,并激发乡民广泛参与,形成一种民间集体活动,成为农村社区文化的有机组成部分。还可通过仪式教育如祭祖、祭先贤、祭祖师等,培养学生的民族文化认同感和职业崇高感与使命感。这样的文化教育实践也会启发对艺术理念的重新思考。而所有这一切,都需要一个较好的平台来展开,胡先生等人倡议建设中的已初具规模的乡村社区和上海戏剧学院艺术教育优势之间的互动,就可以形成这样一个较好的平台。

结　语

在现代化已是大势所趋,全球化也已不可避免的今日社会,社会文化的沧桑巨变使得完全意义上的文化重建并不可能(这也是笔者在标题重建两字上加引号的原因),因此如何保护传统文化的积极价值,保持文化独特性,如何调和人与自然、人与社会的矛盾从而较为诗意地栖居,就成为一个重大的课题。传统节日、传统建筑、传统工艺和古代典礼仪式,都是传统文化的有机组成部分,它们构成了我们祖辈精神和社会生活的重要方面。然而这些内容又往往和当时的社会文化习俗水乳交融,有着较强的时代地域文化特征。因此,今天如何传承这些礼俗文化的合理内涵及形式,发挥其和谐情感、情理交融、诗性生活的基本功能,同时又赋予这些传统形式以新的内涵,使之更适合现代人的需要,就显得意义重大了。胡先生出于一个艺术家的社会责任感,在这一方面正在努力实践并且取得了一定的成绩。但我们也知道,仅凭一人或数人之力,是无法完成这一艰巨任务的。这一任务的完成,既需要学界和艺术界进行有效的理论建设,也需要政府的积极支持和社会人群的广泛参与并形成共识,同时更需要较多具有摸着石头过河精神的实践者。只有这样,传统文化的"重建"才有现实可行性,才有可能做到既连接过去,又指向未来。

（本文与王曙轮合作）

辑

三

梦阔水云窄

传奇与现实之间

摘要：《史记·李将军列传》中，李广保家卫国的功绩和其悲剧性的经历，让后人感慨良多。文章对统治阶级赏罚不公的批判以及对命运弄人的揭示极为深刻，但司马迁在塑造李广忠勇形象的同时，其实还对其性格上的缺点进行了批评，并暗示这些缺点也是造就其悲剧人生的原因之一。但后人在阅读这篇文章时，常常忽略了这一点，造成这一情况的原因和司马迁在谋篇布局上的有意为之有关。

关键词：《史记》 李将军 性格弱点 理智与情感 矛盾

读过《史记·李将军列传》的人，都会对汉代名将李广的传奇经历留下深刻的印象。其保家卫国的功绩，超凡绝伦的武艺，宽忍待下的作风，廉洁自奉的品德，千百年来一直受到人们的敬仰。"君不见沙场征战苦，至今犹忆李将军"、"但使龙城飞将在，不教胡马度阴山"等名句，就是这种心理的写照。可以说，李广的英雄事迹，正是因了司马迁的如椽大笔，才为更多的人所知，而其悲剧性经历也更加令人扼腕叹息。

司马迁塑造李广英雄形象，主要是通过几大战役如"雁门出击战"、"上郡遭遇战"、"右北平之战"、"随卫青击匈奴之战"以及一些人物的生活细节描写来实现的。如写他百步穿杨，消灭匈奴射雕手，随后以百骑巧与匈奴数千骑周旋，射杀敌军白马将，迫敌撤退；受伤被俘而能飞身抢马夺弓，并从容射退敌军的追骑。己方四千士兵被敌军四万人围困，仍能临危不惧，指挥若定；饮食乏绝之处，先士卒后自己等等。通过这些惊险的战斗故事和精彩的生活片断，突出表现了李广骁勇善战，足智多谋，爱惜士卒，廉洁奉公等特点，生动地展现了这位名将的风采。

在这些描写中,司马迁的笔墨饱含感情,而篇末的评论,更是毫不吝惜赞美之词,用谚语"桃李不言,下自成蹊"来概括李广一生,因而使李广的悲剧具有极强的震撼力,从而对社会不公和统治阶级刻薄寡恩的批判也更具力度,更加深刻。

司马迁作为一个伟大的历史学家,除了善于刻画人物性格,善于叙事,作品饱含感情之外,冷峻的史家意识,叙述的春秋笔法也是他的特点。毫无疑问,司马迁对李广的遭遇是深为同情的,但作为一位历史学家,他除了真实地记录下这些事件,通过李广的经历来反映出统治阶级的赏罚不公之外,其实还试图揭示出造成这一悲剧人生的另一重要原因,即李广个人性格上的缺点。多少年来,人们在阅读这篇文章时,常常忽略了这一点,一些文学教科书也是如此。

文章在开始部分,就记述了李广早年的一段经历,"广为骁骑都尉,从太尉亚夫击吴楚军,取旗,显功名昌邑下。以梁王授广将军印,还,赏不行。徙为上谷太守。匈奴日以合战。典属国公孙昆邪为上泣曰:'李广才气,天下无双,自负其能,数与虏敌战,恐亡之。'于是乃徙为上郡太守。"作为一个中央政府的将领,却接受了地方诸侯的任命。同时身为太守,却经常与匈奴面对面地硬干,暗示出李广为人不够谨慎,负气使能的弱点。而这种弱点,对太守这样的军政要员来说,就显得比较严重了。不过,司马迁在这里的叙述并不带有感情色彩,似乎是在不经意中带出的。此外,因为与匈奴射雕手比射技而导致上郡遭遇战,负气"诛杀霸陵尉"等事件,也同样反映出李广负能使性,气度狭小的缺点。文中还用互笔法,将另一边关名将程不识和李广作了对比,既突出了李广治军简易省约,随形就势,士卒佚乐,咸乐为用的军事才能,同时也借程不识之口指出,李广不是一个严格以法治军,依律治军的将领,他的免予遇险,较多的是依靠他的天赋能力和敏锐感觉,带有一定的偶然性。至于李广与望气家王朔的对话,则通过王朔"祸莫大于杀已降"的议论,借他人之口批评了李广诈杀羌人的行为。

平心而论,李广保家卫国的功劳是巨大的,司马迁对于李广忠心报国却壮志难酬的悲剧一生也是充满同情的。正由于此,其塑造李将军之忠勇廉洁,皆是大段渲染,大块文章。而对于李广的批评,则较多地运用侧笔、对话、互见法等,写得较为简略。这样,千百年来,读者阅读这些酣畅淋漓的文字,往往对李将军的忠勇、武艺以及坎坷命运留下深刻印象,而对隐藏在这些激越感情背后的客观与冷静,对李将军的委婉批评,一定程度地忽略了。司马迁的这种谋篇布局方式和叙事手段,反映出他的理智与感情多方面的矛盾。这种矛盾体现在几个方面:

首先,就职业使命而言,作为史家,冷峻、客观和写实应是基本要求,写史必须注重时间的准确性和事件真实性,人物应该是事件中的人物。从历史上看,《左传》《国语》都符合这些标准,《史记》自然也不例外。但正如一些论者所指出的,司马迁同时还具有文学家的浪漫气质。扬雄云:"子长多爱,爱奇也"(《法言·君子》),徐孚远云:"太史公志大而好奇"、"包举广矣"(《〈史记测议〉序》)。司马迁的个人经历构成了他多爱好奇的性格。他行游天下,周览名山大川,与燕赵豪俊交游,所以他的文章疏落而有奇气。他喜欢那些慷慨不群、侠义倜傥之士;也喜欢那些身怀绝技、喑呜叱咤的英雄。无论是不肯过江东的项羽,还是风萧萧兮易水寒的刺客,都是他竭力塑造的对象。总之,司马迁偏爱那些非凡的具有旺盛生命力的出众人物,而这些英雄人物本身就极具人格魅力,其"英姿雄风,千载而下,常可想见,使人畏而仰之"(洪迈《容斋随笔》卷五)。纪传体这种形式,又以人物为中心。再加上司马迁生动的描写,所以在《史记》中,人物形象突出,性格鲜明,故事情节生动,语言传神。因此《史记》绝非枯燥的历史文献,而应视为文学化的史传。两千多年来,不仅是历史学家重视它,文学家更对它推崇备至。然而也因为此,有的时候为了人物性格的完整,气氛的渲染,文章不免有夸饰虚构地方[1]。而另外一些时候,冷静客观的评论则被迫隐藏到了激越的情感后面。读者更多的是被人物所打动,引起的是情感的共鸣。

第二,也是更重要的,司马迁和以往的史家相比,除了追求文直事核,不虚美,不隐恶的直录精神外,他还有一种自觉的使命意识。在《报任安书》中,他说过《史记》是一部"究天人之际,通古今之变,成一家之言"的作品。这说明他创作的目的绝非简单地为帝王将相立传和记录历史事件,而是希望创作一部推究客观世界和人类社会之关系,考察历史兴衰变化之原因,具有独特历史眼光的著作。《太史公自序》还强调希望自己的著作能帮助王道和礼乐的建立。"太史公曰:先人有言,自周公卒五百岁而有孔子,孔子卒后至于今而五百岁,有能绍明世,正《易传》,继《春秋》,本《诗》《书》《礼》《乐》之际,意在斯乎!意在斯乎!小子何敢让焉。"将写史的作用与孔子整理《六经》并提,这其实是赋予史学以建立文化思想的要求。如此高的标准,司马迁在撰写史记的时候,就不可能仅仅满足于事件的记录,人物的罗列,以及制度年代的考订,而希望通过自己的笔,将上古以来一以贯之的文化思想和礼乐制度发扬光大。正如一些学者指出的,《史记》其实是一部文化史。它"不拘牵于世俗之论,而自抒发其意"(《〈史记测议〉陈子龙序》)。反映在作品中,有时候深刻的思想和尖锐的议论已经超出了表面的文字和历史事件本身,如对于命运的思考,就是一个例子。一方面,他受当时的文化观念影响,认为很多人的怀才不遇是命运使然[2]。在《史记》中我们常能读到有"是命也夫"的感叹。但另一方面,作为一个伟大的历史学家,他又希望从人类社会本身,去总结历史人物贵贱穷通,历代王朝兴衰成败的原因。如在《项羽本纪》中,虽然对项羽的经历颇多同情,对项羽的性格极尽渲染,但对其"吾

---

[1] 《史记》中有时喜用虚饰语,这一点常被提到。典型者如郭嵩寿:《史记札记》引《魏公子列传》"诸侯不敢加兵谋魏十余年"之与事实不符。参见陈晓芬:《司马迁散文选集》(百花文艺出版社1997版)和章培恒、骆玉明:《中国文学史》(复旦大学出版社1996版)的相关论述。
[2] 关于当时社会的命运观念,王子今:《史记的文化发掘》(湖北人民出版社1997版)论之甚详。

败乃天,非战之罪也"的总结却并不认同,指出项羽的失败乃在于"自矜攻伐,奋其私智而不师古","欲以力征经营天下"。《李将军列传》中,这一矛盾尤为明显。对李广劳苦功高,廉洁忠勇却无尺寸之功,最后自刭而死的悲剧,作者深表同情,文中屡屡用"数奇"、"不遇时"、"岂非天哉"表达一种无奈之情。但同时司马迁又试图冷静地从社会人际关系、个人性格等角度,去总结造成这位英雄悲剧的原因。所以文章通过人物对比,暗示出汉廷的赏罚不公是造成李广悲剧命运的主要原因;同时运用曲笔,互文,转述与对话等手法以及某些看似不经意的细节,透露出李广的性格弱点。至于文中李广与望气家王朔讨论命运的那段对话,认为"诈杀羌人"是不得封侯的原因,这段文字的意义已不仅限于对历史事件的记述,还反映了司马迁对人物贵贱穷通不同命运的另一种理解,即以汉代流行的"天人关系说"来解释人物命运[1]。

如果我们的分析有些道理的话,似乎就不难理解,为何我们会在《李将军列传》乃至《史记》中读到两个司马迁:一个充满激情、意气风发、带有强烈主观意识的司马迁和一个力图冷静客观、事核理直的司马迁;一个具有冷峻现实精神的史学家、思想家的司马迁和一个充满浪漫才情的文学家的司马迁。

---

[1] 司马迁年轻时曾向汉代大儒董仲舒学习公羊派《春秋》,其天人关系思想,也受到董的影响。可参见张强:《司马迁与宗教神话》,陕西人民教育出版社 1995。

当代社会的文化矛盾

——由丹尼尔·贝尔的《资本主义文化矛盾》所引发的思考

　　丹尼尔·贝尔是当代美国重要的学者与思想家,他在社会学、政治学和文化学方面都作出了巨大的贡献。特别是他对于资本主义内在矛盾的揭示,以及对于造成这种矛盾之原因的分析,对于今天处于转型时期的中国有着较大的借鉴意义。虽然我们是社会主义国家,但经济市场化和全球化以后,产生了一些与资本主义相似的社会现象。因此,研究和学习贝尔的这本著作,其意义就绝不限于隔岸观火式地了解一种制度,或者作为论证资本主义腐朽性的又一证据,而有着较为普遍的现实意义。此外,贝尔在《资本主义文化矛盾》中所运用的跨学科研究方法,对于我们今天的学者拓宽研究思路、探索研究方法,也有可资借鉴之处,特别是在今日各学科壁垒森严的情况下,贝尔却在几门学科中纵横驰骋,充分发挥多学科综合研究的优势,值得我们思考。

　　贝尔认为资本主义社会的矛盾所在,是其内部结构的脱节与断裂,这一矛盾最突出地表现在资本主义内部“三个领域”的对立上。首先是经济领域内部的对立。经济领域这个在资本主义发展过程中起着重要作用的基础部门,其全部活动都严格按照“效益原则”运行,目标是最大限度地获取利润。在这个日趋非人化的体系中,人的丰满个性被压榨成单薄无情的分工角色。作为补偿,这个日益强大的技术与经济共同体又宽宏无度地许愿社会进步的奇迹,提供广泛选择就业和社会流动的自由,促进社会享乐倾向。其次是政治领域内部的对立。表现为广为派生的平等观念和各种民众要求与过分庞大的政府机构之间的矛盾。一方面,为了适应这种不断深化的平等要求(如种族与性别平等、教育、福利平等），政府被迫扩大官僚机构；另一方面这些要求逐步将传统政治代议制扩展为基础宽大的直接参与制。这样，公众与官僚机构间的矛盾就成为大问题。第三，也是最为严重的对立来自经济基础和那个"更高地悬浮在空中的思想领域"（也即文化领域）之间的对立。与经济和政治领域不同，在当代资本社会，文化领域起支配作用的既非"经济效益"，也非"平等权利"。艺术和思想的灵魂是所谓"自我表达和自我满足"，文艺家常常标榜"个性化、独特性"以及"反制度的"精神。西方现代派艺术更是对资本主义传统价值进行无情的批判和嘲讽，建立起与经济体制严重冲突的"文化霸权"。

造成这些矛盾的原因，贝尔认为是由于资本主义精神中"宗教冲动力"的丧失和"经济冲动力"的膨胀。在资本主义上升时期，这两股力量互相制衡，苦行的宗教冲动力造成了资产者精打细算，兢兢业业的经营风范，贪婪攫取的经济冲动力则养成了他们挺进新边疆、征服自然界的冒险精神和勃勃雄风。随着资本主义的进一步发展，代表着宗教冲动的禁欲与节制精神逐渐被法制、现实主义文学、实用主义哲学和科技理性取消了存在的合理性，接着又被二十世纪的新文化运动、分期付款、信用消费等享乐主义观念消解了道德伦理基础。而当资本主义制度只剩下"经济冲动力"时，文化矛盾便不可避免地产生了。

由于限于本文的篇幅和个人的学力，我在本文中仅结合我们当下所处的实际环境，对贝尔书中所论的资本主义文化矛盾的第三个方面谈一些个人的感受。

与西方中世纪以来的传统不同，中国传统社会的宗教的影响力不如西方强大。既没有与世俗权力对抗的教会力量，也缺乏西方社会那种一神崇拜的宗教。在中国，有儒释道三教，三教互补，构成了中国人的基本信仰。其中影响最大的当推儒家（儒家思想能否算宗教，还是一个颇有争议的问题，而且，即便是一种宗教，一般也认为，儒家思想是一种道德宗教），弘扬儒家思想的是中国传统社会的精英阶层——士大夫。士大夫既是国家的管理者,又是文化的传播者,他们认为自己在传播文化方面负有使命。正是他们的努力推广,使得以儒家思想为主的精英文化成为很多人安身立命的基础。另一方面,中国传统的文艺对中国人的思想与心灵的陶冶也起了相当大的作用。中国传统文艺观点不强调文艺的独立性,不推崇"纯文艺",而强调"文以载道",认为好的文艺作品必须传达君子的思想或价值观。中国历史上是一个文艺大国,仅就诗歌这种体裁而言,其数量就非任何一个国家所能比(举一个例子,陆游一人就有诗九千多首)。这样,文艺的繁荣,势必形成精英价值观向民间的扩散。所以,中国文艺对于中国人的精神世界的构建影响巨大,林语堂甚至认为诗歌(文艺)代替了宗教的任务。我们在古人诗文中常能读到了"游子思妇"、"英雄迟暮"、"美人飘零"、"沙场征战"、"怀才不遇"、"死生契阔"等主题都是对痛苦现实人生的一种关怀。因此,中国人除了广义宗教关怀外,还有一套人文关怀系统来安顿人类的心灵。但是这种传统的系统在进入近代社会以后,先是在"五四"时期遭遇了一次"硬伤",主要是"新文化"对传统文化的价值合理性产生了怀疑。进入新中国后,文艺的现实关怀作用又受到了一次打击。文艺常常作为一种政治宣传工具来使用,因而进一步"意识形态化"。20世纪50年代有一篇小说,在当时曾引起很大反响,那是肖也牧先生的小说《我们夫妇之间》。这个故事说的是一个具有小资情调的男人和一个革命干部出身的女人结为夫妻后,在价值观、生活方式、生活习惯方面,由矛盾到适应的过程。小说对小资产阶级生活情调基本持批评态度,但由于任何适应都只能是一个互动的过程,小说必然也会对这种互相适应有所反映,所以此文后来因为意识形态的问题,受到了批判。这个故事如果让今天推崇"小资情调"的青年去读,不知会读出什么滋味来。文艺在20世纪80年代曾有过短暂的辉煌,但毕竟不可能像传统文艺一样,足以影响到人们的精神状态,甚至起到"安身立命"之作用,所以文艺传统的作用越来越弱化。随着社会经济的发展,商业文化作为强势文化,粉墨登场,一些文化人甘心沦为附庸,为商业文化摇旗呐喊。铺天盖地的广告,形形色色的快餐文化、各种即兴娱乐节目、肥皂剧、无厘头电影、构成了以中产阶级为主的白领文化,这些文化并无多少思想内容,而只是劳累一天后简单的大脑放松游戏。在这种背景下,人们变得越来越困惑,找不到方向。商人们制造了一个又一个所谓精致、高雅生活的幻影,而这种幻影又进一步强化了人们的某种难以言说的期待(与西方资本主义社会作比较,西方社会当然也有强势的商业文化,但我们却没有被贝尔称作"文化霸权"的现代文艺,这种文艺虽然表现出资本主义的文化矛盾,却无疑具有对现有制度的批判精神)。但如果说我国的文艺家都是商业文化的同谋,那也言过其实。一些有思想的文艺家也在不断地努力,但在强大的思潮和时尚面前,他们却只能不断妥协,由于妥协的部分过于突出,思想内容有时反而隐而不显。这里可以举张艺谋的电影做例子。张艺谋从最早的《红高粱》开始,其影片在国际上屡得大奖,可谓得奖专业户。事实上,张也确实是一个有追求的电影人。但在国内,真正理解他影片的人并不多。以早期的《红高粱》为例,相当多的人认为这是一部宣传愚昧,不惜出丑以邀宠的片子。中期的《我的父亲母亲》,反响平平(我个人认为该片是张艺谋拍得最好的影片),一个村里最漂亮的少女爱上了一个乡村小学老师并结了婚,女孩子没有什么文化,每当他先生讲课的时候,她就站在教室外听,这样一听就是几十年。很多人认为这是一部拍得非常精致的带有童话色彩的爱情片,而完全不顾及老谋子重建"文化至上"的良苦用心。耗资巨大的《英雄》,人们对其评价虽然众说纷纭,但总体来说并不讨好大部分城市电影观众。此片既不像武侠片的路数,又非言情片的类型,虽然场面异常宏大,镜头异常精致,但观众似乎不知道老谋子想说什么。这里,张艺谋想要表达的个人情感、利益及其超越的问题(至少我是这么认为的),也就是张艺谋想成为哲学家的那些内涵,并不能引起共鸣。张艺谋最大的特点,是其驾驭场面以及让影片多主题变奏(用过去的话叫雅俗共赏)的能力。一旦多主题变成了单调,变成一种哲学思考,而浅显的娱乐不足时,观众马上不干了。这也说明,即使包装得再好,今天的高雅文化也已不复往日的雄风了。其他一些有社会责任感。有追求的导演所拍的电影往往更不卖座或沦为小众电影。

行文至此,便产生了另一个问题,本文多谈文艺,但一个时代、一个社会传达思想的并不仅仅限于文艺。更重要的哲学哪里去了? 或者说思想家哪里去了? 这里就不得不接触到另一个问题,也就是贝尔在《资本主义文化矛盾》中提到的研究方法问题。由于社会的分工日细,学术研究正变得越来越专业化,越来越微观。过去博古通今,在各领域纵横驰骋的思想巨人、通才大儒已很难产生。往日雄鹰般的宏观研究已为土拨鼠式的狭隘经营所取代(见《资本主义文化矛盾》译序)。各专业之间彼此壁垒森严,形同河汉,老死不相往来。一些德高望重的专家在自己的领域内可以呼风唤雨、游刃有余,具有绝对的话语权,而一出此领域,马上变得"失语"或"乱语"。在对待大众文化上,更是缺少关注的热情和引导的使命感。曾有人调查北京几所著名大学的教授对大众传播媒介电影的兴趣,结论是很多教授几乎从不看电影。这种对大众文化的漠视,使得他们在大众文化领域根本无法置喙。反过来,有些专家则以专业化的标准来要求文艺和要求大众文化。近几年来引起广泛关注的"余秋雨现象"就是一个例子。这个以《文化苦旅》《一个王朝的背影》等散文集引起轰动的作家,也许本来无心做一个历史学家或哲学家,但很多专业人士都以专业的眼光和专业的标准,纷纷指出余文中的许多思想失误和细节疏漏,对此,余作了很多回应,不幸的是,余并非以一个作家的身份去回应,而是以一个历史专家的身份来回应。久而久之,余秋雨可能自己也认为自己是一个哲学家乃至历史学家了。另外一个很有趣的现象姑且称之为"黄仁宇现象",这个以《万历十五年》在中国出名的美籍历史学家,因其所使用的都是"描述语言"而非"分析语言",他研究历史的方法又是所谓"大历史观",所以常常被国内一些历史学家视为空疏,一直到其《明代财政研究》出版,证明其具备较为严密的考证与分析能力。空疏的指责才稍有减弱。事实上,学术作品的使命不是单一的,学术也有面向大众传播思想文化的义务,因而其表述方式也可以是多样性的。不过,我们也必须对用媚俗的方法来提高知名度的某些文化现象保持应有的警惕。以上这些想法,可看做我们阅读丹尼尔·贝尔著作所引发的思考。

孔子和《论语》思想述评

孔子,名丘,字仲尼。中国春秋时期伟大的思想家、教育家,儒家学派的创始人。由于他的思想对中国文化产生了重大影响,因此他在中国历史上被称为圣人,至圣先师等。孔子又是世界文化史上的伟人巨人,八十年代美国出版的《人民年鉴手册》一书,将孔子和希腊的柏拉图、亚里士多德,意大利的阿奎那,英国的培根、牛顿、达尔文,法国的伏尔泰,德国的康德,同列为世界十大思想家,可见孔子对于人类思想文化影响之大。

和孔子身后的地位和影响相比,孔子现实人生的经历则是坎坷和艰辛的,也正是这条充满坎坷的人生之路,给后人很多启迪,也昭示了一种伟大人格的实现过程。

孔子祖上原是宋国贵族,因避宋国内乱,移居鲁国,父亲叔梁纥,是当时鲁国有名的武士,母颜氏(一说孔子母亲名叫颜徵在)。公元前 551 年(周灵王二十一年,鲁襄公一一十二年)夏历八月二十七日,孔子出生于鲁国昌平县陬邑(今山东曲阜城东南)。因其父母"祷于尼丘得孔子"和孔子"生而首上圩顶"(《史记·孔子世家》),故名孔丘。字仲尼。

孔子出生的时代,正是周王室衰微,诸侯争霸,国家制度和秩序遭到破坏,所谓"礼崩乐坏"的时代。孔子出生不久,父亲便去世,母亲颜氏带着年幼的孔子迁居鲁都阙里(今山东曲阜),相依为命,艰难度日。颜氏以古代礼乐文化教育孔子,对孔子的要求极为严格。故孔子年少既好学知礼,进步迅速。他在幼年时期即表现出与常人不同的地方,常"陈俎豆,设礼容",用摆设祭器,并向之鞠躬来作为游戏,反映出他对传统礼仪的爱好。同时鲁国又是周公儿子伯禽的封地,保留了较多的周朝文化传统和礼仪制度。鲁襄公二十九年(前 544 年),吴公子季札来聘,观周乐后曾赞叹不已,鲁昭公二年(前540 年),晋国韩宣子出使鲁国看到鲁国丰富的典藏,也感慨地说:周礼尽在鲁矣。这些丰富的文化积累,对年轻孔子无疑起到了潜移默化的作用,再加上孔子好学不倦,"入太庙,每事问",所以青年时代就掌握了当时贵族的必修课礼、乐、射、御、书、数"六艺"。同时,由于幼年丧父,家境贫寒,孔子很早就不得不参加各种劳动,他曾担任过管粮仓的"委吏"和管理牛羊的"乘田"。虽然这些工作很平凡,孔子都做得很好,从这里我们也可以看到孔子一贯提倡的"敏于事"的敬业精神。

孔子十九岁那年,娶宋国亓官氏女子为妻,第二年,亓官氏生下一子,名孔鲤,字伯鱼。

在掌握了六艺以后,孔子更广泛地涉猎"诗"、"书"、"礼"、"乐"等典籍,为了研究夏朝和商朝的文化,他分别到夏人后裔的封地杞国和商代后裔的封地宋国考察学习,其熟悉程度甚至超过了当地人。"后来他曾说过:夏礼吾能言之,杞不足征也;殷礼吾能言之,宋不足征也。文献不足故也,足则吾能征之矣。"(《论语·八佾》)

孔子自谓三十而立。他在三十岁时,基本上已为一生事业奠定了基础。他的名声与才能,也为遐迩所知。他希望通过从政来实现自己的理想,恢复周朝的礼乐制度。但在当时的鲁国,他的理想难以实现,于是孔子开始兴办教育事业,为当时社会和未来培养人才。鲁昭公二十四年,孔子三十四岁,鲁大夫孟僖子之嗣孟懿子及南宫敬叔来学礼,这对提高孔子的办学声望起到了很好的作用。孔子兴办私学,打破了学在官府的传统,开风气之先,对中国以后的教育事业产生了重大影响。

大约也在孔子三十多岁的时候,孔子到当时周王朝的首都雒邑去学习周礼。春秋时代,虽然王室衰微,但雒邑仍是当时中国政治经济和文化中心,那里既有王室多年珍藏的历史文化典籍,也有一大批知识渊博,学通古今的大学者,据传在雒邑,孔子见到了伟大的思想家老子。这次会见,对孔子的影响很大，"孔子自周反于鲁，弟子稍益进焉"（《史记·孔子世家》）。

孔子三十五岁时，鲁国发生了一次内乱，执政的季平子将鲁昭公赶出了鲁国。孔子因不满当时鲁国以季氏为首的"三桓"（即鲁国三卿孟孙氏、叔孙氏、季孙氏，为鲁桓公三个儿子的后裔）专权的状况，离开鲁国到齐国。齐景公向他问政，他说："君君、臣臣、父父、子子。"又说："政在节财，"景公很满意，想要重用孔子，但遭到了齐相晏婴的反对，他认为孔子的学说"累世不能殚其学，当年不能尽其礼"（《史记·孔子世家》），会扰乱齐国的风俗政令。这样，孔子在齐出仕的愿望便落空了。不久又回到鲁国。孔子和晏子的不同见解，来自他们的不同政治思想，晏子立足于齐国的现实，而孔子则意在重建一种更广大范围的秩序。

孔子返鲁后，鲁国的政权仍掌握在"三桓"手中，而季氏的家臣阳虎又控制了季氏，从而操纵了鲁国的政权。这也就是孔子所说的"陪臣执国命"现象，阳虎、公山弗扰曾想拉拢孔子，请孔子出仕，但这和孔子的"有道则见，无道则隐"的人生理想不符，所以孔子不愿出仕，继续招收门徒，教育学生，并整理古代文化，这段时期孔子的学问和教学都取得了丰硕的成果。

鲁定公八年（前500年）阳虎失败，九年，五十一岁的孔子出任鲁国的中都宰，很有政绩，仅仅一年，便成为四方学习的榜样，第二年，升任鲁国的小司空，后又升任掌管国家司法、刑狱和社会治安的最高长官——大司寇，爵位为大夫，均政绩卓然。

孔子在鲁国的成功引起了齐国执政者的担心，于是齐景公便邀请鲁定公在齐国的夹谷（今山东省莱芜县）举行会谈，由孔子担任鲁国相礼，他深感这次会谈的重要性，为预防突发事件，他在文事和武备方面都作了充分的准备。在会上，当齐国用非礼的举动要挟鲁君时，孔子义正词严，据礼而争，不仅在会谈中取得主动，还迫使齐国归还了所侵占的鲁国汶阳的郓、龟阴、灌地区，在外交上取得了重大胜利。

夹谷之会是孔子政治活动中辉煌的一页，充分展示了孔子的政治才能。

之后,孔子有感于公室衰微,大夫、陪臣专权的现状,提出了"堕三都"的计划,"三都"指的是季孙氏的采邑"费"、叔孙氏的采邑"后"和孟孙氏的采邑"成"。他对鲁定公说"臣无藏甲,大夫毋百雉之城"。"堕三都"的计划看似针对专权的"三桓"家臣,其实是为了削弱三桓的势力,增强公室。由于季孙氏和叔孙氏都曾深受家臣叛乱之苦,所以也表示支持,因此一开始计划进展顺利,费邑和后邑的城墙都被拆毁,但在堕"成"时,遭到孟孙氏的反对,而季孙氏与叔孙氏也逐渐认识到堕三都的实质,不予合作,这样计划最终宣告失败。

据记载,"夹谷之会"后,由于孔子治鲁相当有政绩,并由大司寇摄行相事,社会稳定,路不拾遗,因此引起了齐国君臣的恐慌。他们想出了一个主意,精心挑选了十六名能歌善舞的美女,穿上华丽的服装,又挑选了一百二十匹骏马,配以豪华的披挂,送给鲁定公和季桓子,目的是让他们荒废政事,疏远孔子。鲁君和季氏果然上当,"往观终日,怠于政事"。郊祭时,他们又不按照礼节分祭肉给大夫。孔子觉得在鲁国已难有作为,于是决定离开鲁国。定公十三年春(前 497 年),孔子离开鲁国,开始了长达十四年的周游列国的生涯。

孔子的第一站是卫国,卫国和鲁国是兄弟之国,卫灵公也很礼遇孔子,但却没有让他担任实际的工作,孔子在卫国住了十个月,因受到怀疑,决定到陈国去。经过匡地时,因孔子相貌长得像鲁国的阳虎,遭到匡人包围,解围后在蒲地又和当地武装发生冲突,不得已再回到卫国,此后又在卫国住了几年。期间,卫灵公曾向孔子讨教军阵,孔子一向反对穷兵黩武,所以推脱说:"俎豆之事,则尝闻之矣;军旅之事,未之学也。"(《论语·卫灵公》)后来又发生了不合礼仪、重色轻德的"次乘"事件,孔子遂生离卫之心。公元前 493 年,卫国发生内乱,孔子便在这一年离开卫国赴陈国。途经宋国时,遭到宋国司马桓魋的迫害,孔子说:"天生德予余,桓魋其如予何,"表现了孔子"道在我身"的自信。六十岁时,来到陈国,此后,客居陈国数年,以其渊博的知识赢得了陈国君臣的尊重。公元前 489 年,吴侵陈,楚救陈,吴楚在陈交兵,孔子避兵乱离开陈国,向楚国的负函进发。途中绝粮,很多跟随者都病了,一些学生的信心也产生动摇,在这严峻时刻,孔子依然坚持讲学,诵诗,弹琴,唱歌,以自己的行动鼓励学生,表明君子固穷的道理。一路上,孔子一行还遇到一些隐者,他们对孔子"知其不可为而为之"的态度很不以为然,孔子则说:"天下有道,丘不与易也。"(《论语·微子》)意为正因为社会不合理,无秩序,才需要改变。体现出孔子关注现实,献身社会,不愿隐居逃世的伟大情怀。

孔子到达负函后,在负函住了一段时间,常和楚大夫叶公讨论问题,叶公曾向孔子问政,孔子说:"政在来远附迩。"(《史记·孔子世家》)再次强调了文教德化的主张。

不久,卫国政局又趋稳定,孔子的一些学生在卫国做官,希望孔子回去,这样,孔子又回到了卫国,但孔子在卫国只是受到礼遇的"公养之仕",仍无法实现其政治理想。正好这时,鲁国的季康子派人带着厚礼来请孔子回去,孔子离开鲁国业已十四年,非常想念家乡,便在鲁哀公十一年(前484年),回到鲁国。这一年,孔子六十八岁。

回到鲁国后,孔子被尊为"国老",享受退休大夫的待遇,鲁哀公、季康子仍经常向孔子问政,但孔子知道自己年岁已高,遂埋头于教育事业和整理文化典籍,经过几十年的教学实践,孔子总结出很多行之有效的教学方法,形成了相当完整的教学思想,为我国的教育事业做出了巨大贡献。孔子整理、编次"诗"、"书"、"礼"、"乐",赞"周易",作"春秋",通过"因革损益"而又"述而不作"的方法,保存和发扬了传统文化。孔子的思想,对中国文化的发展产生了重大影响。

孔子的思想主要记录在《论语》中,此外《孔子家语》《礼记》以及诸子百家著作中也有一些。《论语》是一部由孔子弟子和再传弟子编纂而成的记录孔子言行的书,其中也间有孔子弟子的谈话和相互讨论,约成书于战国初期,内容相当广泛,全面反映了孔子关于道德、伦理、政治、哲学、社会等方面的思想。《论语》在汉朝多作为"传",东汉则成为"七经"之一,宋以后又成为"十三经"之一。朱熹把《礼记》中的"大学"、"中庸"两篇和《论语》《孟子》合在一起作注,成为流传极广的《四书章句集注》。《论语》在西汉共有 3 个本子,分别是《鲁论语》《齐论语》和《古论语》,其中《齐论语》和《古论语》早已亡佚。东汉的郑玄曾经参考二家论语为《鲁论语》作注,现在流行的即为《鲁论语》。《论语》的主要注释本有三国何晏《论语集解》,南北朝皇侃的《论语义疏》,清代刘宝楠的《论语正义》和近人杨伯峻的《论语译注》等。

《论语》中所体现的孔子的基本思想是"仁"。关于"仁",孔子有很多论述:如"樊迟问仁,子曰:"'爱人'"(《颜渊》),"克己复礼为仁"(《颜渊》)等。概括而言,仁主要有几方面的意思。第一是爱人,其中包含着推己及人的忠恕之道。作为人,自然具有爱父母,爱家人,爱自己的感情,把这种感情扩而充之,推延开来,就形成了孝悌、忠恕、泛爱众等道德行为。因此,孔子的爱,并非兼爱,而是一种区别亲疏贵贱的有差别的爱。仁的出发点是"亲亲"(亲爱亲属),每个人都受过父母之恩,必然有怀念父母之恩的感情,由此上升为父慈子孝的"孝悌之道"便非常自然。由孝悌进一步引申,即可激发出尊君、爱民、守礼、守信等品质。这就是"弟子入则孝,出则悌,谨而信,泛爱众,而亲仁"(《学而》)的道理。而从自爱的角度,推己及人则更可得出忠恕之道。"夫仁者,己欲立而立人,己欲达而达人,能近取譬,可谓仁之方也已。"(《雍也》)"己所不欲,勿施于人。"(《卫灵公》)自己不愿意的,不要强加给别人,自己想要成就的,也应该帮助别人成就。仁的第二层意思是自我约束,是自觉地遵从道德原则,让自己的言行符合礼所规定的道德规范、即所谓"克己复礼"。一个人光有爱人的感情是不够的,必须遵守一定的标准,保持行为的合理性,社会才能求得和谐,因此孔子强调"复礼",认为一个人应该自觉约束自己,使自己的言行符合礼的规定。做到"非礼勿视,非礼勿听,非礼勿言,非礼勿动"(《颜渊》)。第三,仁是人的本质,是一种理想人格,但这种本质必须经过觉仁、行仁才能实现。所以必须不断进取。这包括知、行两个方面。要知、行又必须学、思，在《论语》中对知行学思有很多强调，如说："君子食无求饱，居无求安，敏于事而慎于言，就有道而正焉，可谓好学也已。"（《学而》）"默而识之，学而不厌，诲人不倦，何有于我哉。"（《述而》）"文，莫吾犹人也，躬行君子，则吾未之有得。"（《述而》）"博学而笃志，切问而近思，仁在其中矣。"（《子张》）所以，好学力行本身即是仁的体现。

孔子在《论语》中经常提到的另一命题是"礼"，所谓礼，是一种道德规范和典章制度，论语中提到的礼，有的时候指的是特定的制度，如周礼，有的时候，指观念形态的道德规范。但这种制度与规范是由"仁"出发的，为仁服务的。仁为内容，礼为形式。他认为礼的意义极为重大，有了礼，才能敬礼天地神祇；有了礼，才能区别君臣上下；有了礼，才能分别家族的亲疏远近。而没有礼，则等级制度与社会秩序将无法建立。"恭而无礼则劳，慎而无礼则葸，勇而无礼则乱，直而无礼则绞。"（《泰伯》）所以仁与礼，犹如内容和形式，是紧密结合的。没有仁，礼就成了一种强制，而没有礼，仁爱就会成为偏爱或泛爱，行为也将缺少统一的标准。因此必须以礼的标准行仁，而以仁的自觉复礼。

将这种仁与礼结合的思想运用于齐家、治国、平天下，就形成了孔子以德治国的思想。德治包括几方面的内容，经济上给人民以实惠，政治上对人民重教化而宽刑罚。使用上爱惜民力。他说："所重：'民、食、丧、祭'"，"足食"，主张首先要让人民满足基本的物质生活，然后对人民进行教育，"导之以德，齐之以礼"（《为政》），使他们自觉遵守社会规范，在此基础上，运用法律作为辅助。他特别反对单纯依赖严刑峻法的"不教而杀"。他同时反对统治阶级穷奢极欲，滥用民力，主张以礼治国。如"出门如见大宾，使民如承大祭"（《颜渊》）；"节用而爱人，使民以时"（《学而》）；"其身正，不令而行。其身不正，虽令不从"（《子路》）；"君使臣以礼，臣事君以忠"（《八佾》）等。

读过《论语》的人，一定会发现，孔子的行事和讲话既讲究一定的原则，又并非一成不变。例如在讨论怎样为政的问题时。齐景公问政，孔子曰："君君、臣臣、父父、子子。"(《颜渊》)叶公问政。则曰:"近者说,远者来。"(《子路》)鲁哀公问政。他又说:"政在选臣。"(《史记·孔子世家》)季康子问政。则曰:"政者,正也。子帅以正,孰敢不正。"(《颜渊》)这些回答看似不同,其实都是针对统治者存在的不同问题的。又如当弟子们向他请教"孝道"的问题时,他的回答也不一样。孟懿子问孝,曰"无违。"(不违背礼节)子夏问孝,则曰:"色难。"(侍奉父母和颜悦色是件难事)在教育上因材施教,伦理上仁礼结合。行为上也有所表现。如孔子离开鲁国去周游列国时,常常走得很慢,所谓"迟迟吾行",因为离开的是父母之邦。而离开齐国时则接淅而行(没来得及煮饭吃就走)。孟子评论说:"可以速而速,可以久而久,可以处而处,可以仕而仕,孔子也。"(《孟子·万章下》)在这些不同的言行中,其实体现着贯穿孔子整个学说的另一重要思想——"中庸"。"中庸"的基本原则是"允执厥中",要求人们的言行把握适当的度,无过无不及,不偏不颇。中庸不是执衷主义,而是既有一定的标准,又有所变通,它要求人们在不同的场合、地点、时间寻找一种合理、恰当而又合乎道义的坐标。子思称之为"时中"。中庸既是行为标准行事方法,又由于其代表着事物的最终和谐状态,所以又成为目的。正是因为中庸的理想性,所以很难达到。故孔子说:"中庸之为德,其至矣乎,民鲜久矣。"(《雍也》)又说"天下国家可均也,爵禄可辞也,白刃可蹈也,中庸不可能也。"(《礼记·中庸》)也正因为中庸难得,所以孔子赞扬伯夷、叔齐、虞仲、夷逸、朱张、柳下惠、少连这些虽称不上完美中和却有着正道直行美好品德的人士。但中庸毕竟代表着一种最高境界,是君子的理想与目标。"故君子尊德性而道问学,致广大而尽精微,极高明而道中庸。"(《礼记·中庸》)虽不能已而心向往之。

前面说过孔子既是一个伟大的思想家,又是一个伟大的教育家,他在历史上首创私人办学。传说中,他有弟子三千,贤人七十二。《论语》中,记录了孔子的很多教育思想,也记载了很多教学实例。从教育原则来看,孔子主张有教无类。在孔子以前,教育只在贵族中进行,普通平民被剥夺了受教育的权利。孔子打破了学在官府的状况。一般人只要交上一束干肉作为见面礼以表示对老师的尊敬,孔子都予以教育,"自行束修以上,吾未尝无诲矣。"(《述而》)在他的弟子中,很多人出身贫穷,曾从事不同的职业,如原宪、子路等,孔子都收教不弃。在教学中,孔子常运用"因材施教"的方法。孔子设立的教学科目有"德行"、"言语"、"政事"、"文学"四科。孔子常各因其材,予以重点指导。在"德行"方面,成绩卓著的,有颜渊、闵子骞、伯牛、仲弓等。在"言语"方面表现出特殊才能的,则有宰我、子弓。"政事:冉有、季路","文学:子游、子夏。"(《先进》)有时候,同一个问题,针对学生的材质不同,孔子的回答也并不相同。如子路问"闻斯行诸"(听到一件事就去做吗),孔子回答说,有父兄在,为什么不先征求一下他们的意见呢?而冉有也问"闻斯行诸",孔子则说,听到就做。另一个学生公西华对此感到很困惑,孔子解释说,冉求(有)这个人性格懦弱,所以需要鼓励,仲由(子路)性格好胜,所以要适当抑制。故孔子教学,好比良医治病,病万变药也万变。"因材施教"的原则是对教学规律的深刻体悟和合理运用,即使在教育发达的今天,也很难做到。此外,在教育的具体手段上,孔子还常采用启发式的教学法。主张"不愤不启,不悱不发",要求学生能够举一反三,触类旁通。孔子被称为"至圣先师,万世师表",固然主要由于他伟大的人格,但也和他具有开创性的教育思想相关。

从体裁上看,论语以记言为主,属于语录体散文。作者又非一人,因此结构上好像缺少系统性,但仔细分析,还是有脉络可寻。如《学而》篇之强调学者先务。《乡党》篇侧重记载孔子的言色容动等。《论语》本不十分注重文采,孔子自己也说过"辞达而已矣"和"文质彬彬而后君子"这样的话,认为形式要和内容相一致。反对过分的文饰。但思想是依靠语言来传达的,所以恰当的语言,合宜的文采有助于提高表达力。孔子教学四科中,就有"言语"科。《论语》中记录的孔子言语,往往语简意赅,用意深远,有一种雍容和顺,迂徐含蓄的风格。例如"风寒,然后知松柏之后凋也。"(《子罕》)通过对松柏的礼赞,歌颂了一种坚定不移的君子人格。又如孔子弟子端木赐见孔子有机会做官却不愿出仕时,便问道:"有美玉于斯,韫椟而藏诸,求善贾而沽诸?"孔子说:"沽之哉,沽之哉,我待贾者也。"(《子罕》)这段对话全用比喻,既很好地表达了孔子不仕无道的思想,也突出了师生之间密切的感情。又如《季氏》篇中的"季氏将伐颛臾"章,通过记述孔子同冉有、季路的一次对话,阐述了孔子为政以礼,治国以德的主张。

季氏将伐颛臾。冉有、季路见于孔子曰:"季氏将有事于颛臾。"孔子曰:"求!无乃而是过与?夫颛臾,昔者先王以为东蒙主,且在邦域之中矣。是社稷之臣也,何以伐为?"

冉有曰:"夫之欲之,吾二臣者皆不欲也。"孔子曰:"求!周任有言曰:'陈力就列,不能者止。'危而不持,颠而不扶,则将焉用彼相矣?且尔言过矣,虎兕出于柙,龟玉毁于椟中,是谁之过与?"

冉有曰:"今夫颛臾,固而近于费,今不取,后世必为子孙忧。"孔子曰:"求!君子疾夫舍曰'欲之'而必为之辞。丘也闻有国有家者,不卜患寡而患不均,不患贫而患不安。盖均无贫,和无寡,安无倾。夫如是,故远人不服,则修文德以来之,既来之,则安之。今由与求也,相夫子,远人不服而不而不能来也,邦分崩离析而不能守也,而谋动干戈于邦内。吾恐季孙之忧,不在颛臾,而在萧墙之内也。"

孔子为了说明季氏行为之错误,运用了叙述,议论、引用、比喻、反诘、排比、呼告等多种修辞手法,使文章生动有力,犀利活泼。

《论语》的另一特点,是在简短的对话和叙述中展示人物形象。如《先进》篇的弟子侍坐章,仲由的直率,冉求和公西赤的谦逊,曾点的洒脱,都栩栩如生。而《微子》篇则塑造了长沮、桀溺等遗世独立的形象。

孔子的思想以人类社会为主,他肯定日常生活和人伦日用的意义。而不愿探讨脱离人类社会的意义和知识。"夫子之言性与天道,不可得而闻也。"

（《公冶长》）但他一生不断追求理想和道德完善，将行"仁"作为一种自觉的使命，下学而上达，因此"觉仁"、"行仁"便有了与"天地参"的天道意义。孔子说："四十而不惑，五十而知天命。""知天命"其实是对宇宙真理的领悟。孔子所谓的"天"，并不是一般意义上的人格神，而是宇宙人生的大道理。只不过在孔子那里，最高的道理永远体现于人伦日用之中，所谓"君子之道，造端于夫妇，及其至也，察乎天地"（《礼记·中庸》）。

　　孔子是中国文化的杰出代表，他既对夏商周三代的文化作了全面的总结，又为未来开创了全新的文化格局。孔子的思想对中国的哲学、文学、艺术、教育、史学、政治、伦理均产生了重大影响。后人甚至有"天不生仲尼，万古如长夜"的说法。孔子的思想也对亚洲、欧洲，甚至整个世界发生了影响，且这种影响至今不衰。例如文艺复兴时期的一些启蒙思想家，就受到过孔子思想的影响。在21世纪的今天，孔子学说中的很多内容，如提倡爱人，追求和谐，重视反省，承担道义以及见义勇为，见贤思齐，学而不厌，诲人不倦等，仍然有着重要的指导意义。因此，研究孔子思想，吸收其中有价值的东西，对建设我们的社会主义新文化，对塑造我们今天的民族精神都将是大有好处的。

传统节日功能的现代转换

　　谈到节日,大家都有一种很强烈的感觉,即曾经是我们生活中很重要一部分的年节文化,现在味道越来越淡,变得可有可无。那么节日感的淡化,到底是好现象还是坏现象呢?对此人们有不同的看法。有一些人觉得非常可惜,中国曾经有那么多节日,基本每个月都有,农历正月有春节、元宵,二月有龙抬头,三月上巳、寒食、清明,五月端午,七月七夕,八月中秋,九月重阳,十二月还有腊八、冬至等,此外还有些小的节日。但今天我们屈指数一下,有点影响的节日实在非常少,除了春节、元宵、清明、端午、中秋和重阳以外,基本上很多小的节日已经消失了。即使是现在还流传下来的节日,它们的影响也大不如前了。还有一些人觉得节日的消失很正常,他们认为节日是农业社会的产物,跟农耕文明紧密结合在一起,所以随着农耕文化的消失,节日的消失也是天经地义的事。

　　关于节日的意味,可以从中文"节日"这个词上去体会。有人说"节"是竹子的一个部分,竹子是很光滑的东西,一溜而过,"节"是竹子的突出部分,也是凝聚部分,这段时间需要慢慢品味,用停顿去感受。就像戏文里面所唱的"如花美眷,似水流年",年就像水一样流去了。孔夫子说"逝者如斯",但是在这过程中你需要回味一下、停顿一下。节就是停顿,就是生活的感悟、文化的凝聚,也是体力上的休息,休息后就可以再出发。因而节日其实是心灵的需要,它跟农耕文化或者商业文化关系并不一定特别紧密。我们现在看很多外国的节日,圣诞节、年轻人的情人节等,这些都是洋节,但是也有市场,因为人们需要一种心理上的安慰。比如一个女孩子长到二十几岁,她希望爱与被爱,情人节就应运而生了。所以其实我们需要节日来安顿我们的心灵,但我们是开发传统节日的功能呢,还是借用外来节日的功能?比如说你是个恋爱中的年轻人,你或许希望过情人节,假如你对神秘现象感兴趣,可能你觉得可以过一过万圣节,如果你对基督教感兴趣,可能觉得圣诞节很好。对大部分中国人来说,中国的传统节日比较好一点,因为传统节日的功能是多样化的,是复合型的节日。情人节比较适合青年男女,中年人去过情人节就少见;如果不是基督徒,一般对圣诞节的知识就知之甚少。但是中国的传统节日就不同,例如春节具体的功能到底是什么?团圆、祭祖、对农业神的敬畏?可以说这些功能它都有,因为传统节日是很多种功能的复合,每个人都能找到那样一种心理的需要。春节回不了家的人可能就通过一句"一年将尽夜,万里未归人"的诗句,得到了一种心理安慰;而能回家的人,春运时候哪怕挤破了头也要买一张回家的票。这种情感很复杂,既可以是对家族的依恋、故土的思念;也可以代表某种美好的希望;或者通过过节,将人和祖先与神灵联系起来。今年的日子过得不怎么样,明年是否能过得好一点?这一点在我们古代的民谣中都有反映。当然,传统节日的某些内容发生演变是正常的,它要适应当下的生活,这里也有一个"与时偕行"的问题,但节日本身是完全具有存在的理由的。社会的进程太快,有时候我们会疑惑我们到底为什么总是这样行色匆匆,我们需要一些停顿,需要节日。节日跟我们心理的需要有关系,因此有其超越时代的价值,即便农业社会的节日有农业社会的特点,商业社会的节日有商业社会的特点。故而怎样发挥传统节日重视人情关怀、群己和谐的特点,怎样在其中赋予符合时代精神的新内容,是一个极有价值的当代课题,也是文化建设的一个组成部分。

接下来我们考察的第一个问题是节日由来。每个民族都有自己的节日,仅西方的节日就数目众多,考察不尽。中国文化的节日到底是怎么来的,为什么会在特定的时间形成特定的节日?中国文化,不管是相对高深的儒道思想,还是比较通俗的民间文化,始终要把握"阴阳五行"和"应天顺时"两个理念。一般的人好像会觉得比较玄，而一些受过西方教育的思想家、哲学家又觉得这东西比较模糊和浅近。但这个理念无论是深奥还是浅近，对中国人来说都是根深蒂固的。阴阳的观念是这样的，万物未分时是混沌的状态，有人称之为"太极"，当它发动的时候，产了阴阳。阴阳是说任何事物都有它的对

立面，对立的双方互相交融互相冲突，产生了万事万物。还有五行的观念。阴阳产生五行，五行为金木水火土，代表五方，五方即东南西北中，东方象征春天，是绿色的，属木；南方象征夏天，是红色的，属火；西方象征秋天，是白色的，属金；北方象征冬天，是黑色的，属水；中央大地是黄色的，属土。过两天就是端午节了，我们有的同学要参加学校的端午活动，手上戴着自编的五色丝，五色丝就代表五方色、五方神。不过你们手上的五色丝颜色有点问题，不是绿、红、黄、白、黑五种主色，那是因为你们的工艺老师想让它好看一点，所以用了较艳的颜色。不懂的话也没关系，你懂的话可能会觉得这颜色不太对吧，这个主要是心理暗示。

　　还有一个概念，是有关周易的。周易有六十四卦。周易比较复杂，有些同学很有兴趣，这可以慢慢学。我这里先讲个非常简单的概念。从汉朝开始有人把周易的六十四卦简化，变成十二卦，用十二卦来代表十二个月份，这个思想在先秦时候的《吕氏春秋》里就有所反映，请看这个卦图（见右上图，卦象由外往内看）。举个例子来说，泰卦，有一句话叫"三阳开泰"，我们春节的时候在外面看到很多商店都写着"三阳开泰"，代表的就是农历一月份。下面三根阳爻是泰卦，两根阳爻的就是临卦，临卦代表的是农历十二月。为什么这么代表？我们现在用的是夏历，周易的月份设定是根据周历的，周历的第一个月是夏历十一月，用一阳爻的复卦代表，十二月是临卦，夏历一月就是泰卦。这样就把十二个月用十二个卦象联系起来。这很简单，阳爻再往上走，四根阳爻就是大壮，五根阳爻就是夬卦，代表阳气的逐渐上升，最后是乾

卦。随着月份的增长,阳气逐渐上升。五月对应姤卦,上面五根阳爻,一阴在下,阴气出现了,阴气出现后,你是不是感到些不舒服,因为地上的湿气重了,这个时候就容易有些小毛病。阴阳变化的时候容易生病,正好是五月端午的时候,所以端午时候就有很多仪式来去除疫气。中国早期的思想往往跟阴阳五行有关,西方人没有阴阳五行的思想,但他们也有节日,而且他们早期对节日的理解和我们还有很多相似性。

我们先来看看传统的节庆。以春节为例(包括立春),春节要贴春联,要贴年画,立春还有咬春和鞭打春牛的习俗。咬春就是吃春饼,饼里面有一些绿色的食品,菠菜啊,青菜啊,不要搞个肉包子。咬一口,你就感受到春天的气息了。鞭打春牛,是用泥土或纸做一个春牛,然后将它打碎,这是让天下的耕牛和土地醒过来,准备耕作了。春节还要贴春联,贴年画。为什么要那么做呢?你可能会说这代表着人的一种美好祝愿。美好祝愿,你可以跳一支舞或者唱一首歌,为什么一定要贴春联呢?其实最早世界各民族共同的思维是巫术的思维,阴阳五行的思想是后来产生的。春联最早叫桃符,不是写在纸上的,顾名思义就是桃木片做的,后来因为桃木没有这么多,就用红纸代替。大家都知道的"爆竹一声除旧,桃符万象更新"这一对联,就提到桃符。关于桃符有一个故事,古代有一座山叫度朔山,度朔山上有一棵大桃树,树上住有两个神,他们的职责就是捉鬼,哪里有恶鬼就去哪里捉,然后把他们绑起来喂老虎,所以度朔山的桃树在后人的印象里就有了辟邪的功能,后来所有的桃树就都有辟邪的功能。从人类学角度来说,这是非常有普遍性的。英国学者弗雷泽的著作《金枝》,讲有一棵生命之树,有一个祭司一直守卫着这棵树,不让别人去碰这棵树,只有逃亡的奴隶可以去摘一根枝条,如果他成功地折断了枝条,就获得了跟祭司决斗的资格,如果胜出,就成为这棵树的下一任祭司。这棵生命之树有一个神奇的功能,只要你拿到了这树的枝条,就等于拿到了这棵树的灵魂。这是弗雷泽的解释。我们中国古代的著作当中也能找到相似的例证。在古人的思维当中,只要桃树下住过捉鬼神人,这棵树就有镇鬼的功能,而天下所有的桃树也都有了这个功能。人类学家把这种古代巫术思维叫做互渗思维,贴春联最初就包含这种思维。接下来我们来看看年画,贴年画的历史比较短一点,主要是根据唐代的一个传说。唐太宗晚上睡不着觉,可能他打仗杀人太多,鬼都找上门来,他就派秦叔宝、尉迟恭两员大将站在他的大门口,从此以后他就睡得着觉了。但是这两个人老站着,时间长了也会累,于是就画了这两个人的像,贴在门上。你们现在看到的年画门神就是秦叔宝和尉迟恭。这个传说比较晚,但虽然是后来的故事,也仍然可以看出在这个故事当中还是包含原始的因素。秦叔宝、尉迟恭有能耐,所以他们的画像也有能耐。弗雷泽把这种现象叫做交感巫术。交感巫术有两种,一种叫模拟巫术,一种叫接触巫术。模拟巫术就是通过我们的模拟行为,比如模拟秦叔宝,把秦叔宝的像放在门口,就有了秦叔宝的功能。还有一种思维叫接触巫术,接触巫术我们也看得到,比如在一些古代小说里面,把一个人的头发、指甲放在一个地方埋起来,然后做法,如此等等,因为头发跟人之间有关联的。由此看来,在古代年节的产生当中其实也含有原始的巫术思维,但在逐渐的发展过程当中,早期节日的一些概念、功能发生了变化,比如说春节变成了团圆的节日,变成了祭祀土地神的节日。关于春节,我这里只简单说一下原始思维,至于春节功能发生了哪些改变,怎样改变的,我这里就不分析了,因为它太复杂了,不容易一下子说清楚。

现在我们先通过清明节和端午节来看看后来这些功能是怎样发生变化的,它原始的思维是什么。

清明节是由寒食节和上巳节演变而来的。清明节有一些节俗活动为大家所熟知,比方说南方一些地区这一天会吃青团,这期间很多人会去扫墓,有些人还会去踏青旅游。此外,有些地方还有放风筝的习俗。前面已有这些节俗为什么都发生在清明时节?其中是有深刻道理的。

先说清明食物青团,它的来源和原始信仰有关系。清明原来不是节日,是一个节气。传统农业社会将一年分为二十四个节气,用来指导农业生产。

二十四节气是根据太阳在黄道上的轨迹来划分的,比如立春、雨水、惊蛰、清明等。清明作为一个节日是到后来逐渐形成的,是原来就有的两个节日合并整合的结果。这两个节日一个叫寒食节,一个叫上巳节。寒食节不能吃烧熟的或热的东西,只能吃冷的东西,青团原来可能就是冷食的,不会煮着吃。为什么这一天只能吃冷的东西不能吃热的东西呢?有人会想到介子推,说是纪念介子推的。

介子推是春秋时代晋国的大臣,他跟着晋国的公子重耳(后来的晋文公)在外面流浪十九年,回不了家。重耳在流浪途中,有一次饿得不行,介子推就把自己腿上的肉割下来给重耳吃。十九年之后重耳终于回国当了国君,当年跟着他的大臣都得到了赏赐,只有介子推被忘记了,他也不愿争功,隐居于绵山。后来重耳想起了介子推,就想让介子推出来做官,介子推坚决不愿为官,藏于深山之中。晋文公没有办法,只好放火烧山,想赶出介子推,结果介子推宁愿被烧死也不出山。据说后来晋文公下令,这一天不准火食,以纪念介子推。这个事件后来就变成了冷食节的来源。

介子推的故事,当然只是一个传说,史书上也没有记载说介子推是被火烧死的。在古代全世界很多民族有一年中某个时期吃冷食的习惯,包括现在还有些民族有这样的传统,这就很难说吃冷食和纪念介子推相关。

寒食节为什么要吃冷食,其实和原始思维相关,古代中国人认为每个季节要取一次火,春天要取榆柳之火,夏天要取枣杏之火等。据人类学家研究,历史上很多原始民族每年都有一个取新火的仪式,因为他们认为自然界是有生命的,春天新火产生,去年的旧火就死掉了。新年要用新火,不能再用旧火,这代表一个周期的生死,也代表一个人生命的成长。所以在春天取新火的一天或数天里,大家不能生火做饭,只能吃冷食,以此代表一种新旧的转化。因此寒食节吃冷食应该与这一信仰有关。

取新火的仪式我们现在已经看不到了,但是在古代的诗文当中还有所表现,比如唐代还保留着寒食取新火的仪式,韩翃的《寒食》诗云:"日暮汉宫传蜡烛,轻烟散入五侯家",就是讲皇帝赐给大臣新火的故事,很好地证明了古代寒食期间更换新火之习俗。

清明节的时间大致是固定的,即公历 4 月 5 日前后,大概在农历三月上旬,而寒食就在清明前几天,因此清明节吃青团很可能就是古代寒食习俗的遗留。

虽然人类早期很多民族在一年中的某个时段吃冷食是一种普遍现象,但中国人却让这种习俗跟介子推挂钩,从而造成节俗功能的人文转变。原来取新火的原始思维,逐渐变成对文化贤人的祭奠;吃冷食的习俗,也变成了缅怀一位先贤,敬仰一种高尚的人格。在中国的节日文化中,往往都有这个转变,从早期的巫术心理和原始思维逐渐向礼乐文化转化。礼是一种仪式,是一种规范了的文明的仪式,乐则可以理解为一种合理的艺术精神。

接下来再说说清明的扫墓。按中国古代士大夫的传统,一年四季都要祭祀祖先的,特别春秋两季最为隆重。扫墓就是一种民间的祭祀,可后来为什么就定在清明的时候扫墓呢?当然可以说这时春回大地,气候宜人,是一年中最好的季节,但其实也跟古代的三月三上巳节有关。在上古中国的一些民族的习俗里,上巳节这一天是要招魂的,这个招魂不一定是招祖先的魂,也可以是招自己的魂,这在原始思维里也是重获新生的意思。那么原始的招魂仪式又是如何逐渐固化成了纪念先人的扫墓活动的呢?那是因为礼乐文化的渗透。祖先给了我们身体,给了我们文化。荀子说:"礼有三本:天地者,生之本也;先祖者,类之本也;君师者,治之本也。"(《礼论》)祭祀祖先就是为了"报本反始,民德归厚",这就是礼文乐化。所以说祭祀是一种人文礼乐,后来逐渐就演变成了今天的清明扫墓。

那么清明又为什么要踏青远足呢?这里面也有讲究,古代的时候人们在上巳这一天,在水边沐浴,要洗掉种种的不如意,古代的说法叫祓禊,就是去除邪恶。这个沐浴的地方在河边,河边通常处于野外。《论语》里面有一段话,孔子曾经问他几个学生,将来如果事业成功,你们想做些什么?有的学生说要治理国家,有的学生说要做外交大臣,最后一个学生曾点说:我希望在三月的春天,在沂水中沐浴,然后擦干身体,穿上新的衣服,在祭台(舞雩)上让风把头发吹干,唱着歌回家。孔子长叹一声说"我赞同曾点啊!"。现在有人不理解这段话,认为北方农历三月还很冷,为什么要在河里洗澡呢?其实三月沐浴是一种古代的祓禊仪式,但是在《论语》中根本就读不出任何巫术的味道,因为其精神已经转化了。舞雩这个地方是祭祀求雨的,稍微还看得出一点原始仪式的痕迹。

另外,王羲之《兰亭集序》里描述的那个"曲水流觞"活动,其实也是古代祓禊活动的变形。王羲之在文中表现的思想是人生很短暂,一切美好的东西都留不住,所以得用文字把这美好的过程记载下来,如此才能引发后人的同感。这样水边祓禊这种原初仪式逐渐就变成了士大夫的娱乐,变成曲水流觞了,谁拿到酒杯谁喝酒,而不再是流走、祛除不洁的祓禊仪式。

清明时节还有放风筝的习俗。为何要放风筝?从原始的信仰来说,也是要辟邪,因为这几天从时间上说是个转折点,人们要把邪气除掉。如果一个人有忧患、灾难,风筝线一剪断,这些不祥就随着风筝飞掉了。不过后来人们放风筝主要是为了娱乐。除了娱乐还有一个原因,属于中医养生文化,春天是阳气生发的时候,人们在田野上放风筝,放风筝的时候头看着天上,脚踩着大地,这是一种天人合一的形式。人站在大地和天空之间,阴阳交会,人就和季节的演变相和谐了。

古人还认为春天是万物生长的季节,人的情绪也到了比较兴奋的时期,所以是适合男女谈恋爱的时节,一些少数民族就在三月三进行对歌。因此古代三月三除了沐浴祓禊,也是男女恋爱的节日。上古的时候人比较自由,男孩女孩在野外自由恋爱,后来礼乐兴起以后,就演变成踏青远足了。《诗经》里面好多爱情歌曲,像《郑风·溱洧》说青年人在水边互赠芍药等等,这些行为其实都是古代爱情的象征。《周礼》也记载,仲春之月,男女自由相会,这一段时期男女恋爱是不禁止的。中国是一个封建礼教比较强大的国家,然而早期还是存在过较为开放的自由恋爱时期的。只是后来随着礼教的强化，自由恋爱被"父母之命、媒妁之言"所取代，但春天男女踏青的习俗仍得以保留发展。

总之，清明的形成过程，是一个节俗的变化过程，变化当中有很重要的一点是礼乐文化的进入。在后来的文献中，这种转化的痕迹还有不少，例如《礼记·月令》中说：三月是阳气最旺盛的时候，"阳气发泄"、"句者毕出"，所有在地底下压抑着的生命全部都要冒出来了，"萌者尽达"，该发芽的都已经发芽了，"不可以内"。这个"内"就是纳，不可以再收纳，要配合大自然释放生命，让内在的情志发泄出来。"田猎、罗网……毋出九门"，这一天不可以去打猎，不可以用网去捕鸟，即所谓"劝君莫打三春鸟"之义，要让生命尽情地成长和完善。这些地方体现着天人合一、爱护生命的思想。现在一般认为《礼记》是秦汉时期写的，是对春秋战国乃至更早时期礼仪的一个总结。

这样，清明节之所以有较多的户外活动，主要是它发生于春天，又归并了早期寒食和上巳等节俗内容的结果，通过转化，清明节俗完成了从原始思维到礼乐文化的过渡，上古的巫术思维通过阴阳五行的思想向礼乐文化和娱乐文化靠拢过来，从而形成了今天的清明活动以祭祖扫墓和踏青游乐为主要内容的格局。

分析了清明，我们接下来再来看看端午。端午也有很多活动，端午祭祀屈原、赛龙舟、吃粽子、辟五毒、饮雄黄、斗百草、佩五色丝、射柳等，我们简单举例说一下。屈原的故事大家都知道就不说了。赛龙舟，为什么要赛龙舟？我们现在说屈原自沉到河里去了，人民纷纷划小船去把他的尸体捞上来，然后就逐渐形成了赛龙舟这个习俗。但是有些民俗学家和人类学家并不相信这个故事。为什么不相信呢，因为据闻一多考证，赛龙舟是中国古代祭祀龙图腾的遗俗，中国人的图腾是龙，龙其实是各种动物的汇合，头像马，爪子像鸟，身体像鹿或牛，身体上的鳞像鱼，一般认为是各个部落图腾的结合，赛龙舟和龙图腾有关,这是闻一多的说法,对不对很难说,最早的船未必叫龙舟,也有一种称为"飞凫"的小船。另外中国其他民族也有赛龙舟的习俗,所以很难说赛龙舟一定和龙图腾崇拜有关。还有一种游戏叫斗百草,女孩子玩得比较多,笔者小时候也玩过,现在的年轻人可能没玩过。斗百草有两种玩法,一种是比谁知道的花草、植物多,比如你说柳叶,他说槐树叶,等等。《红楼梦》里面就有这样的故事,一群女孩子玩斗草游戏,轮到香菱,她已想不出别的植物了,就说了个夫妻蕙,人家就说你想老公了是不是,这个故事很生动。还有一种是武斗,是比赛谁采集的树叶更结实之类,我们小时候玩的,就是这种。斗百草、赛龙舟之外,还有射柳,射柳其实是一种比赛,比谁的箭能把柳条射下来。在这些节庆活动中,各位有没有注意到一个共同点,即竞争性。赛龙舟是比赛,斗百草和射柳也是比赛,为什么会这样呢?

要知道原因,我们必须从端午的时间上考察,中国节日的一个特点叫应天顺时,强调和自然节律的一致性。到了农历五月份,从刚才提到的十二辟卦的卦象上来说,已是姤卦当令,"夏至一阴生",阴气上来了,这个跟十一月的复卦有点对应,那时是阳气出来了,叫"冬至一阳生"。阴阳交替的时候,人可能会感到不舒服,阳气充足的日子不知不觉有阴气上来了,五月份古人认为是容易得病的月份,是不太吉利的月份。所以根据模拟巫术,就要有行动,比如通过镇压、斗争、好人打败坏人这样一些仪式来达到辟邪的效果,通过模拟人们会觉得正气终于战胜了邪气。这种模拟要通过斗争、竞争的方法来表达,比如说斗百草是种斗,赛龙舟是一种争,射柳也是比赛,这就是模拟巫术的思维。端午还有除五毒的习俗,五毒就是五种毒虫,这个月份各种毒虫开始起来了,所以要压制他们不为害。配合端午的节俗有很多工艺品和艺术形式,这些我不具体说了。此外,饮雄黄酒也是要镇邪气,白娘娘喝了一下就现原形了。钟馗抓鬼也属此类。因此,从原始信仰来说,端午习俗背后的一个思维就是"斗",根据模拟巫术要斗,这时候邪气开始起来,所以要辟邪逐疫。古代人们通过模拟表演行为来达到这一目的,最后起到心理上的安慰。

但正如前面所言,节日的发展是一个逐渐礼文乐化的过程,端午也是如此。今天我们过端午,基本没有人去注意原始思维的东西,大家耳熟能详的是纪念屈原、赛龙舟、吃粽子等活动,这些活动都有较大的人文意义。为什么要在这一天纪念屈原,因为传说屈原是在五月五日自沉的,而在屈原的身上,体现着刚正不阿、追求真理、与邪恶势力坚决斗争的精神,这里仍然有着争斗的内涵,但意义完全不同了,是正义与邪恶、理想与现实的斗争,吃粽子则表现出人们对屈原精神的敬仰,赛龙舟也被看作是纪念屈原,同时又是一种民间体育比赛,充满娱乐性。以后出现的端午节俗活动,也往往具有礼乐化和娱乐性的特点,是对早期仪式的一种转化,但又不是随意的转化。

我们今天讲重建节俗内容,也必须遵循这一原则,即尊重传统的心理,注重文化的意义。具体怎么做,我有一些简单的想法。比如说端午原来有射柳的活动,用箭把柳条射下来,比谁的箭法好。把箭镞去掉,装上一个弯的锋刃,这个刃射到柳条,柳条就断了。人们通过这样的比试,来测量各自的箭术,不乏娱乐性。现在这个活动基本看不到了,我认为可以恢复。现在我们的城市有一种射箭俱乐部,但价钱较贵,基本是高级白领的运动,没有太大的普遍性。如果能在端午恢复改造射柳的活动,是比较有普遍意义的,一方面可以娱乐,一方面可以健身,但须增加其中的文化意义,射箭在古代中国就被赋予了相当多的文化意义。

《礼记》当中有一篇叫《射义》,说一个小孩出生的时候,亲属要举行射箭的仪式,等他长大了,又要举行射箭的仪式。为什么要举行射箭的仪式?其中有很多的含义。小孩来到世间父母先不急着考虑给他吃食,而给他举行一个射箭仪式,现在小孩子一哭大人很着急的。这个仪式想说明什么?一个人,尤其是男孩子要志在四方,所以向东西南北各射一箭,射完这四支箭给小孩子喂水。也就是说,一个人首先要有伟大的理想,去闯世界,认真工作,然后才能吃饭,通过这种表演对小朋友产生影响,刚出生的小朋友还没有知觉,但其他小朋友会看到,就是男子汉要自食其力,先工作后吃饭。古代的男人不会做金丝鸟,吃软饭,这种事情是没有的。他的价值观就是我必须要先工作,才能安心吃饭。现代观念发生了变化,现在有的人觉得不工作能够享受生活不是很好吗?这个价值观不一样。还有一个问题,古代的射仪,如果我射不中,输给你,我是责怪你技艺太高呢,还是在自身找原因?射仪是君子的仪式,如果我射不中,我肯定想我的功夫为何比你差,我不会想你怎么那么好。它告诉你做人应该怎样做,竞争不过人家要找自己原因,不要责怪别人,也不要总是找客观原因,不要老说社会环境怎么怎么恶劣,当然有时候社会环境确实比较恶劣,但是你主要要找自身原因。而且用来射击的箭放得整整齐齐,你先射,我后射,按秩序轮流来,大家客客气气。我们现在是无序竞争、乱竞争,你的馒头卖得掉而我的卖不掉,我就染染色,那叫无序违法竞争。所以射仪里面有很多东西是可以去挖掘的。射仪这些形式听说在韩国和日本还保留着,但我们今天没有了,如果在端午节俗中能够重建,也是有相当意义的。

如果大家都不重视节日,就会出现一些问题。比如说端午节,韩国有端午祭,他们以此申遗,我们有些人觉得很愤怒,但也没有办法。第一,人家的仪式都保留着,我们这个仪式已经不完整了。你说祭祀,古代的仪式你知道怎样做吗?或者祭神,古代要三献或者四献,这套东西人家现在还保留着,我们现在找不到了。如果你要去弄,好些地方需要考察,这都是我们要做的工作。第二,韩国的端午祭的祭祀对象跟我们不一样,他们祭的不是屈原,祭的是他们自己的神。

总结一下,节日永远有娱乐性和人文性,有了人文性,才能"礼失求诸野",没有娱乐性,老百姓不接受。还有就是雅俗文化要结合。所以斗争也好,巫术也好,最后慢慢演变成一种对先贤的怀念。清明节是祭祀祖先,端午节慢慢变成祭祀文化的贤人,也就是说一种是祭祀给了我们生命的父母亲,另一种是祭祀对文化做出巨大贡献的文化圣贤,他们确立了一种精神文化。

这样,节日的功能慢慢定位,而像饮雄黄酒,慢慢就变成一种中医文化,这天要搞点卫生、洗洗澡等等。吃粽子则构成了饮食文化的一部分。到了五月,《礼记》说,"是月也,日长至",白天很长,"阴阳争",阴阳在争,"死生分,君子斋戒,处必掩身",这一天君子注意,不要有什么活动,要斋戒修身,衣服穿得保暖一点,不要嫌热就开始穿短袖了。这里面我们同样可以看到原始思维已经被人文思想逐渐取代,《礼记》主要是对春秋战国时代文化的总结,并不是最早的记载。

中秋节暂时放一放。重阳内容比较多一点,我们就谈一下重阳。重阳的民俗内容大家都明白吧? 重阳要登高、佩茱萸、饮菊花酒。菊花酒现在市场上已经找不到了,但在韩国还有。重阳节,当年陶渊明说"采菊东篱下,悠然见南山",诗的题目叫《饮酒》,饮的什么酒,饮的是菊花酒。另一个民俗仪式就是登高,为什么要登高,要在九月登高不在三月登高? 这里面还是一个原始思维。如果从刚才给大家看的十二辟卦来分析,九月是什么卦,是剥卦,阳气只剩一点点了,马上阴气要把阳气剥光了,一年的九月份是不是相当于一生的老年了? 而且重阳在九月九日,两阳相重,意味着事物盛极而衰,九月开的是菊花,之后还有什么花吗? 基本没有花了,所以古诗云:"不是花中偏爱菊,此花开尽更无花。"老年意味着离死亡越来越近,要避免死亡,按照原始思维,有两种选择,一种是避开灾难,让阳气支撑得长一点,追求长寿,还有一种索性更上一层楼,借这点阳气成仙吧(此处参考学者张君的观点)。你读屈原的《离骚》,有"重阳入帝宫"一句,在重阳这一天进入帝宫成仙了,当然屈原说的重阳也许不是我们现在说的重阳。这两种选择都要登高,为什么登高,一是因为山很高,里面住着神仙。李白诗歌云"不敢高声语,恐惊天上人"(《题峰顶寺》),天上人是谁,就是神仙。二是山上可以逃避灾难,躲得越高越安全。重阳登高有一个故事,汉朝有一个汝南人叫桓景,有一次一个老人跟他说,你在九月九这天啥事都别做,一个人发足狂奔,奔上后面那座山,不要问为什么。这一天,他什么都不问就往上跑,等到跑到高山顶上回头一看,家淹掉了,牲畜都漂在水中。这故事其实是原始思维的一种反映,就在九月九的这天,可能会有麻烦,需要逃避灾难,当然我们现在会觉得很可笑,不会有这种事情,秋高气爽你去登高是强身健体,不是为了逃避什么,况且人生有命富贵在天,但那是后人的思想。上古的人不这样想,所以这一天要登高。为何要饮菊花酒,李时珍《本草纲目》里说:菊花轻身耐老,现在研究又说菊花具有降血脂、降血压的作用,所以有一种药叫珍菊降压片。吃了菊花轻身,是不是和飞升有关呢?还要吃重阳糕,吃重阳糕是为什么,小朋友要长大,年年高,月月高,人们也希望生活过得节节高,你看这里面有原始思维。还有佩茱萸,茱萸是一味中药,但古人认为可以辟邪,像艾草一样,所以古人在重阳这天佩茱萸,王维的《重阳》诗说"遥知兄弟登高处,遍插茱萸少一人",就说到了这个风俗。后来不说配茱萸是辟邪了,也不说登高是避灾或成仙了,只是一种民间行为了,内涵变成了登高雅集,思念亲友等。在这个变化当中,仍然有文化的介入。登高现在跟尊重老人联系在一起,重阳节变成了老年节,这也是有现实依据的。刚才说九月这个季节相当于人生的老年,《礼记》说到每当农历八月皇帝要给老人送一根拐杖,然后赠给他们白粥喝,这就是传统的尊老。后来历朝的皇帝,多有在秋天敬老、举办千叟宴之类的活动,现在将重阳定位为敬老节,不过是将这一行为固定下来,高引申为高寿,有着较大的文化价值。

另外饮菊花酒本身有原始思维包含其中,后来逐渐成为一种文化,变成一种高雅的象征。因为菊花这个植物有一个特点,它是凋零在枝头上,不是随风吹落的,"宁可枝头抱香死,不随黄叶舞秋风",所以菊花后来成为文人高士的一个象征,饮菊花酒也就有了同样的意义。从这个地方我们也可以看到,这一习俗从原始意象逐渐向人文礼乐的文化进行了一些转化。通过这个转化,我们就知道古代文化人的用心所在。

最后我们谈一个问题,就是我们今天如何重建节日功能的问题。我们必须考察传统的节日功能是如何建构起来的。节日最初往往和早期人类的巫术思维相关,礼乐文化发展起来以后,人们逐渐在原有的心理基础上,添入文化的内涵,逐渐替换原始的思维。必须重视这个过程,必须重视特定时空人的心理特征,重新阐释一种文化才有可能。如果我们完全否定这一点,说我们现在没有原始思维了,可以完全不顾及原始思维,是不恰当的。因为文化是一种积淀。春节的时候我们打碎一个碗,我们一定要说岁岁平安,这里面其实还有原始思维的影响在;有时候春天没有立春,很多人就不结婚了,这种原始思维还在影响我们,但是你不一定感觉得到。古人为什么没有完全排除掉这些,而是在上面加了很多新的东西,逐渐把它替代掉?因为某些思维和结构仍有它的作用。我们今天搞新文化,搞节日文化的建设,同样要考虑这些,要对节日的流变过程比较清楚。重点一个是要雅俗共赏,一个是要有娱乐性,要加入现代人文性。

我们再进一步举例谈谈节日的建设,或者说改造,怎样让它们在新的时代有新的生命。当然这是一个理想,做得到做不到我们不肯定。春节比较复杂些,简单来说,春节是要回家的,所以春节文化建设要考虑人们的归属感怎样得到释放。有时候人不能回家,现在春运很繁忙,怎样让他们想回家的情感得到释放,这是比较重要的,节日文化建设必须面对这个问题。接下来看清明,清明的建设首先要恢复仪式,现在清明我们大家都去扫墓,扫墓以后放点花,放点酒菜,然后点一支香,最后结束,大概半个小时,长点一个小时。但是它没有一个比较固定的仪式,古代祭祀是有仪式的,第一遍、第二遍、第三遍敬酒分别代表什么,都有讲究,通过这种仪式来培养一种情感。第一遍酒代表了对祖先给予我身体的一种感谢,第二遍酒谢谢祖先给了我一种文化,第三遍酒代表我要把祖先的文化发扬光大,每一遍仪式里面都有它的内涵。我们为什么要有仪式?古代人有仪式,我们现在搞戏剧都有仪式,仪式其实跟情感是密切相关的,所以如果你直接含有深厚的情感,你可以不要这种仪式,但是一般人情感没法直接含有,要通过礼乐仪式培养。刚才说,礼是一种文化仪式,乐是一种艺术精神,为什么说要有艺术精神,因为通过艺术的涵养能逐渐形成一种伟大的情感。所以如果要建设清明的新文化,我觉得要通过重建一些仪式来加强这种情感涵养。中国人的节俗里面到底包涵了哪些情感,就要去挖掘了,我刚才说了,一个是感谢先人身体的赐予,一个是感谢先人精神文化的赐予。还有一个是我们希望弘扬祖先传承给我们的文化,文化不要到我们手里就断了。那么怎样去重建仪式呢,仪式重建需要考证,原来的仪式形式是怎样的,为什么是这样。今天我们要发挥一些新的创意,因为新的时代需要新的内容和形式。仪式必定有音乐,所以古人说礼乐礼乐,但现在有没有节日的仪式音乐呢?基本没有。现在编写大一统的仪式音乐不太可能,但是我们可以自己写些词,编些曲,一旦流行,可能影响也会很大。比如说我们现在同学有缘相聚,大家四年一场,然后要分手了,有一些同学会去找一些歌,比如《离别歌》啊,《毕业歌》啊一起唱唱,大家涕泪滂沱,随后分手了。这些歌曲,不是政府叫你去创作的,是些面临离别或毕业的人,或者艺术家心有所感,自己创作的。歌曲流行以后,就对某些听众产生慰藉心理。节日歌曲也可以达到这样的效果。这事情是人人可做的,只要有点乐理的知识。即使你不懂音乐,但如果你文笔比较好,就可以写些歌词。这样就能建立起一些比较好的节俗新文化。

端午,刚才也说了,本来就有一个祭先贤的仪式,现在我们也需要再建立一些仪式。纪念屈原到底要用怎样的仪式我们可以研究,另外是不是只纪念屈原就够了,端午有些地方是纪念伍子胥的,有些地方是纪念曹娥的,这些人都有理想精神和抗争精神。是不是一定要局限于纪念某个人,还是说可以扩大到对文化先贤和对文化做出贡献的人的纪念,这都可以研究。还有射柳的文化,我刚才说了,如果在端午的时候能恢复射柳的文化,把这个活动固定下来,然后让大家都明白射柳的意思,那就很有价值。它告诉你一个人要先劳动才能获取报酬、一个人要跟自己争,不要跟别人争、君子要合理竞争,这些理念逐渐渗透到人群当中去,就可能逐渐对人的心理产生影响。现在是文化多元的时代,有些事情不适合集中去做,即使想做也未必有能力,但每个人都做一点事情,做点有价值的事情,或许能一点点改变我们的社会也未可知。即使改变不了我们这个社会,让我们这个社会功利化的步子走得慢一点,也是一种功劳。还有端午节包含着一些中医的观念,那是比较早期的观念,也许我们很多人不会用它来指导养生了,但你在这一天可以自己反思一下,我们现在生活得很累很累,我现在在大学里面已经觉得很累了,各位读者不知道怎么样,做白领啊,做什么啊,都很累。我们没有时间休养,没有时间欣赏生活,这一天你可以反思一下,到底我们这样生活值不值。如果不值,我们是不是可以换一种生活方式,能否抽出点时间来锻炼身体。总体而言,我们艺术院校在这方面是可以做些工作、去创造一些东西的。我们学校现在跟青浦的乡土文化研习所合作,搞民俗的恢复工作,其实主要的创意还是他们那里的。这是民间一些有责任的企业家、艺术家,他们感觉到中国文化不能再这样消失,到最后什么都找不到,所以他们在努力地做些事。各位中有不少都是学艺术的,或对艺术感兴趣的,你们可以搞一些新的创意,把现代的人文理念加到传统的仪式当中去,并且用艺术的形式表现出来,这就是创新。

我觉得,节日文化创新,学校可以走在前面,大学也好,中学也好。现在华东师大端午节和清明节搞得很不错,他们比较注重让全社会参与,让企业家来投资,这样就比较好。还有上海师大,把三月三定为女儿节,他们中秋也搞过活动。中秋活动我们怎么搞呢?中秋其实可以跟七夕合在一起,中秋的内涵不是太多,人们常常想到的是嫦娥奔月,嫦娥奔月原始的版本是什么?嫦娥为什么要奔月,因为她偷吃了天帝给她丈夫的长生不老药,然后自己飞到月亮上去了。在月亮上很孤独啊,"嫦娥应悔偷灵药,碧海青天夜夜心",后来变出一个蟾蜍,后来变出一棵桂树,后来到唐朝吴刚出现了,慢慢附会上去。这些附会也是有根据的,也是对原始思维的转化,这一点我不展开说了。嫦娥奔月本身有点悲剧色彩,但是因为月亮缺了还会再圆,后来就变成一个团圆的节日,民间祭月向往的就是团圆。七夕是爱情的节日,并且有独特的爱情观念,就是"两情若是久长时,又岂在朝朝暮暮",团圆的爱情总是难得的，人们总会由于各种各样的原因去闯荡，现在农民工就是这样。所以这样的一种爱情观对人的心理是一种安慰，只要天长地久，何必在乎朝朝暮暮呢！这里面其实是用一种爱情的歌谣来抒发人们的爱情理想，这是很有真善美的特点的。你们看现在有些人的爱情观好像发生了改变，不在乎天长地久，只在乎曾经拥有，这如果不是出于不得以，这种爱情观就有问题了。说到中秋，上师大搞过一个对歌，上师大有一个女子学院，很多女孩子穿着盛装，在大草坪上唱歌曲。那次我没有去，从网上了解的。唱的是流行歌曲还是民歌不知道，然后请男孩子来参与，结果都是女孩子在唱，男孩子不唱，这个时代特征就是有点阴盛阳衰。这个仪式挺有意思，我们现在青年男女交往更加自由，但是成功率比较低，这样一个仪式也是复原古代的仪式，可以增加一种交往的途径，也可以给我们一些启发。我们现在的青年比较理性，不够浪漫，为什么现在大龄男女比较多呢，原因之一可能是大家都比较理性，你有房子吗？你有车子吗？一些人从小受到精英教育，一把尺已经在心里放着了，看到一个男孩，量一下，看到一个女孩，量一下，看符不符合标准。而在对歌的时候气氛比较浪漫，一把尺可能会暂时放下。所以爱情不能太清醒，爱情也不能太不清醒，太清醒就没有爱情，一把尺一量所有的人都不合格，太不清醒就像莎士比亚说的"爱情是一个瞎子"，所以在半梦半醒之间比较好一点。为什么说谈恋爱到杭州去谈呢，都有道理的。中秋可以制造诗意的环境，让大家觉得做个自然人挺好，不要这么功利。

重阳呢，我们 2009 年在《文汇报》上写过一篇文章，就是呼吁重阳节放假。因为中国的清明节、端午节、春节，大部分节日都在上半年，下半年好像中秋节放一天假，就没有别的了，不平衡。重阳节现在定位为敬老节，前面说过这个定位是对的，古代秋天皇家要举行尊老的仪式，现在正好借老人节登高来表达对老人的尊重，古今行为有文化的共同性在里面。因此重阳节这天要放假，不然现在儿子女儿都很忙的，这一天怎么去看望父母呢，回家看看不能是句空话啊，要有实际可操作性。另外，重阳节一定要有诗意，要休闲，你看陶渊明"采菊东篱下，悠然见南山"多么诗意啊，"山气日夕佳，飞鸟相与还"，多美的景色啊。我见过这样一幅画，这个"南山"在后面画得很淡，整个背景很淡，房子是浓墨，菊花也是浓墨，这告诉我们什么道理呢？这山不是外面的山，是内心的山，只有当人生活在这样一种背景下时你的生活才是真实的，所以他的菊花很真实，他的房子很真实，他的态度也很真实。而当你离开这个自然环境的时候，离开这样一种诗意的环境时，有时候会觉得生活有一种不真实感，因为中国古代人是天人合一的，所以节日一定要有诗意。过去重阳节的时候有多多少少的诗歌啊，有多多少少的艺术啊！可是现在没有了。所以它里面要有休闲的内容，大家娱乐、喝茶、饮食、唱歌都可以。

节日的现代转化，还必须重视载体，比如说过去中秋节有拜月等仪式，过去的端午节有吃粽子、赛龙舟等，但是现在这个载体有问题了，端午似乎只剩下吃粽子了，中秋好像只剩下吃月饼了，这些都变成了商业文化。借中秋送月饼，则接近行贿了。我们现在必须重新审视节日的传统载体，或者建立一个新的载体，或者恢复老的载体的文化意义，比如说清明节的时候编创一种仪式音乐或祭祀音乐。在端午节的时候建立一些仪式如射柳等，或者建立其他仪式，都是可以考虑的。中秋的时候可以月下踏歌，或者对歌、赛诗会等，重阳的时候可以是登高、菊花会，等等，这些都是一个载体。总之要有一个载体，仪式要重建，已有的仪式我们可以再利用，没有的要建设。

创新刚才已经解释过了，要研究原有的文化并对文化进行重新阐释。人类的思想文化其实并不如想象的那么复杂，尤其是人文科学。人文科学的很多思想在孔子那个时代、在柏拉图那个时代、在佛陀那个时代都有了，所以这个时代叫人类的轴心时代。现在我们的很多文化、很多创造就是将过去的元文化拿到当代进行具体运用而已，就是让它更加适应环境，这个叫契机。机是机理、机缘。所以当人类文化碰到问题的时候人们会回到那个轴心时代去寻找灵感，因为元文化代表一种真理。我们的时代、我们的环境把这个文化加以改造，然后适合我们这个时代，我们就说这个是创新。像科学的东西是从无到有,从一到二,而人文的东西就是不断地对元文化加以新的发挥,这是不同的。人类的情感古人和今人是一样的,但人类的生活环境、人类的生活经验是有所不同的。古人有爱情我们今天也有,但是对爱情的理解会变,恋爱的方式会变。古人有古人的问题,今人有今人的问题,这样,我们必须对有些文化重新解释。创新就是重新解释,包括你对射箭怎么看,包括你对仪式音乐怎么看,包括你对登高怎样去理解。像端午、清明、春节还有中秋、重阳,现在做得最成功的就是重阳节,重阳节这个节日变成了老人节。古代虽然有秋天敬老的传统,但是没有说哪一天就是老人节。一旦重阳节定位为老人节之后,至少工会领导要去看望老人,小辈们也会想我要表示些什么。有了这样一个名目,有了这样一个概念,再加上合适的载体,就可以做出一些事情来。

我们知道了这些风俗,了解到古人给了我们这么多遗产,我们就应该考虑怎么去发扬。写些诗、写些文章、创作些音乐、做些相关的 flash、拍些微电影等等,既是娱乐,也具备价值。

《巍峨大禹陵》

公元 2000 年 4 月 20 日,浙江省绍兴市举行公祭大禹活动,在这之后的第五天,我举步上了大禹陵的台阶,去凭吊伟大的夏禹。

大禹陵在绍兴市东南会稽山麓,禹陵旁有禹庙,为供奉和祭祀大禹之所。大禹,姓姒氏,为黄帝之玄孙,帝颛顼之孙。据史书记载,大禹治水时,曾到过当时的古越茅山,并更名茅山为会稽。禹继帝位后十年,东巡至于会稽而崩,葬于此,故称禹陵。公元前 210 年,秦始皇"上会稽,祭大禹",为一时盛事,后代帝王也多有祭祀,百姓则每年都要举行祭禹活动,有"北祭黄陵,南祭禹陵"之说。

沿着禹陵石阶缓缓而上,两旁山色青青,气象庄严肃穆。进入禹庙大殿,大禹塑像高大威武,朝服冕旒,神情庄重,背后绘有九把斧凿,象征大禹疏通九河的功绩。两旁有两联,一曰:"江淮河汉思明德,精一惟微见道心";一曰:"不矜不伐拜嘉言贤无遗野四海攸同,乃圣乃神疏九河人免为鱼万世永赖"。对大禹生平作了一个很好的概括。

面对巍峨大禹陵,我不禁陷入沉思。

在历代帝王中,大禹四千年来一直受到人民的尊敬,历代香火绵延,而帝王将相、文人士大夫也对他尊崇备至,把他作为古代贤君的代表,这无疑和大禹平成水土,疏通九河的功业有关,同时,也由于在大禹的身上体现着一种后世儒家的理想精神。据《史记》记载:"禹为人敏给克勤,其德不违,其仁可亲,其言可信,声为律,身为度,亹亹穆穆。"他本身即是一种道德和法度的象征。当舜之时,洪水滔天,浩浩怀山襄陵、下民其忧。禹在接受了治水重任后,深知任务的艰巨性,首先是以一种克己恭敬,精勤不懈的态度来从事工作的。传说中,他的父亲鲧是用获取上帝息壤的办法来堙堵洪水的,这是一种把希望寄托在神物上的态度,以为沾取天帝的灵光,就能大功告成。大禹则不然,他知天命而尽人事,一方面,充分发挥人的主观能动性,特别是自己以身作则,身先士民,"劳身焦思居外十三年,过家门不敢入。陆行乘车,水行乘船,山行乘撵(一种登山鞋),泥行乘橇;左准绳,右规矩,行山表木,定高山大川。"(《史记》)另一方面,则对未知的自然规律采取一种敬畏的态度,"薄衣食致孝于鬼神,卑宫室致费于沟域。"所谓"鬼神"后人常解释为造化之迹,也即是当时人们尚未能弄懂的自然现象。他广纳嘉言,细察地理。在这里,我们看不到"人定胜天"、"征服自然,改造自然"的轻妄,而是一种孜孜矻矻,谨慎务实的精神,这种现实精神正是后世儒家所推崇的。

体现在大禹身上的另一美德,则是他不伐善、不矜能,虚己求贤的谦虚态度,而这种态度,同样是后代儒家修身之基。孔子曰:"如有周公之才之美,使骄且吝,其余不足观也已。"大禹当然明白他所从事的事业是前无古人的,在当时历史条件下,要完成如此浩大的工程,必须充分依靠民众的力量和智慧,所谓"天聪明自我民聪明,天明畏自我民明畏"(《尚书·皋陶谟》),因此他蓑衣芒鞋,不辞辛劳,向田夫野老、民间贤达请教,尽可能地采纳各种合理意见,以至于"嘉言罔攸伏,野无遗贤"(《尚书·大禹谟》),凡有功,不自居,凡有过,不自免,"克勤于邦,克俭于家,不自满假"(同上)。这种虚怀若谷,不自满,不浮夸的品质,正是中国文化对圣贤的要求。而由此形成的君子在位,小人在野的局面,又是儒家贤人政治的理想状态。

第三,也是最重要的,禹是天人合一观念的化身,在禹的身上寄寓着儒家以道自任的思想和对天道的体认。当舜之时,滔滔洪水方割,浩浩怀山襄陵,人或为鱼鳖。自然灾害直接导致了政局不稳,人心不安。人心不安,又使人们无暇顾及对"天道"的体认,真理的追求,所谓"人心惟危,道心惟微",而大禹于沧海横流之中,以身体力行来体现中正之道,既不骄傲,也不轻信,精诚专一,不稍懈怠。于是"九州攸同,四奥既居,九山刊旅,九川涤原,九泽既陂,四海会同"。大禹治水的过程,既是造福于民的过程,同时也是王道的推行过程,更是古代君子内圣外王人格的实现过程。人或为鱼,其实暗示着原有价值的"礼崩乐坏"。而人居平土,鱼归水渊,则暗示着秩序的重建,礼教的确立。大禹的身上,寄寓着中国文化的理想。

走出禹庙,春风骀荡,搭起不久的祭台宛在,可见功过自在人心,这时便很自然地想起辛弃疾的《生查子》词:

悠悠万世功,矻矻当年苦,鱼自入深渊,人自居平土。

红日又西沉,白浪长东去,不是望金山,我自思量禹。

新世纪：东西方文化交流与我们的选择

　　东方文化和西方文化交流是处在千年之交的我们无法回避的问题。早在上个世纪之交,东方国家的先进知识分子,震惊于国家积贫积弱的现实,开始引进西方的民主科学思想、政治制度和经济体制。而到了 20 世纪下半叶,随着东方的逐渐崛起,东方社会的思想文化、意识形态也越来越受到西方社会的关注,且对西方社会的学术思想产生较大影响。可以预见:东方全面遭遇西方,西方全面遭遇东方,将是 21 世纪的重大课题和必然趋势。

　　针对这种必然趋势,我们应该以怎样的态度去面对,作好哪些准备,笔者认为应有以下几方面的认识。

一、淡化"体用"观念,做到"为我所用"

　　自 19 世纪末张之洞提出"中学为体,西学为用"的主张以来,"体用"的观念一直困扰着我们。综观中国历史,曾经发生过几次大的文化碰撞和融合。在每一次整合之后,文化都前进了一步,变得更有气魄。春秋战国时期,以孔子、孟子等为代表的中原文化和以老子、屈原为代表的楚文化之间的交流和融合,为两汉以降华夏文化的发展奠定了基础。无论是取得独尊地位的儒家文化,还是对中国哲学产生重大影响的玄学思想,甚至民间文化,都烙上了综合的印记,儒道互补,天人合一也成为很多人的基本思想。第二次交流的涉及面则更大,以佛教传入中国为标志,这是伟大的中国文化和伟大的古印度文化之间的一次全面接触和交流。佛教是一种外来宗教和文化,从汉代佛法东来到唐代佛教鼎盛,经历了大约七百年的历史,这七百年既是佛法的弘扬过程,又是佛教逐渐中国化的过程。佛教的中国化,对中国的哲学、思想、文化均产生极大的影响，自此以后，儒释道思想三足鼎立，三者交融，构成中国思想文化之基础。这两次交流，都对文化的发展起到了积极的推动作用。尤其值得深思的是，在这两次成功的交融中，当时的人们似乎并未意识到"体用"的矛盾，我们也很难准确区分何者为体，何者为用。以佛教禅宗为例，究竟是一种中国化的佛教，还是佛化了的中国思想，似乎并无界定的必要，但正是禅宗思想，对宋明性理之学的形成发生了重大影响，自此以后，不仅中国文化有所发展，儒家思想也增添了新的内容。中国文化本身便是不断交流的产物。鉴往知来，作为当代中国人，应该相信中国文化本身有融合、吸收、改造、发展西方文化的能力。事实上，20世纪初我国先进知识分子所引进的民主和科学的精神、马克思主义理论等，已经对现代中国各方面产生了重大影响。交流的好处是显而易见的。总之，当代中国应该像我们的龙图腾所展示的那样，既具备刚健向上的精神，又有综合会通的胸襟。而作为跨世纪的中国人，我们也应该具有这样的情怀。

二、超越集团利益

就今日我们的现状而言，东西方文化的交流、西方社会从思想伦理到器物制度，一切层面的文化可能都会对我国固有的文化整体、价值体系、思想观念形成冲击，从而暂时影响到某些组织、企业乃至集团的利益。从历史上看，这种矛盾也曾经发生过。中古佛教的传播，近代科学和民主精神的引入，都因对业已形成的文化模态形成挑战而引起当时某些利益集团的反对，甚至形成冲突。由于历史上中国社会曾以小生产者为基本群体，注重集团利益有其理由，但随着社会的发展，过分强调集团利益所带来的保守性、排他性也越来越明显。因此，我们应该有一种超越小集团利益的勇气，而注重长远的进步。毕竟，以一种长远的眼光来看，文化交流利大于弊是显而易见的。对于外来文化，尤其是思想层面的精华，要大胆拿来，为我所用。我们当然应该有所选择，但我们不应该狭隘，也不应该短视，文化交流同样既是挑战又是机遇。

三、追求终极意义上的会通和文化层面的多元化

如果我们能够把眼光放得更远一点,心胸更广阔一些,那么所谓东西方文化交流应是在全世界范围内进行的,交流的内容包括人类的一切思想、文化、宗教、艺术、科技等。笔者相信,人类文化在最高意义上应该有形而上的道体的存在,因而文化是可以会通的。当然,所谓"道心惟微",这种会通也许是一种理想状态,但我们应该以此为目标。同时笔者也相信,就一般意义而言,世界上各种文化很难统一,也没有必要统一。未来的文化正如今天的文化一样,将是多姿多彩、纷繁复杂的。君子和而不同,多元化应仍是新世纪的文化格局。因而对于21世纪的中国来说,多元化的世界文化正好作为我们新文化建设的他山之石。

四、我们的准备和条件的开创

为了迎接这一挑战和机遇,我们需要做些准备。首先是精神上的准备,由于种种原因,相当长的一段时间里我们把传统文化当做落后的东西,采取了轻易否定的态度,因而国人,尤其是中青年对传统文化精神的了解普遍不足,很难想象,一个对自身文化精神、文化修养缺少了解的民族能够平等地、充满自信地与其他民族、其他文化进行交流。借鉴外来文化和了解传统文化应为一体之两面。因此在今日的学校教育乃至成人教育中,应迅速补上传统文化这一课。只有这样,才能更好地重塑民族精神,而精神的塑造应是今天强调的素质教育的基础。同时,我们还需要一批跨世纪的伟大学者,他们应该超越专业的局限,具有强烈的使命感和崇高的人文精神,集中西文化于一身。第二是物质上的准备,必须加强物质文化建设,增强综合国力。只有一个强盛的民族,才会有海纳百川的勇气。

我们今天应该怎样传承诗歌文化

最近中央电视台的"中国诗词大会"节目火了,不仅收视率奇高,而且一些优秀的参赛选手"圈粉"无数,舆论也一片叫好声,认为中国的诗歌文化复兴有望,媒体则感觉找到了一种普及推广诗歌文化的上好形式,甚至有人联想到由此普及优秀的传统文化。

对此,笔者承认"中国诗词大会"是普及诗歌文化的一个极好尝试,但这种尝试和电视大赛这种形式对于普及传承诗歌文化是否已经足够,笔者这里想借鉴历史的经验,略述己见。

中国优秀的传统文化,尤其是雅文化,历几千年传承而不改其基本面貌,有很多因素,其中中国文化人一以贯之的文化心态,无疑起着重要的作用。而这种心态的形成,确实与中国古代诗词曲赋的影响,至为密切。

古代社会,除了科举考试需要学习的四书五经外,士子从小就被要求学习诗词曲赋。上到天子三公、下到贩夫走卒,精通此道者比比皆是。在唐代,诗赋甚至成为科举考试的科目。诗歌融汇了中国人的思想感情,塑造了中国人看待宇宙人生的眼光,因此可以说影响了过去中国读书人的一生。孔子说:诗歌有"兴、观、群、怨"的功用,即可以起到鼓舞感情、观察社会、团结人群、表达批评等作用。林语堂说:"诗教给中国人一种旷达的人生观,一种慈悲的意识,一种丰富的爱好自然的风度和艺术家的忍受性。"在人类的社会生活中,喜怒哀乐、悲欢离合、穷通顺逆等是生活的常态,何以应对这无常的人生,诗歌起到了一定的作用。它将痛苦的生活拉远了距离来看待,赋予平淡的人生以诗意,而对美好的生活则予以进一步的提升。

举例来说,人的生命是短暂和有限的,对于永恒的自然来说,个体的生命只是宇宙间的一个匆匆过客,因而如何面对这逝者如斯的时间,就成为一个问题。中国诗人将宇宙人生化,而又将人生宇宙化,强化了天人合一的意识,使人与永恒的自然融为一体。"我看青山多妩媚,料青山看我应如是"(辛弃疾)、"万物静观皆自得,四时佳兴与人同"(程颢),都可作为代表。而在社会生活中,离乡背井,羁旅行役,也是一种经常发生的生活情境。诗人同样将这种情境予以诗化和有情化,于是便有了"海内存知己,天涯若比邻"(王勃)的豪放,或者是"但使主人能醉客,不知何处是他乡"(李白)的洒脱,也可能是"遥知兄弟登高处,遍插茱萸少一人"(王维)的思念,或者"共看明月应垂泪,一夜乡心五处同"(白居易)的怅惘。又游子思妇的题材,反映着生活中常有的离别的无奈,但借助于诗词,这些无奈可以转化成一种审美,从而淡化了悲哀的情绪。"人有悲欢离合,月有阴晴圆缺,此事古难全。但愿人长久,千里共婵娟。"(苏轼)通过一种美好的希冀,给人以情绪的缓解;"不知乘月几人归,落月摇情满江树。"(张若虚)将一己的离情别绪普遍化,从而引发一种深广的悲悯感。诗歌是文艺的代表,文艺创作是一种释放,是一种心理补偿,也是一个白日梦,它让平时生活中紧张的情绪得以松弛,把生活的压力转换成审美。

正因为诗歌在古代中国的地位如此重要,所以中国的大诗人特别多,李白的诗集中现存有九百多首诗,而陆游"六十年间万首诗"则更为著名。一般的学子从童蒙期就开始背诵诗歌,学习诗赋做法,这从现在仍在流传的《声律启蒙》等书,尚能窥见一斑。

但是,诗歌在当代却落到了需要推广普及的境地。社会经济越来越发展,读诗写诗的人却越来越少。一定程度上,读诗成了一件奢侈的事(中央电视台的"中国诗词大会"能吸引一批观众,笔者以为间接地说明了现在读诗写诗的人并不多,但诗词的魅力仍在,人们对诗词仍有较浓厚的兴趣)。如何改变这种状况,让诗歌(包括现代诗)成为现代人生活的一部分,笔者这里谈点看法和提点建议。

　　第一,要加强诗词曲赋的创作教学。现在联合国教科文组织已经注意到诗歌在陶冶人的性情方面的作用,故有了 3 月 21 日世界诗歌日这样的纪念日。我们国家层面也开始重视诗歌的作用,中共中央办公厅和国务院办公厅最近印发了《关于实施中华优秀传统文化传承发展工作的意见》,其中提到"加强对中华诗词……的扶持",中央电视台的"中国诗词大会"节目是重视诗歌文化的表现。民间则较早就表现出对"诗教"的兴趣,民间的教育机构和国学院之类,多有教授小朋友吟诵传唱古诗词的,因此现在是重振诗词文化的一个重要契机。可是笔者认为,央视、国学院等单位和机构都不是推广传承古诗词的主流,主流应该在中小学的语文课堂上或兴趣班上。事实上,现在各种版本的中小学语文教材所选的古诗词并不算少,但教学方法和教学模式却很成问题。诗词曲赋在过去并不仅仅是用来吟诵的,也是需要学习创作的,每个学子其实都是诗人,都要拿出自己的作品。只有在创作的过程中,学子才能了解诗词创作的酸甜苦辣,从而更深刻地理解诗词;也只有在创作中,学子才会深刻感受到文化储备对于表达情思的重要性。更重要的,只有不断有人进行创作,古诗词才是一个活的生命体,也才能真正地传承发展下去。

　　可是现在的教学体系,从小学语文课程到大学中文系,对于诗词曲赋的讲授,基本都是思想性和艺术手法的分析。老师会测试学生的背诵能力、理解能力,却基本不讲解诗词作法,不考核学生的诗词创作能力。对于一个没有创作甘苦的人,通过背诵来陶冶情操固然可以,但用来抒发感情却难。现实中,每个人都有独特的感情,也都有自己对生活的细腻体会,因此需要有自己的表达。仅仅是背诵和理解,就容易将一门有生命力的课程讲成了化石或者非物质文化遗产课程。因此笔者呼吁首先在中小学恢复诗词曲赋的创作课程,并作为人文素质教育的一部分。这样既传承了传统诗歌文化,又找到了素质教育的一种较好手段,也为语文课的教学模式尝试一种新的可能性。即使受制于高考制度,不能在课堂上做太大的改变,也应该多成立诗歌创作社或兴趣小组。相比较于话剧社、音乐社、京剧社,诗歌社是更为大众化的,门槛不高,受益面和作用却很大。另外,在一些国家媒体和民间培训机构中,诗歌教学也可以创作为主要传授模式,以创作带起记忆。像"中国诗词大会"等,还可以改变竞赛模式,多从创作方面来考量选手水平,而不是选手背诗,嘉宾谈史这种简单模式。

第二,专家、教授应深入社区推广诗歌。从事诗词和古代文学教学的大学教授、人文学者应和社区、地方政府合作,将诗歌文化推广到社区。目前,在大学中文系从事诗歌研究的专家学者不可谓不多,然而他们大多做的是象牙塔里的学问,和民众文化水平的提高关系不大。怎样将象牙塔学问和大众文化结合起来,是一个值得研究的问题。这一点,在某些领域已经有了突破,像上海地区的高雅文化进社区活动、东方大讲坛、上海图书馆的周末讲座等,邀请在人文领域术有专攻的学者对广大市民进行文化普及教育,已经取得了较好的效果。一些民间组织、会所等,也会请一些研究国学的教授定期地做些讲演,似乎已蔚为风气。但据笔者所知,这些讲座中,关于诗歌文化普及的内容并不多,尤其是如何进行诗歌创作,如何品评诗词优劣的讲座并不多。因此地方政府也好,高等院校也好,民间机构也好,应该有意识地在这方面加大投入,普及诗歌文化。除了古诗词外,如何欣赏创作现代诗,也是可以讲授的内容。现代诗的发展历史并不长,其形式也没有完全定型,因此对于现代诗的创作鉴赏也是值得关注的。假如民间的古诗词和新诗的创作技巧得到较大程度的提升,那也为各种群众文艺活动的开展增加了新的内容。赛诗会也不再仅仅是记忆力或腹笥多少的简单竞赛,而成为一种创造性的文化活动。

第三,要探索诗歌普及的新形式。最早的诗经是合乐的,因此都是可以演唱的,唐诗宋词最初也是能够演唱的,后来随着曲谱的失传,人们渐渐地不知道怎么演唱了,但由于诗词本身具有格律与节奏,音乐性强,因此依然可以吟诵。今天,由于古今语音的变化和某些方法的失传,大部分诗词吟诵也很难了。《易》曰："与时偕行,其道光明。"现在的音乐娱乐业这么发达,我们完全可以借鉴清代《碎金词谱》的一些做法,将这些古诗词重新整理谱曲进行演唱。在这方面,现在已经有很多先行者意识到并且在实践之中,比如上海音乐学院就有团队在积极实践。但是由于这是一项系统工程,且前人可资借鉴的经验较少,所以成功的例子还不多。笔者以为,要加强各方面力量的合作,古诗词新唱,一是要保持各色古韵,保留具有中华古诗词的意境美和声韵美;二是要与时俱进,吸收现代流行歌曲的悦耳动听的特点和发声技巧。特别是词调的创作,在开始阶段要百花齐放,等待成熟后则可逐渐定型。这样或许能够恢复古词的辉煌也未可知。而对现代诗,谱曲演唱就更为容易了,现代诗的代表作,如《教我如何不想她》《再别康桥》《雨巷》等,本来都有演唱版,其他的经典也均可以谱曲,老版本可以翻唱。关键是要让优秀的音乐人参与进来,共襄盛举,恢复诗词可以歌唱的传统。

以上是对诗歌普及传承的一些浅见,望有识者正之。

后　记

　　本文收集的二十几篇文章,是我在教学之余所写的部分论文,有些已发表在核心期刊上,时间跨度有三十年,分为三个部分。第一部分是关于中国哲学、美学的一些思考;第二部分是关于汉学、民俗和节庆文化的研究;第三部分是一些发表在报刊上的评论等。

　　我本科学的是中文,硕士读的是对外汉语,偏重于汉学方面,博士研究的是中国哲学;又因长期在艺术院校工作,对艺术学、美学也颇感兴趣,属于兴趣比较广泛的类型,所以就做学问而言,违背了"术业有专攻"的原则,显得驳杂而不专精。再加上生性较为疏懒,身体状况差强人意,且长期"奋斗"在教学第一线,在学校当年缺少人文教师的时期,大凡文学、美学、哲学、中国文化、大学语文、对外汉语等课程,本人都上过,所以学术成就既有限,也称不上系统。

　　不过好在我还有点觉悟,知道在高校工作,不能满足于做一个教书匠,需要与时俱进,努力成为研究型教师,所以这些年也拉拉杂杂写了些文字;况且在提升学历的过程中,也总有些思考的结晶,在给研究生多年授课的同时,也总有些心得体会,在做课题项目的时候,同样有所总结;另外,因为兴趣广泛,使我的求学和研究全凭兴致,出于爱好,碰巧符合了"知之者不如好之者,好之者不如乐之者"的理念,偶有所得,便也怡然自乐。特别是由于对传统文化的爱好,本人所写文章主题基本都与此相关,这也成为这本文集的一个总体风貌和特点所在。

　　文集取名为《梦阔水云窄》,来自我发表的第一篇论文名,是关于南宋词人吴文英的研究。"梦阔水云窄"这个句子出自吴文英《好事近》词。现在用作题目算是对曾经的青春年华的纪念。

　　在本书的出版过程中,上海戏剧学院的王云教授,给予了很大的帮助;妻子秦惠兰阅读了部分文稿并提出了一些修改意见,山西职业艺术学院的闫雪清老师校对了全部书稿,学生李玉辉校对了部分书稿。上海书店出版社的编辑张冉等也付出了辛勤的劳动,这里一并致以真诚的谢意。

图书在版编目（CIP）数据

梦阔水云窄／黄意明著.—上海：上海书店出版
社,2017.8
 ISBN 978－7－5458－1511－5

 Ⅰ.①梦… Ⅱ.①黄… Ⅲ.①社会科学—文集 Ⅳ.
①C53

 中国版本图书馆 CIP 数据核字（2017）第 165316 号

责任编辑 张　冉
装帧设计 汪　昊

梦阔水云窄
黄意明　著

出　　版　上海世纪出版股份有限公司上海书店出版社
　　　　　（200001　上海福建中路 193 号　www.ewen.co）
发　　行　上海世纪出版股份有限公司发行中心
印　　刷　上海叶大印务发展有限公司
开　　本　710×1000mm　1/16
印　　张　19.5
版　　次　2017 年 8 月第 1 版
印　　次　2017 年 8 月第 1 次印刷
ISBN 978－7－5458－1511－5/C.21
定　　价　38.00 元